JN171525

［監修］五味文彦

歴史文化遺産

戦国大名

山川出版社

諸将旌旗図屏風（静岡市立芹沢銈介美術館蔵）

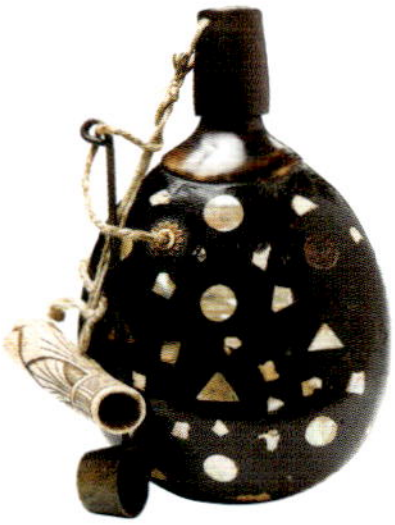

火薬入れ

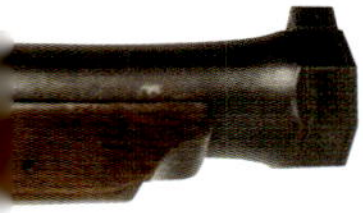

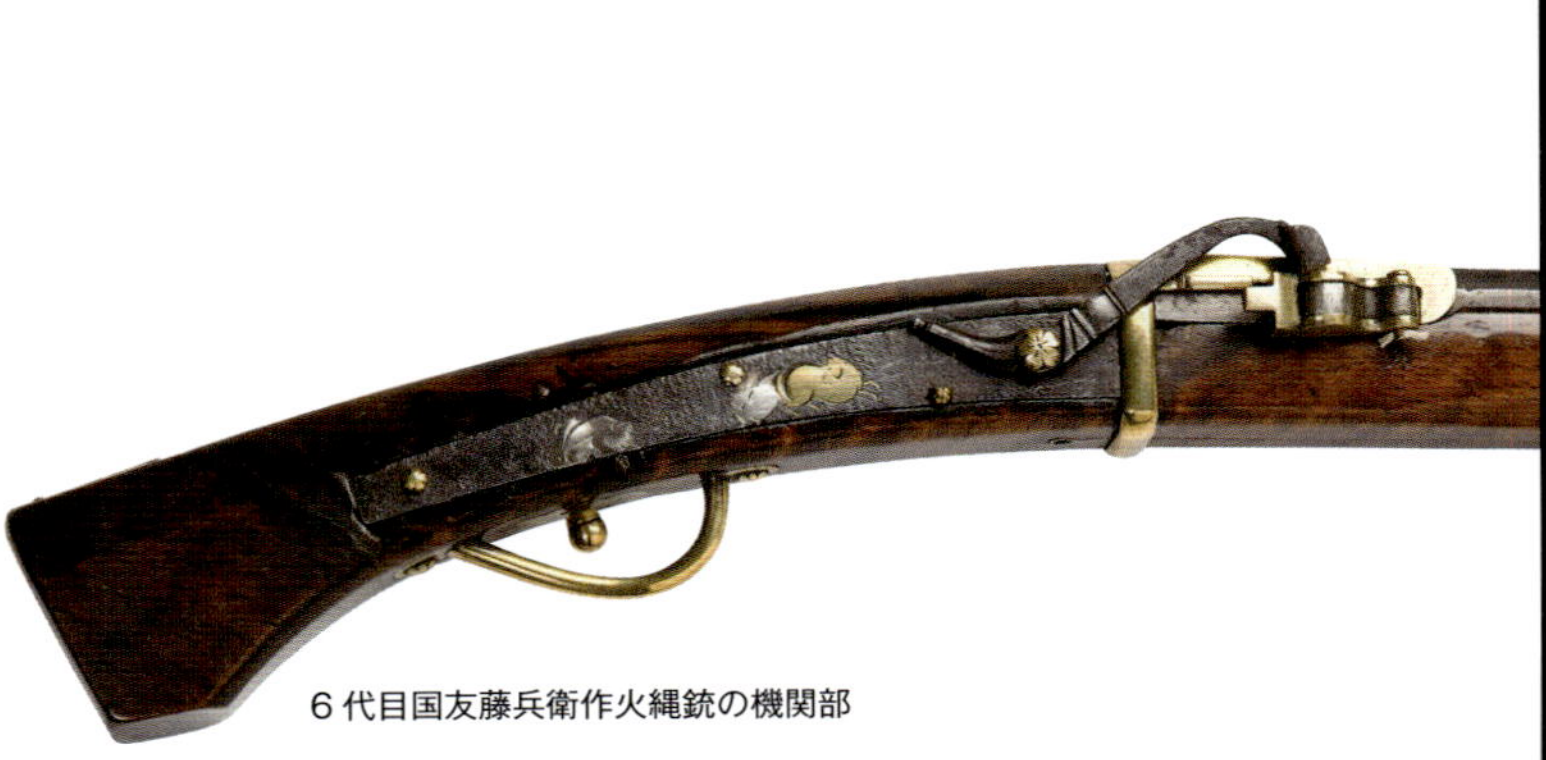

6代目国友藤兵衛作火縄銃の機関部

（鉄砲・火薬入れはすべて国友鉄砲の里資料館蔵）

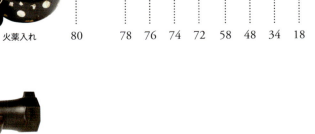

Part 2

国友火縄銃 100 匁大筒
国友藤兵衛能当と源重郎充雄の合作。

国友火縄銃 50 匁大筒
国友藤兵衛重恭と久三郎重直の合作。

Part 3

争乱から天下人へ

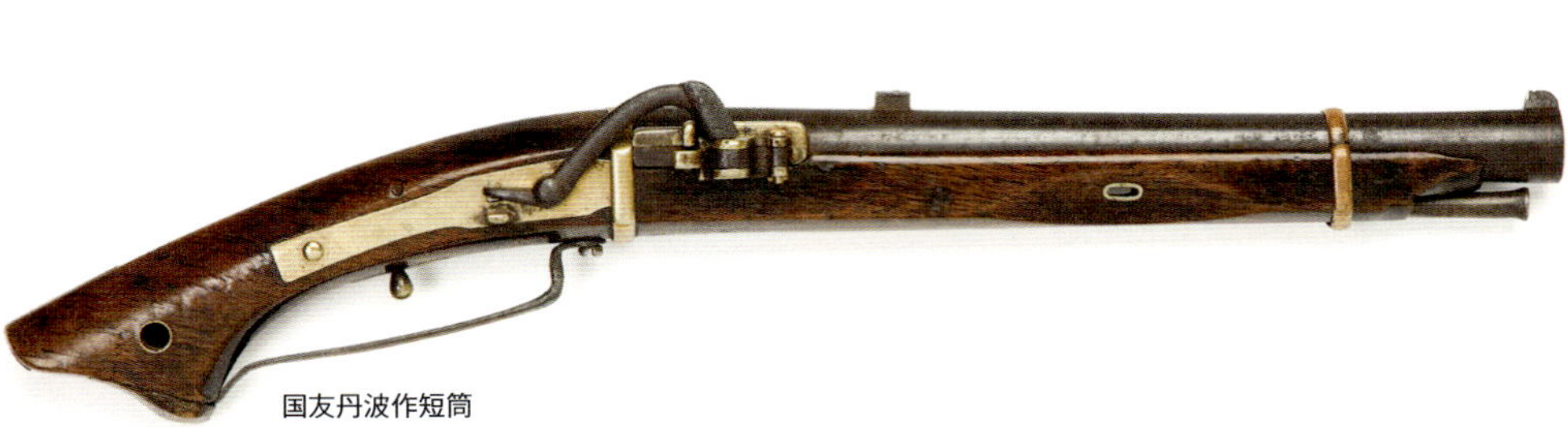

国友丹波作短筒

（鉄砲・火薬入れはすべて国友鉄砲の里資料館蔵）

長篠合戦図屏風（犬山城白帝文庫蔵）

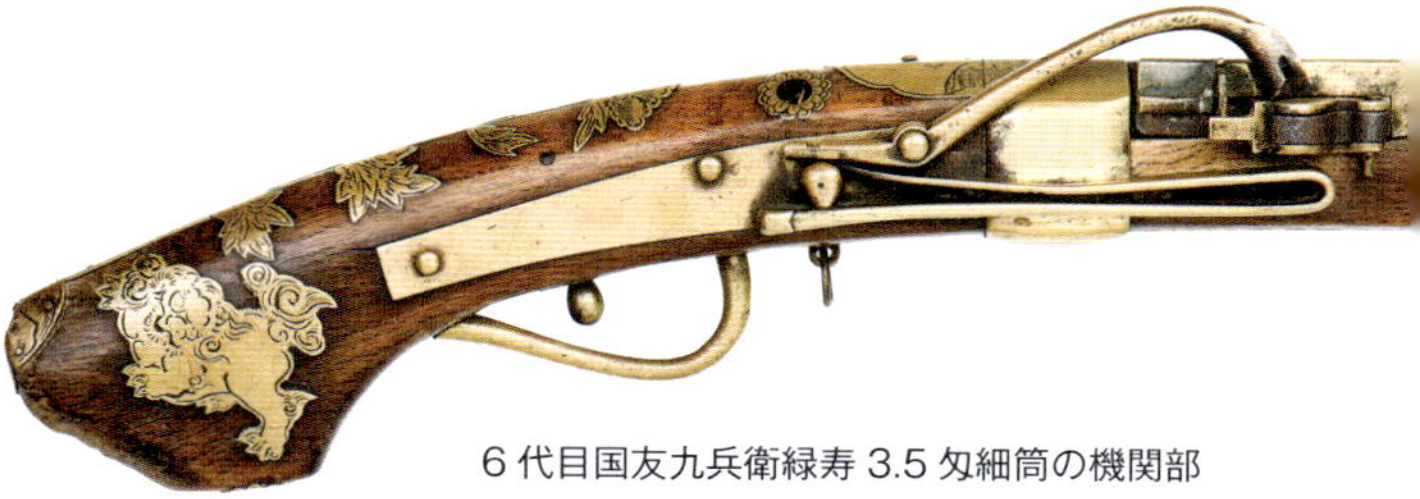

6 代目国友九兵衛緑寿 3.5 匁細筒の機関部

早合（玉と火薬をセットしたもの）

編集協力／有限会社リゲル社　校正／美濃部苑子　装丁・本文デザイン／グラフ
地図作製／オフィス・ストラーダ　古藤祐介　曽根田栄夫

監修者のことば

戦国大名の魅力

五味文彦（東京大学名誉教授）

本シリーズの歴史文化遺産はこれまで『戦国大名の遺宝』『日本の町並み』などモノにそくして見てきたが、本書はヒトにそくしてみるものであり、いわば有形文化遺産に対する無形文化遺産に該当する。その最初に戦国大名をとりあげたのは、戦国大名の登場とともに今につながる国内各地の地域性が明確になったからである。

『人国記』という書物があり、諸国の風俗や人情を記しているが、これが戦国時代に著されたことから見ても、諸国の国風《くにぶり》がこの時代に顕著になってきたことがわかる。この書は武田信玄も見ていたというが、その信玄の領国である甲斐について、「甲斐の国の風俗は人の気質尖《するど》にかたくなへなり。意地余国を五か国合わせたる程、好ましからざる国にして、死する事は厭はずして、傍若無人の事多し」と、評価を与えるいっぽう、信玄に攻められた信濃国については「武士の風俗天下一なり。尤も百姓・町人の風儀もその律儀なること、伊賀・伊勢・志摩の風俗に五畿内を添へたるよりも猶も上なり」と絶賛する。

こうした評価については、その後の近世・近代を経た上での地域性も考慮しなければならないが、そうではあっても、この書が生まれたこと自体に戦国時代に国・郡の地域性が顕著になってきたことがわかる。それは戦国大名が地域を統合するなかで、風俗や人情を把握することにつとめ、そこからまた新たな地域性が生まれてきたからでもあった。

本書で戦国大名を取り上げるもう一つの理由は、彼らに多くのエピソードがある点である。戦国時代には夥《おびただ》しい数の軍記物が書かれ、近世になってからも軍学書や武功談が多数著されるなど、戦国大名への関心は同時代から高く、大名に関する逸話・伝説は他の時代と比較すると実に多い。信玄が「人は石垣　人

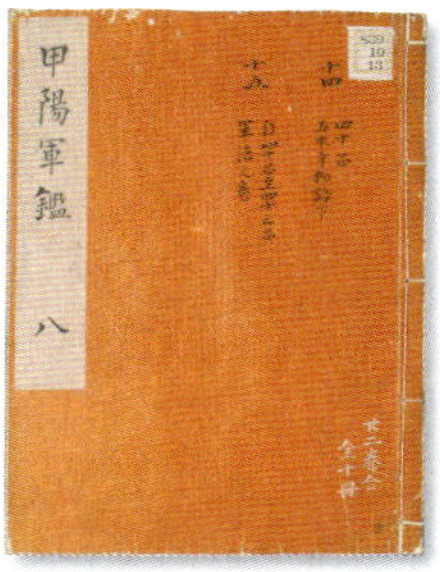

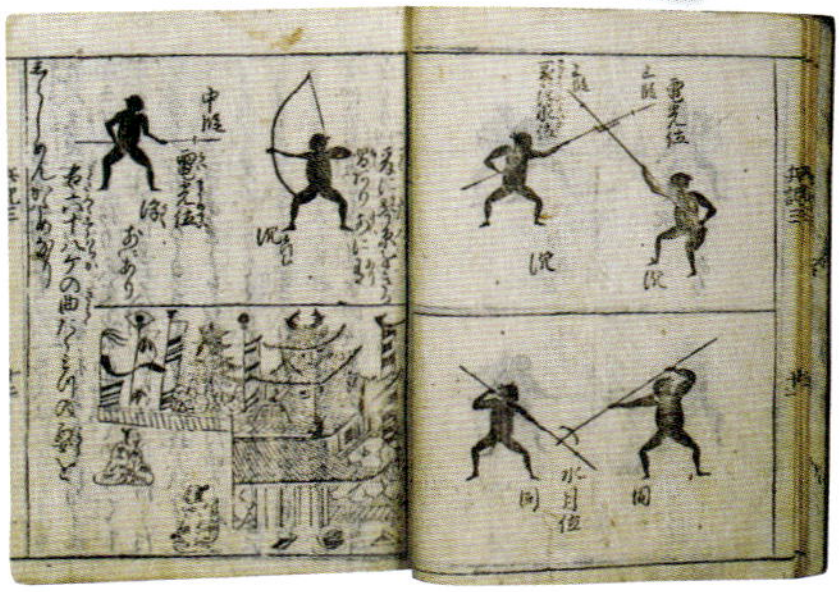

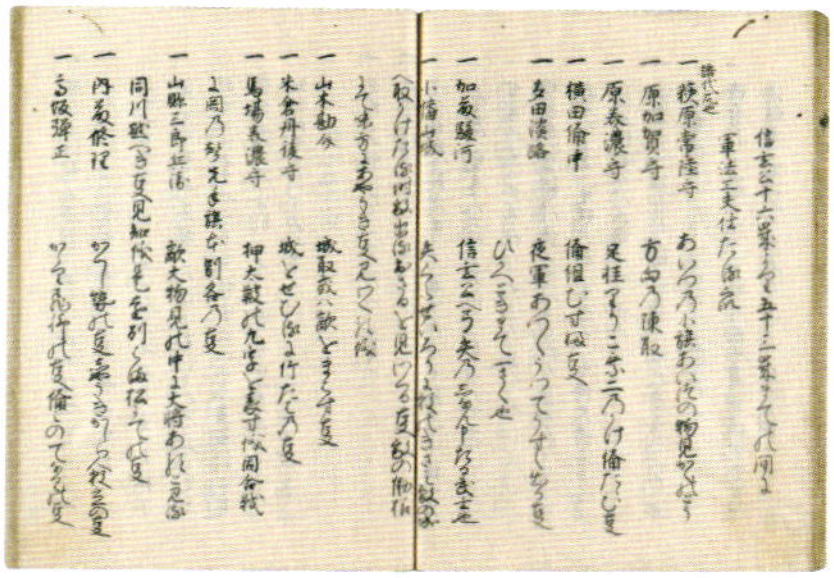

『軍法兵法記』（長野県立歴史館蔵）
天文年間（1532 ～ 55）に著されたとされる軍学・兵法の書。小幡景憲による『甲陽軍鑑』成立以前に山本勘助によって記されたものされる。

『甲陽軍鑑』8 巻（国立国会図書館蔵）
『甲陽軍鑑』は本編 20 巻全 59 品 (59 章)、末書２巻あり、武田信玄・勝頼時代の軍法、刑法、合戦記事などを記している。

は城」と語ったという逸話や、毛利元就の「三本の矢」の教訓話など、その真偽には問題があるにしても、戦国大名に仮託された逸話が多いのも魅力の由縁であろう。

　そこで本書は、これら魅力ある戦国大名がいかに戦国大名の道を歩んだのか、家臣団をどう構成し掌握していったのか、戦いに備えながらいかに領国支配を確立していったのかを、各大名に優れた研究をしておられる専門家に筆を執っていただいた。それだけでなく、戦国大名を象徴する合戦や城郭についてもお書きいただいた。

　しかし大名すべてに触れるわけにはゆかないので、戦国大名がどういう存在であったかを知るため、彼らがいかに登場してきたのかを次に記しておこう。

戦国大名への道

　応仁の乱を経て、多くの大名をはじめとする社会層は自立を志向するようになり、その自立を求める動きのなかで、新たな政治組織の樹立に向かったのが戦国大名であり、西国の大名のなかでそれに向けて逸早く動いたのが周防の大内《おおうち》氏である。

文明9（1477）年に京を出て周防に帰ったことによって、応仁・文明の乱に終止符を打った大内政弘は、九州の少弐《しょうに》氏と戦って豊前・筑前を確保し、安芸・石見の国人を従え、北九州や瀬戸内海の海賊衆も従え、領国の支配権確立に力を注いだ。袖判下文《そではんくだしぶみ》によって給地の安堵や宛行状を発給して家臣団掌握へと向かい、文明10年には筑前高鳥居城の塀・櫓の造営では御家人の給地分限を書き出させ、給地の高に応じた公役を勤めさせた。

御内・近習・外様の御家人の別による軍事編成をなし、評定衆や奉行人による政務と官僚機構を整備し、文明12年には個別的ながら検地も実施、家臣の所領を石高で統一的に把握する「惣名帳」という分限帳を作成、それに基づいて軍役や段銭を賦課する体制をつくり上げた。文明14年に重臣の陶弘護《すえひろもり》が殺害されて、家中を全面的に掌握し、文明17年4月に撰銭令を出して物価統制を行い、11月に奉行人の出仕や会合日を定め規律を図り、18年には居館のある山口に禁制を出し在山口衆の行動について定めている。

分国内の支配機構については周防を陶氏、長門を内藤氏、豊前を杉氏、石見を問田氏など守護代に任じてあたらせ、山口をその支配の拠点として整備した。居館は周囲を6メートルの空堀と土塁で囲うものから、東側に拡張され一辺が160メートルの方形区画へと広がり、東南部には池泉《ちせん》式庭園が設けられるようになった。町並みからは遺構が急増し、整地土層からは区画整理の跡が確認されるなど、ここに山口は城下町となった。

こうしたことから文明17・18年に大内氏は守護大名から戦国大名への傾斜を強めたと評価できよう。

守護大名の段階では、室町幕府の体制に倣って官僚機構や文書伝達網など支配体制を整備してきたが、そのうえで家臣団や政庁、城下町などに独自の法を定めた。大内氏がこのように戦国大名への道を早くに進んだのは、日明・日朝・日琉貿易に関わり、幕府体制を外から見ることが可能となり、膨大な富を得ていたからである。一連の政策に基づいて出された法令の集大成が分国法『大内家掟書』である。

明応4（1495）年8月の勘気《かんき》を蒙《こうむ》った輩の扱いに関する法に至るまで百二十二箇条は、政弘が帰国してからの法令が中心をなし、法令の見えなくなる直後の明応4年9月に政弘が亡くなっているので、子

大内氏館跡（山口市大殿大路・山口市役所提供）
室町時代、防長両国の守護職大内弘世が山口に本拠を移し築造したのが大内館で、以来大内氏歴代の居館。大内館には、応仁の乱以前から京都の文人・墨客が頻繁に来訪するなど、大内氏の財力と繁栄が史料に記されている。館跡には現在龍福寺があり、館跡整備後に池泉式庭園が復元された。

義興《よしおき》への代替りにあたって起きた宿老の反乱を克服した段階で編まれたものと考えられる。

安定した体制を築いたことで、逃れてきた前将軍足利義尹《あしかがよしただ》を受け入れ、大内義興は永正5（1508）年に上洛したが、その義興が永正15年に山口に帰った段階から戦国時代に突入したのである。

畿内近国の動乱状況

義興が上洛した京の状況を見ておこう。明応2（1493）年に細川勝元の子政元は将軍足利義稙《よしたね》を退け（明応の政変）、足利義高《よしたか》（後に義澄《よしずみ》に改名）を将軍に据えると、文亀元（1501）年6月に被官に向けて、「喧嘩の事」「盗人の事」「請取沙汰の事」「強入部の事」「新関の事」の五箇条の禁制を定め、畿内近国の支配体制の整備へと向かい、細川領国の規律を求めた。

しかし妻帯しなかった政元に実子がおらず、公家の九条家から家督相続を条件に養子に迎えていた聡明丸（のちの澄之《すみゆき》）を文亀2年に嫡子と定めたが、翌文亀3年5月には阿波守護家から六郎（改め澄元《すみもと》）を養子に迎え家督相続を約束したため、細川家は澄之・

澄元両派に分かれ対立が激しくなった。

その後継者をめぐる澄之・澄元派の内衆の間の争いからついに、永正4（1507）年6月23日に香西《こうざい》元長《もとなが》、薬師寺長忠《やくしじながただ》らが湯殿で行水をしていた政元を襲って暗殺する事件が起きた。将軍を退けた政元が家臣に暗殺された衝撃は大きく、政元の暗殺とともに永正4年8月、越後守護代の長尾為景《ながおためかげ》が決起し守護の上杉房能《うえすぎふさよし》を攻め、房能は府中を逃れたものの自害する事件が起きた。為景は幕府と密かに通じており、翌5年に上杉定実《さだざね》が守護に任じられ、東日本でも動乱状況となった。

政元の暗殺の混乱から大内義興が上洛し、その上洛で京の政治は一度は安定することとなり、義興はそれから10年ほど在京して幕府を支えたが、永正14年に石見の守護に任じられると、翌年8月に堺を出帆して山口に帰っていった。

大内義興が山口に帰った後の畿内近国は、再び動乱状況となり、将軍、細川氏とその内衆、近国の大名・国衆、阿波から上洛した三好氏、さらには宗教一揆などによって混沌とした情勢となる。

中国地方で大内氏と領有を争った戦国大名が出雲の尼子経久《あまごつねひさ》である。経久は明応9（1500）年に出雲の守護代になると、近江から下ってきた守護の京《きょう》極政経《ごくまさつね》が永正5年に後事を託して亡くなったのを契機に、国人層の結集の場となっていた出雲大社を造営し、家臣団を編成、奉行人制を整えて出雲の国主となる。永正9年には備後の大内氏への反乱を支援し、永正14年に大内義興が石見守護となったことから、これに抵抗する前石見守護山名氏と結んで石見国内の大内方の城を攻め、永正17年に出雲国西部の支配を確立した。

九州の戦国大名へ

大内氏は守護から戦国大名へと成長したが、九州で国人領主から成長したのが肥後の相良《さがら》氏である。相良氏は遠江国の相良荘を本貫とし、肥後に所領を得て移り住んで、多良木荘や人吉荘に勢力を広げ、15世紀中葉に相良長続《ながつぐ》が人吉から多良木をも掌握して相良氏を統一、球磨郡域を支配した。

その跡を継承した為続《ためつぐ》は文明8（1476）年に薩摩の牛屎院を島津氏から奪い、同16年には名和氏を逐って八代郡を領有、翌年には阿蘇《あそ》大宮司家の阿

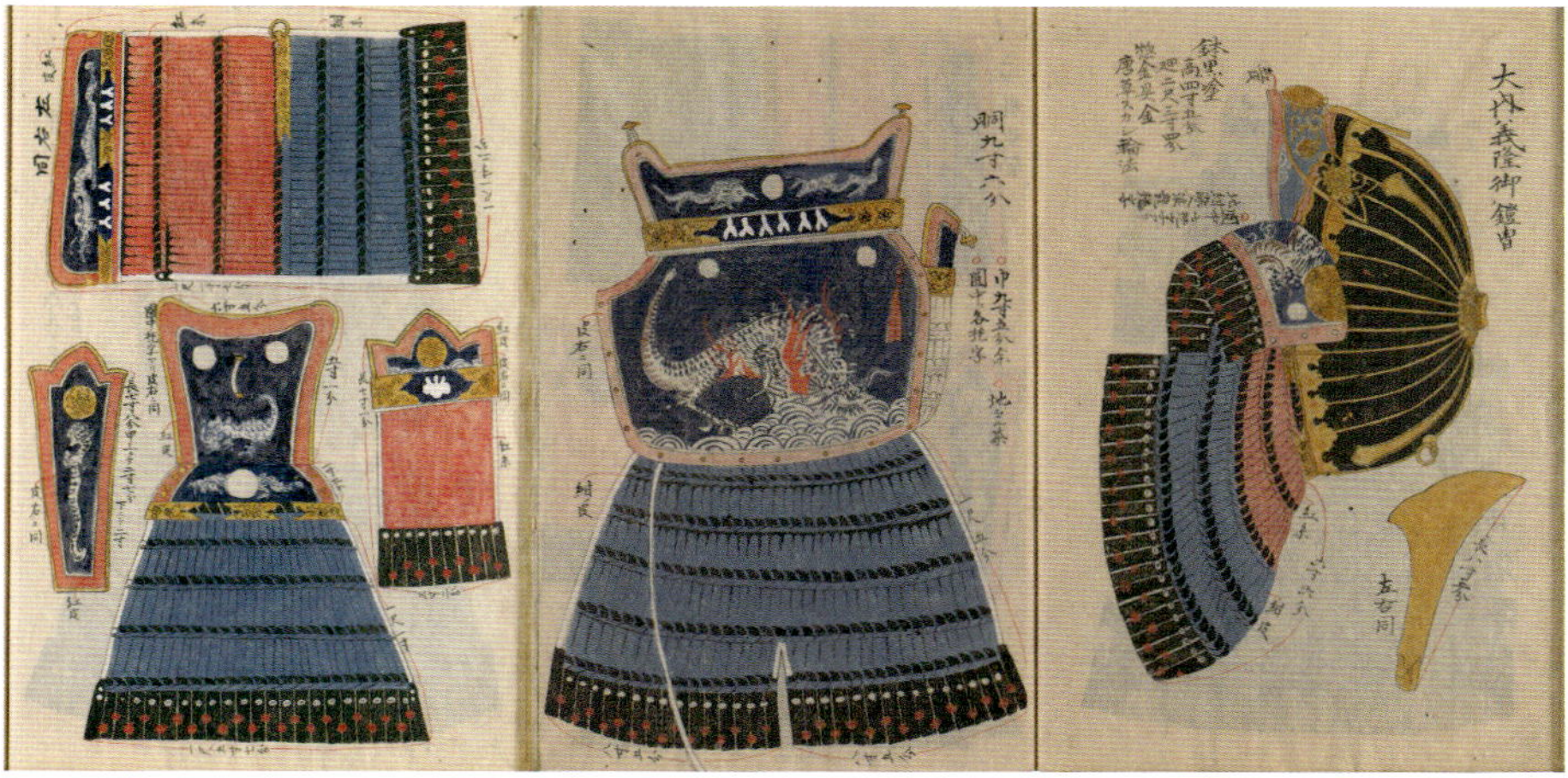

「藝州嚴嶋社寶物鎧之図」（国立国会図書館蔵）
天保２（1831）年の書。大内義隆甲冑が記されている。

蘇惟憲《これのり》を支え、菊池氏の推す阿蘇惟家を破った。こうして政治的地位を確立させたことから、明応２（１４９３）年に『為続法度七箇条』を定めている。

売買関係法、下人の人返し法、法度制定手続法、堺相論関係法などからなる分国法で、法制定の主体は当主ではなく所衆と称される家臣団の談合による衆儀であった。所衆の談合によって訴訟の裁定をなすものとされ、そこでの解決が困難な場合にのみ相良氏に披露するものと定めている。

相良氏の領国は球磨郡・芦北郡・八代郡の３郡からなり、各郡の独立性の強い郡中惣が所衆として法制定の主体となり、家臣団が一揆の法を制定し、それを相良権力が認定することで分国法として機能したのである。この分国法制定の経過は大名権力の形成の道筋をよく示している。実力で領国を形成する形だけでなく、国人らの結びつきを組み込むことで権力が編成されていった。なお為続の同族の正任《ただとう》は大内政弘側近であったので、為続の法制定に大きな影響を与えたのは大内氏の分国法と考えられる。

相良の領国に近接する南九州では、島津氏が薩摩や大隅・日向３か国の守護となっていたが、多くの庶

武具飾り
「旧儀装飾十六式図譜」所収。古谷紅麟画。

家で分立していて対立抗争が激しかった。その抗争に苦しんだ家督の忠昌が永正5（1508）年に自害し、跡を継いだ子たちも若くして死亡したので、弟たちが次々に守護と家督を継承するなか、その一人の島津勝久の養子貴久が台頭し、庶子家を退けてゆき、天文4（1535）年に養父勝久を鹿児島から追放、同8年には薩州家の実久《さねひさ》を破って、同14年に戦国大名としての国主の地位を確立させた。

この島津氏の領国である薩摩の鹿児島に天文18年7月に上陸したのがイエズス会の創設に関わったフランシスコ・ザビエルであり、布教のために島津を始め多くの西国大名を訪れていった。

今川氏の領国支配

東国で守護から戦国大名に至る道を進んだのが駿河の今川氏である。今川氏親は父義忠の不慮の死にともなう内紛に、母北川殿やその兄弟伊勢盛時（早雲）の支援を受け、長享元（1487）年に国政を執りはじめた。

明応2（1493）年9月に知行の充行状に黒印を捺したが、これは東国の大名の印判状の初見で、発

給文書に印判を用い新たな政治に取り組んだ。氏親は明応3年から遠江に侵攻し、永正3（1506）年に三河に出陣、遠江の国人を味方につけ、同6年に遠江の守護に任じられた。永正9年には朱印の印判状を出すが、これは朱印状の初見である。永正14年に遠江一帯を制圧した氏親は、その翌年に相良荘の般若寺領で検地を行っていて、征服地に検地を実施して所領安堵を行う新たな段階へと進んだ。

こうして大永6（1526）年5月に三十三箇条からなる『今川仮名目録』を制定するが、その条文の多くは相論が起きた際の裁判規範であって、田畠・山野の堺相論、相論の最中における手出しの禁止、被官人の問題、知行地の売買、用水や借銭、不入地の問題など多岐にわたる。広く通用している「天下の大法」や、これまで定めてきた禁制の法については「天下の法度、又私にも先規よりの制止は載せるに及ばざるなり」と、これを載せないと記すなど、多くは新規や改訂・確認の条文で新たな法制定の意欲がうかがえる。

第二十三条では、駿府中での「不入の地」の特権を破棄して、町の整備へと向かい、第一条では譜代の名田を正当な理由なく地頭が没収するのを停止し、富国強兵策をとり、大名権力の高まりがうかがえる。家臣が審議する議定の場があって、その場で定められた法を確認したもので、氏親が一方的に定めたわけではなく、議定での審議を経て定められた。最後に「右、条々、連々思当るにしたがひて、分国のためひそかにしるしをく所なり」とあって、これを記した4月の2か月後に氏親が亡くなっており、子の氏輝への遺言の形で法を制定したものと知られる。

武田、そして北条

駿河の隣国甲斐では守護の武田氏が成長していたところから、今川氏親は甲斐の国衆である穴山氏や大《おお》井《い》氏を後援し、永正12（1515）年10月、武田信虎が大井信達《のぶさと》・信業《のぶなり》父子の拠る西郡上野城を攻撃したので、大井氏救援のため国境を封鎖し、甲府盆地と都留郡に侵攻した。しかし遠江の情勢変化で連歌師の宗長《そうちょう》の斡旋によって和睦が成立する。

武田信虎は大井信達との間にも和睦を成立させ、信達の娘を正室に迎え、永正16年に甲府盆地中央の川田にあった居館を盆地北部の躑躅《つつじ》ヶ崎《さき》館に移し、この地を「新府中」（甲府）と称して家臣の集住を図り、これを契機に武田氏は戦国大名への道を歩むところとなった。

守護大名から戦国大名になった今川・武田両氏に対し、北条氏は今川氏親を駿河で支えていた北条早雲が実力で伊豆・相模を制圧し、鎌倉幕府の遺跡を継ぐ形で戦国大名へと向かった。その早雲から本論に入ることにしよう。

整備が進む小田原城（小田原城天守閣提供）
小田原城といえば真っ先に北条氏の名があがる。そして現在の小田原城跡の姿は、江戸時代に大改修された姿であることは知られているが、それでも北条氏と小田原城の結びつきの方がはるかに印象深い。早雲が小田原城を手に入れてから、北条氏の本拠城としたのは２代氏綱から５代氏直である。北条５代 100 年の繁栄は、現在の小田原に有形・無形に貢献している。

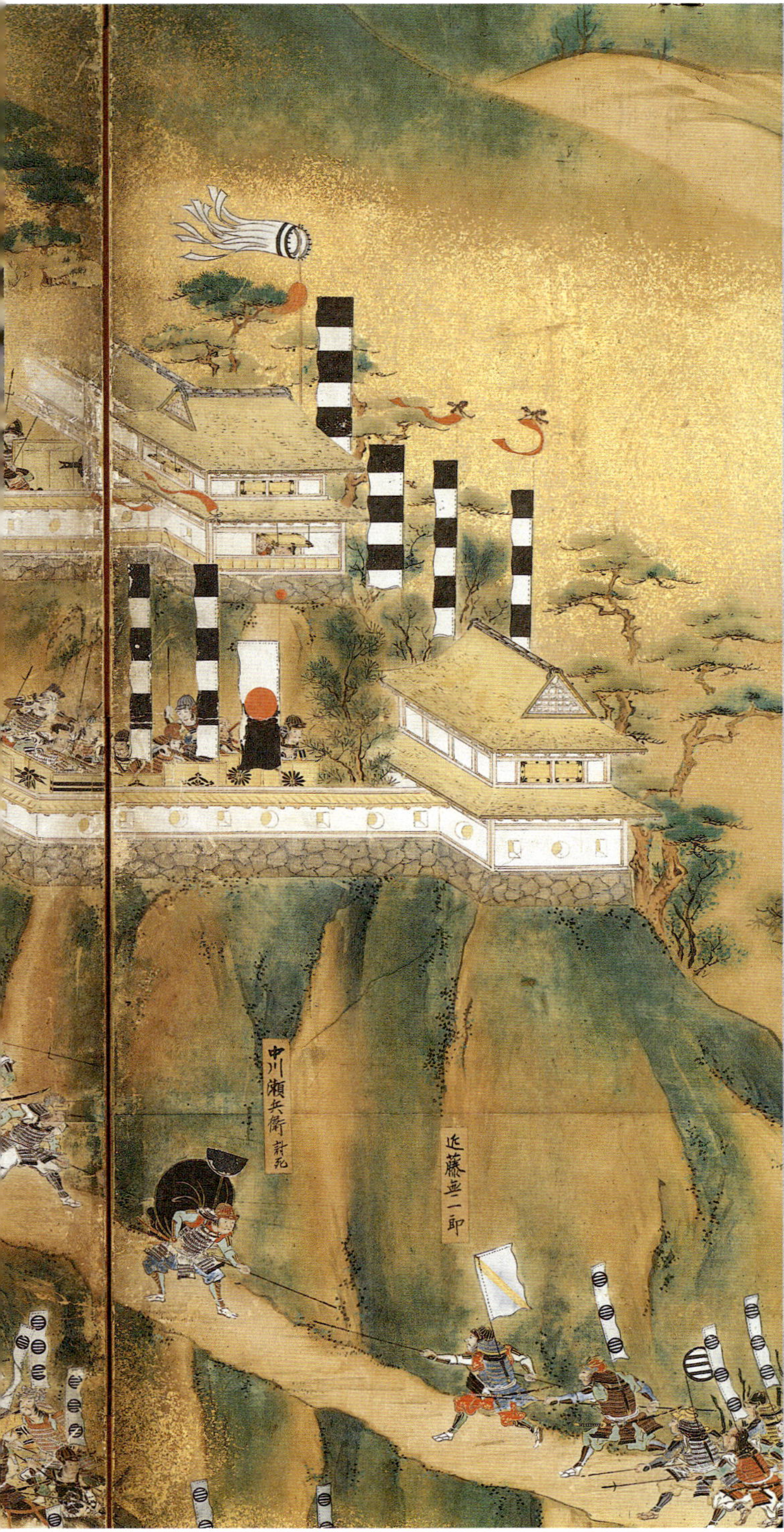

Part 1

戦国乱世の幕開け

「賤ヶ岳合戦図屏風」（大阪城天守閣蔵）

鷹羽
佐

北条早雲《ほうじょう　そううん》【伊豆・相模】

●生　康正2（1456）年　●没　永正16（1519）年

池上裕子（成蹊大学名誉教授）

京都と駿河を結んで

　北条早雲という名は江戸時代以降の俗称で、京都を中心に活動した前半生は伊勢《いせ》新九郎《しんくろう》盛時《もりとき》と名乗っていた。伊豆に侵攻して戦国大名への道を歩んだ後半生は入道して早雲庵宗瑞《そうずい》（伊勢宗瑞）と称した。北条の名字を名乗るのは子の氏綱《うじつな》の時で、早雲死後4年がたった大永3（1523）年である。早雲の生前、当時の人々が早雲と呼んだ例は多いが、名字は伊勢であった。しかし、その後4代にわたり発展した戦国大名北条氏の初代であることから、通称の北条早雲をここでは用いることにし、以下の叙述は便宜上早雲で統一する。

　早雲が生まれた年を示す確実な史料はないが、康正2（1456）年生まれと推定され、永正16（1519）年に亡くなった時は64歳とみられている。早雲の家は室町幕府の政所《まんどころ》執事伊勢氏の一族である。政所執事は将軍家・幕府の所領支配や財政などを管轄した役所の長官である。早雲の母は政所執事伊勢貞国《さだくに》の娘で、父盛定《もりさだ》は将軍の側近として申次《もうしつぎ》衆《しゅう》や奉公衆《ほうこうしゅう》などになり、早雲も同様なコースを歩んだ。成人したのは応仁の乱の最中で、混乱する幕政と京都の荒廃を目の当たりにしていたであろう。京都在住が基本であったとみられるが、所領は備中国荏原

北条早雲
（小田原城天守閣蔵）

郷（岡山県井原市）にあった。しかし、借銭をしていることから見て、所領からの収入は十分とはいえなかったかもしれない。

　応仁の乱がおきた頃、早雲の姉（北川殿）が駿河守護今川義忠《よしただ》に嫁ぎ、文明3（1471）年に竜王丸（氏親）を産んでいる。ところが、5年後の文明8年、義忠が戦死し、竜王丸が6歳と幼少だったことから、今川氏の家督争いがおこる。義忠の従兄弟小《お》鹿範満《しかのりみつ》を推す派と竜王丸派に分かれ、さらに関東の扇谷上杉《おうぎがやつうえすぎ》氏や伊豆の堀越公方《ほりごえくぼう》も家臣を派遣するなどして、これに干渉する姿勢を示した。この時、早雲が調停に乗り出し、まず小鹿範満が家督につき、竜王丸成人の後は竜王丸に譲る案で結着させたといわれる。しかし、その後も範満が家督を譲ろうとしなかったので、長享元（1487）年11月、早雲は範満を襲撃し、竜王丸を家督に据えることに成功した。この手柄により、早雲は竜王丸から富士下方地方に所領を与えられて興国寺城《こうこくじじょう》（沼津市）に入ったとされるが、ある時期、駿河の石脇城《いしわきじょう》（焼津市）にいたことが確実で、その時から対岸の伊豆半島西海岸の鈴木氏（沼津市江梨）ら、船を使った商人・運輸業者と通好関係を築いていたといわれる。

早雲の父・伊勢盛定によって開かれた法泉寺
（岡山県井原市西江原町）

法泉寺にある北条早雲（左）盛定（右）の供養墓

　ただし、この間の早雲は京都と駿河の間を往き来していて、なお京都・幕府の方に軸足を置いていたようである。たとえば長享元年4月には在京していて将軍足利義尚《あしかがよしひさ》の申次をし、同年11月には駿河で小鹿範満を襲撃、しばらく駿河にいた後に上洛、延徳3（1491）年5月には在京して将軍義材《よしき》の申次をしている。同年8月には駿河にいたとみられる。

　関東では15世紀に入って鎌倉公方足利氏と幕府・関東管領山内《やまのうち》上杉氏との敵対関係がいっそう強まり、永享の乱・享徳の乱がおこった。関東の支配に危機感をもった8代将軍義政《よしまさ》は弟の政知《まさとも》を関東に送り込んで鎌倉公方とし、支配を立て直そうとしたが、政知は関東の諸勢力の抵抗で鎌倉に入ることができず、長禄2(1458)年に伊豆に入り、やがて堀越(伊豆の国市)を拠点としたので、堀越公方と呼ばれるようになった。

幕府で病身の9代将軍義尚の後継者問題が取沙汰されるようになると、政知は長享元年に7歳の息子を将軍につけるべく上洛させ、自分と同じ天龍寺の僧とした。この子は清晃《せいこう》と名乗り、足利義視《よしみ》の子義材(の

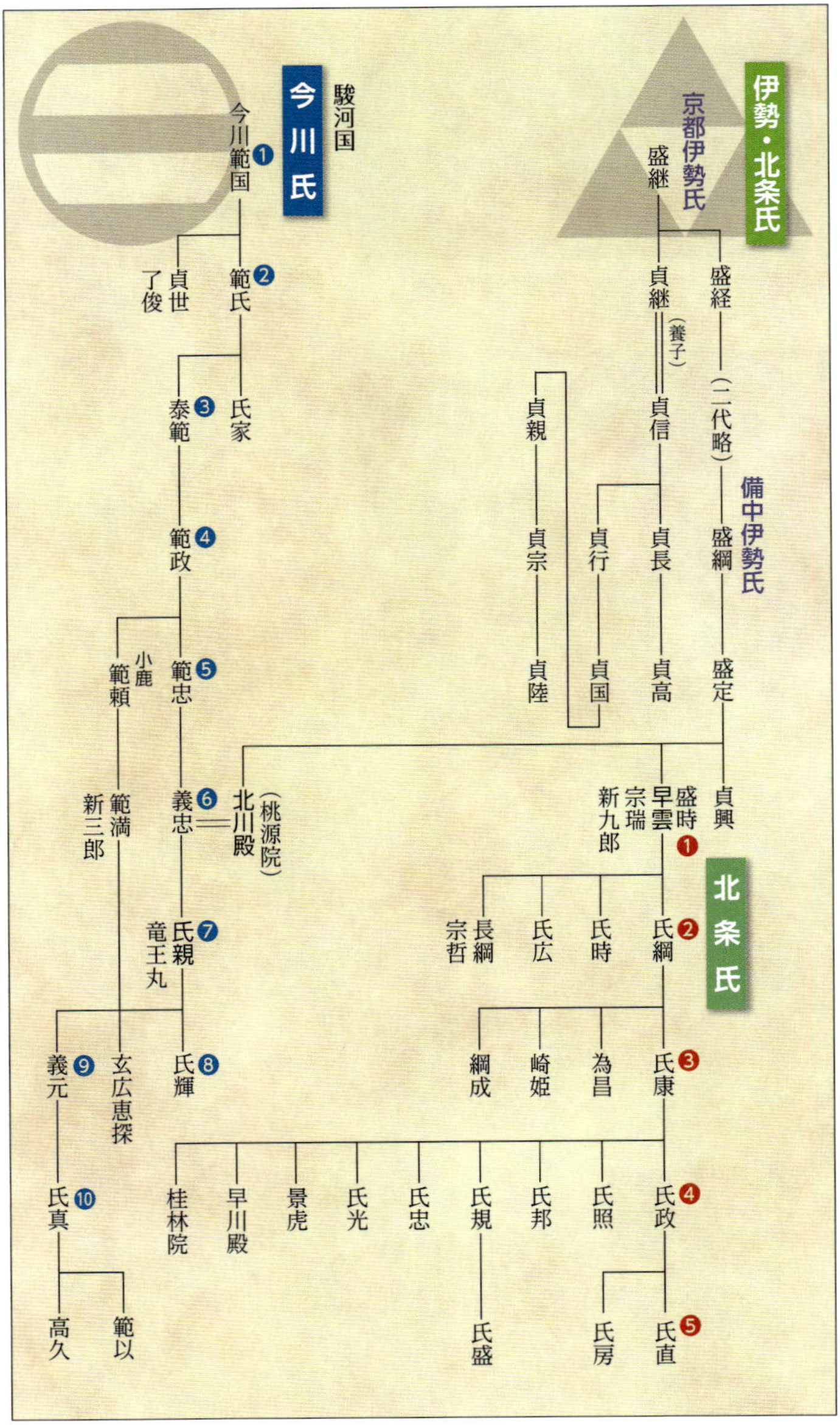

ち義植《よしたね》）と並ぶ将軍候補となった。管領細川政元が清晃支持の立場をとった。一方、堀越には清晃と同母弟の潤童子《じゅんどうじ》と異母兄弟の茶々丸がいたが、延徳3年4月に政知が病死すると、同年7月に茶々丸は潤童子とその母を殺害し、堀越公方の座に就いた。この事件を知って、早雲は京都から駿河にやってきたとみられる。

日野富子の支持を得て義材が先に将軍になったが、これを嫌い、清晃を推していた管領の細川政元は明応2（1493）年4月に義材を将軍の座から追った（明応の政変）。清晃は還俗して足利家家督となり義遐《よしとお》（のち義高《よしたか》、義澄《よしずみ》）と名乗り、翌年12月に将軍となった。明応の政変は臣下が将軍の廃立を断行した事件として、戦国時代の下克上を象徴する事件と位置付けられ、これをもって戦国時代のはじまりとする研究者も少なくない。

伊豆・相模の大名へ

明応の政変を受けて、同じ年に早雲は伊豆に侵攻し茶々丸を襲撃した。甲斐《かい》で記された『勝山記《かつやまき》』に「駿河国ヨリ伊豆へ打入也」とあるのがそれを示す記事と

北条早雲が伊豆侵攻前に拠点とした興国寺城跡（静岡県沼津市）

韮山上空から韮山城跡・堀越御所跡・興国寺城跡をのぞむ

みられている。早雲は同年9月に扇谷上杉定正《さだまさ》の救援のため相模・武蔵に出陣しているが、襲撃はそれ以前でも以後でも可能性があり、月日は不明である。しかし、定正への接近は、早雲の伊豆侵攻が定正の了解を取り付けたうえでおこなわれた可能性を示唆する。扇谷上杉氏と山内上杉氏は長享元年以来長享の乱をおこして敵対を続けていたが、しだいに扇谷上杉方が劣勢になっていた。伊豆は山内上杉氏が守護であったから、定正は早雲の侵攻を支持して山内上杉氏に打撃を与えようと考えた可能性は高い。早雲は堀越に近い韮山城《にらやまじょう》を居城とした。

早雲の伊豆侵攻を将軍義澄や幕府関係者の意向を受けてのもの、あるいは義澄のための敵討ちとみる研究者もいる。しかし、敵討ちは義澄個人の私恨を晴らすだけのことである。義澄と特別の関係が認められない早雲がそんなことのために軍勢を率いて討ち入るだろうか。また、前者の場合も、早雲という、全くの外来者が侵入して、伊豆で戦乱が拡大したらどうするのか、早雲の処遇をどうしようと考えていたのか、等々の疑問が生じる。早雲が茶々丸を襲撃して堀越公方になりかわろうとした形跡はない。血筋や身分からいって自分に正統性がないことはわかっていたであろう。また、伊豆の守護職を求めた形跡もなく、早雲は従来の幕府・守護秩序の中に自己を位置づけようとは考えていなかったのではないだろうか。早雲が伊豆に引き続いて相模平定に乗り出すことから考えて、茶々丸襲撃ははじめから伊豆平定をねらった、早雲自立の戦いだったのではないだろうか。

ただし、茶々丸襲撃は失敗した。茶々丸はその後５年間も各地を転々として生き延びた。それを手助けしたのは伊豆の武将と伊豆守護の山内上杉氏だった。最有力の狩野氏や上杉氏家臣の関戸《せきど》吉信《よしのぶ》らが頑強に抵抗し、明応７年８月に、関戸吉信を深根城（下田市）に攻略してようやく伊豆の平定が実現し、茶々丸も同人と運命を共にしたようである。

伊豆からみて相模平定戦の最初の難関は小田原城攻略である。２代氏綱の時から本城となる小田原城は上杉謙信や武田信玄の攻撃を退けたごとく、攻略はきわめてむずかしい。城主大森氏は箱根神社別当に一族を入れるなどして箱根を掌握したほか、駿相国境地帯を押さえていた。『北条記』では、早雲は策略を用いて言葉巧みに大森氏に接近し、鹿狩りと称して箱根山に兵を入れ、夜になると牛の角に松明をつけて大軍の襲撃のようにみせかけ、大森勢をあわてさせて城を奪ったとしている。この話をもとにした銅像が小田原駅の新幹線口に建てられているが、攻略の実際は不明である。筆者は小田原城奪取の年月を『鎌倉大日記』にある明応４（１４９５）年９月と、現在のところはみているが、これを裏付ける他の史料はない。これとは別に、明応５年以降文亀元（１５０１）年までの間とする説がある。大事件だったはずだが、年月の確定、攻略方法ともに今後の検討課題である。

相模では三浦《みうら》氏や扇谷上杉氏らのはげしい抵抗にあいながらも、永正９（１５１２）年には鎌倉まで進んで、その北西部に玉縄城《たまなわじょう》を整備している。この城は相模東部の支配と武蔵侵攻の拠点の役割をもった。武蔵侵攻も視野に入れていたのであろう。そして、永正１３年には三浦半島で抵抗を続けた三浦道寸《どうすん》・義意《よしおき》父子を討ち、平安期以来の長い歴史を誇った三浦氏を滅亡に追い込んだ。これにより、北部を除いて相模国をほぼ平定し、早雲は伊豆・相模２か国の大名になった。

北条氏は守護職によって国支配の正当性を獲得す

北条早雲終世の居城・韮山城跡（静岡県伊豆の国市）

早雲に抗戦を挑んだ関戸氏の居城・深根城跡（静岡県下田市）

早雲に対抗した三浦氏終焉の地・新井城跡（神奈川県三浦市）

るというような志向をもたなかったが、幕府・公家、京都・畿内の寺社や医者・商人などとの関係は重視された。

早雲の家臣団

早雲の伊豆・相模平定を可能にしたものとして、家臣団と経済力が考えられるが、この両国の人々にとって、早雲そのものが縁もゆかりもなかった外来者であったということをまず確認しておこう。

早雲は京都を離れる前、土地を支配する領主として父祖から譲り受けた備中国荏原郷の所領を一族に売却している。父祖伝来の土地との縁を断ち切るという、ずいぶんと思い切った決断である。旧縁への依存を断ち切り、新たな出発をするという決意の表れとみてよいだろう。他方で、駿河では姉の縁を頼って、姉・甥のために尽力することで新たな所領を得たが、それは今川氏との私的な関係と主従関係のもとで得たものであった。その後も早雲は氏親との関係を維持し、氏親のために遠江・三河に出陣したり、甲斐出兵をくり返したりしている。しかし、伊豆侵攻は氏親から援軍を貸与されたとしても、氏親のための出兵ではなく、早雲の自立のための行動であった。なぜなら、氏親が伊豆の支配や軍事作戦の指揮に関わっていないからである。

伊豆侵攻時点での早雲の家臣を根本被官と呼ぶことにして、どんな人たちがいたのかをさぐってみよう。確実なのは笠原氏・大道寺氏である。そのほかに、備中国の戦乱記述を含む『中国兵乱記』や『北条五代記』などに記される名前として、平井・荒木・多米・山中・荒川・在竹（有滝）があげられる。それらのうち大道寺・山中・荒木氏は山城国出身である。笠原・平井氏は備中国荏原郷のあたりに多い名字で、早雲に従ったとの伝承もあるので、荏原郷出身とみてよいだろう。根本被官は、荏原郷の領主として臣下に編成した者たちと、京都で活動していたことで臣下となった者たちの、大きく二つに分けられ、いずれも父祖の代からの被官を含むのであろう。そのほか、山角・石巻・朝倉・大藤・左近士《さこんじ》氏も根本被官とみられ、山角氏は山城出身、左近士氏は奈良出身とされる。彼らは京都在住時に被官となったのであろう。このほかに駿河出身者として大屋（大谷）・相良氏が考えられる。このほかにもいたであろうし、右記の人々がそれぞれに自分の一族・被官を従えていたであろうが、それでも全兵力はせいぜい200人くらいではないだろうか。このため、氏親に加勢を要請し、駿東郡の葛山《かつらやま》氏らが派遣されたとされる。葛山氏は伊豆・相模の西側国境に接する駿東郡に勢力を張っていたから、早雲はこれとの関係を重視し、娘を側室に迎え、3男の氏広《うじひろ》を養子に送り込んでいる。

伊豆侵攻は完全な外来者集団の乱入であった。しかも茶々丸は逃亡したから、堀越公方府の人々や伊豆の有力武将たちで外来者集団に進んで帰順する者はほとんどいなかったであろう。そんな中で以前から通好関係にあった江梨の鈴木氏など西海岸の海村の有力者たちが比較的早く臣従すると、次第に服属する者が増えていった。早雲が平定戦を進めるためには、征服した土地を把握し、敵方の所領は没収して、服属した者や根本被官に宛行《あてが》ったり直轄領を設けたりする必要があった。そこからとれる年貢量も調べる必要があった。

検地の開始

頑強に抵抗した狩野《かの》道一《どういつ》との戦いで活躍した大見郷（伊豆市）の大見三人衆に対し、十分な恩賞を与えられなかった早雲は、大見郷の年貢半分を早雲に納める条件で、大見郷を三人衆に宛行った。早雲に納める額は40貫40文であったから、大見郷の年貢高はその2倍の80貫80文で、その高は大見三人衆の申告によって把握したのであろう。恩賞用の土地が足りなくて苦慮している様子が見て取れる。大見郷のように、最初

北条早雲伊豆侵攻時の伊豆国主要部
（家永遵嗣「北条早雲研究の最前線」北条早雲史跡活用研究会編『奔る雲のごとく』北条早雲フォーラム実行委員会 2000年による。一部加筆・加工）

は従来の年貢高を村人に申告させる方法で土地の把握を進めたとみられるが、それだと従来の状況把握にとどまる。現実には年貢がかかってない田畠がたくさんあることは明らかでも、どれだけの田畠があり、どれだけの年貢負担能力があるかは検地をしてみないとわからない。

豊臣秀吉が太閤検地を全国的におこなって、石高制を基本とする新しい支配体制を築いたことはよく知られている。戦国大名の検地も従来とは異なる大名独自の新しい支配体制を構築する政策であった。早雲は永正3（1506）年に相模南西部の宮地（湯河原町）で検地をおこない、その検地で把握した81貫900文を小田原衆の南条右京亮綱良に与えている。検地前のこの村の年貢高は58貫600文だったので、検地で年貢が一気に23貫300文も増えた。元の年貢高の40パーセント近くにあたる。この後の検地では年貢が2倍、3倍にも増えた村がある。すなわち検地は北条氏と家臣の経済力の増加をもたらした。また、家臣は所領の大きさに比例して軍役を負担したから、軍事力の増強をもたらした。

年貢増の原因の一つが、それまで年貢を負担してこなかった田畠を検地で把握したことである。室町時代を通じて農民は田畠の開発を地道に続けてきた。領主が定期的に検地などで実際にある田畠を把握して年貢をかけていれば、北条氏の検地で一気に何割増にもなることはない。検地をして年貢を増やすことは、領主と農民との関係を作り直すことだから、農民を納得させる契機や理由が必要であり、同じ領主の支配が続いている中では従来通りを望む農民の抵抗が予想されてむずかしい。早雲の検地は、第一に早雲自身が、そして所領を与えられた家臣の多くも外来者であるという状況のもと、新しい領主が新しい所領を支配するために村・村人との関係を構築する目的でおこなわれた。

検地は直轄領でも家臣の所領でも郷・村を単位に、その境界を申告させて内部の田畠をすべて把握する方針でおこなわれた。北条氏は田1反あたり500文、畠1反あたり165文の基準年貢高（村により田300文、畠100～200文もある）を決めて、それを面積に乗じて分銭を算出する。これはそのまま年貢になりうる分であるが、そこから用水路の維持・補修などの費用（井料、堰免）、神社の祭礼や修理のための費用（神田）など、村人の生活・生産に必要ないくつかの費用分を、必要経費（引方、控除分）として差し引いて、すなわち年貢を免除して、残りの高を年貢として納入させる方式をとった。そして、この計算の過程を検地書出という文書に記して、村の百姓中宛に発給し、百姓中は年貢納入を約束する請負の一札という文書を提出した。双方が文書を取り交わして、村請制による年貢の納入方式が成立した。早雲の段階の史料はほとんど残っていないので、右のような方式がどこから始まったかは確定できていないが、田の年貢を５００文、畠の年貢を１６５文前後とすることが早雲の代に始まっていたことは確実である。こうして、年貢高も家臣の所領高も銭の量である貫文で表す貫高制がおこなわれる。

　早雲の代には検地事例も少ないので、その意義をあまり評価しない向きもあるが、恣意的《しいてき》に根拠なく年貢を増徴するのではなく、検地をおこなって現実にある田畠の面積を把握し、それを百姓に示して年貢高を決めていく方式を始めた意義は大きい。この方式は合理的で説得的であり、根拠を示して村人の合意を得て（強制力は働いたが）物事を進めるという新しい支配体制の構築が始まった。それは、外来者であるゆえに必要だった方式であり、かつ外来者であったからこそできたといえるであろう。

虎朱印状の創始

　村請制は村に年貢納入責任を負わせるが、半面で、村人の側の生活・生産の維持・向上をめざす主体的で持続的な取り組みを前提とする仕組みであった。そのために、前記のように村に対し井料・神田などの年貢免除分を認め、年貢高から差し引いて村の側に残した。それらを村の側の主体的な運用に任せたのである（ただし地侍・土豪が主導）。こうした仕組みが史料で明確になるのは次の代以降であるが、政策の基本的な志向、枠組みが早雲の代にあったと推測できるのが、永正15（１５１８）年10月８日付で伊豆の「木《き》負《しょう》御百姓中」と代官宛に出された虎朱印状である（伊勢家朱印状）。これは９月に定めた国法に基づいて出された。木負（沼津市）は韮山城の西、西浦と呼ばれた海岸地域にある直轄領で、四か条の定めを百姓中らに通知している。

　北条領では、年貢は直轄領では北条氏に、家臣の所領では家臣に納められるが、その両方のすべての郷村に対し、北条氏は竹木や大普請人足、後には反銭・棟別銭などをかけた。それらを徴収する責任者として郡を単位に郡代を定めて有力家臣を任命した。また、直轄領には代官を任命して支配させた。この郡代と代官がその役職を利用して自身のために人足役をかけたり、物の納入を命じたりする場合があり、村人との間に争いがおこったりした。この文書はそうした問題を防ぐ目的で出された。

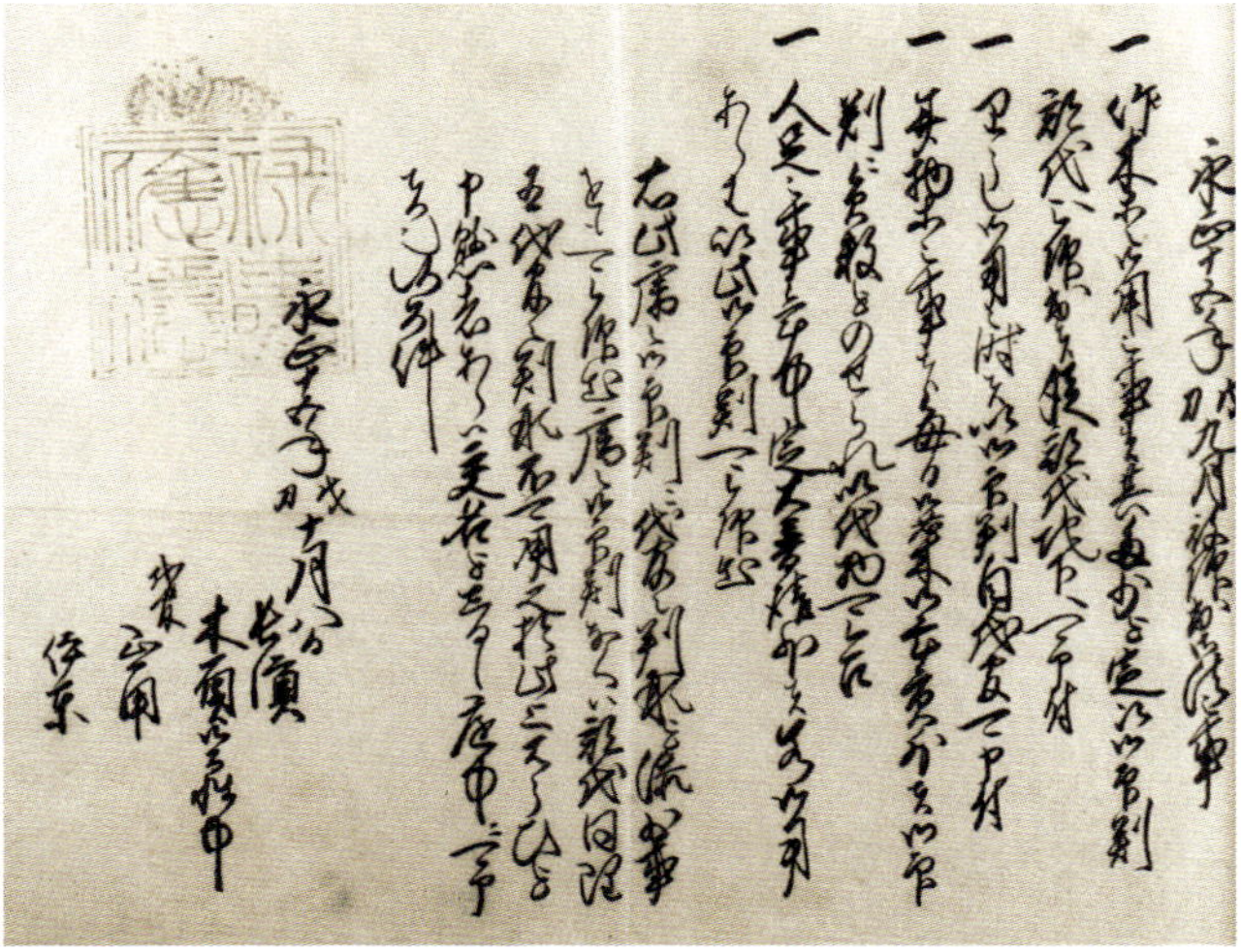
北条早雲が発給した虎朱印状（長浜・大川文書。宛所の「長浜」は別筆）

第1条と第4条は郡代が関係する竹木と大普請人足について、第2条と第3条は直轄領で代官を通してかける船乗りの役と魚介類の納入について、いずれも必要な数量を虎朱印状に記して郡代や代官を通じて申し付けるので、虎朱印状がない場合は負担する必要はない、もし不法に申し付けるものがいたら、名前を記して北条氏に直訴しなさいと定めている。このように、百姓中に直接文書を出して、法を通知し直訴を認めるということは、村・村人（百姓中）を政治的・法的主体として認定したことを意味する。

ここから、郡代や大普請人足などが早雲の代からあったことがわかり、検地も含めて北条氏の領国支配の基幹をなす政策が早雲の代に始まることが指摘できる。以上の早雲の政策の意義をまとめれば、①検地の開始、②虎朱印状の創始を画期とする、文書による支配（文書主義）の推進、③郷村とその百姓中の政治的・法的主体としての認定の3つをあげることができる。これらは次代以降にも引き継がれた。

「結城合戦絵詞」(国立歴史民俗博物館蔵)
重要文化財。永享の乱をテーマとした作品で、本絵巻は15世紀末から16世紀初めに作製されたと推定されている。場面は足利持氏の陣での攻防を描いている。

地黄八幡の旗指物(北条綱成所用)
(真田宝物館蔵)
北条氏綱の娘婿・北条綱成の旗印。綱成は北条家中随一の猛将として他国にも知られたが、元亀2(1571)年、駿河の深沢城(静岡県御殿場市)を守備していた際、甲斐の武田氏の攻撃を受け落城した。その際、この旗を武田軍の真田信尹が戦利品とした。嘉永7(1854)年に保存のため軸装にされた。

鉄黒漆塗四十八間筋兜鉢
(神奈川県立歴史博物館蔵)
黒漆で塗られた阿古陀形風の筋兜。鉢は前後に金色の篠垂を伏せられ、各筋と筋の間は覆輪と斎垣で飾られる。鍬形台は桐唐草の透彫、祓立には八幡大菩薩の神号を刻んでいる。鉢裏には「相州住家次」の銘がある。戦国期の兜としては古風とされ、小田原鉢の逸品である。

北条早雲 略歴

康正2年	1456	北条早雲生まれる。父は伊勢盛定、母は伊勢貞国の娘。
文明3年	1471	備中荏原郷の法泉寺に禁制を発給する。
文明8年	1476	今川家の家督争いを収める。
文明15年	1483	幕府の申次衆となる。
長享元年	1487	駿河に戻って小鹿範満を討ち、甥の竜王丸(今川氏親)を今川家当主とする。駿河興国寺城(沼津市)主となる。
延徳3年	1491	堀越公方足利政知が死去する。
明応2年	1493	伊豆堀越御所の足利茶々丸を攻める。
明応4年	1495	この頃、大森氏の小田原城を攻略する。
明応7年	1498	深根城を攻略し、足利茶々丸を自害させて伊豆国を平定する。
永正13年	1516	新井城に三浦道寸・義意父子を滅ぼす。
永正15年	1518	虎朱印状を発給し、虎の印判の使用などについて定める。
永正16年	1519	北条早雲、韮山城で没し、修禅寺にて葬儀が行われる。
大永元年	1521	遺言により、箱根湯本早雲寺に葬られる。

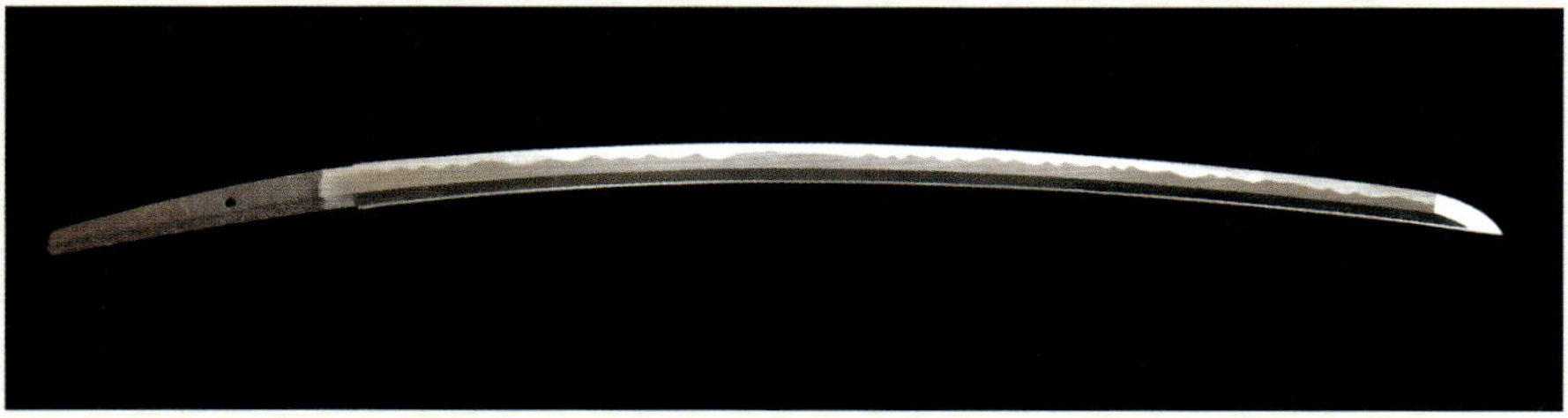

刀(小田原城天守閣蔵)
銘「相州住康春」。天文年間(1532 ~ 55)前後に活躍した小田原相州を代表する刀工康春の作刀。

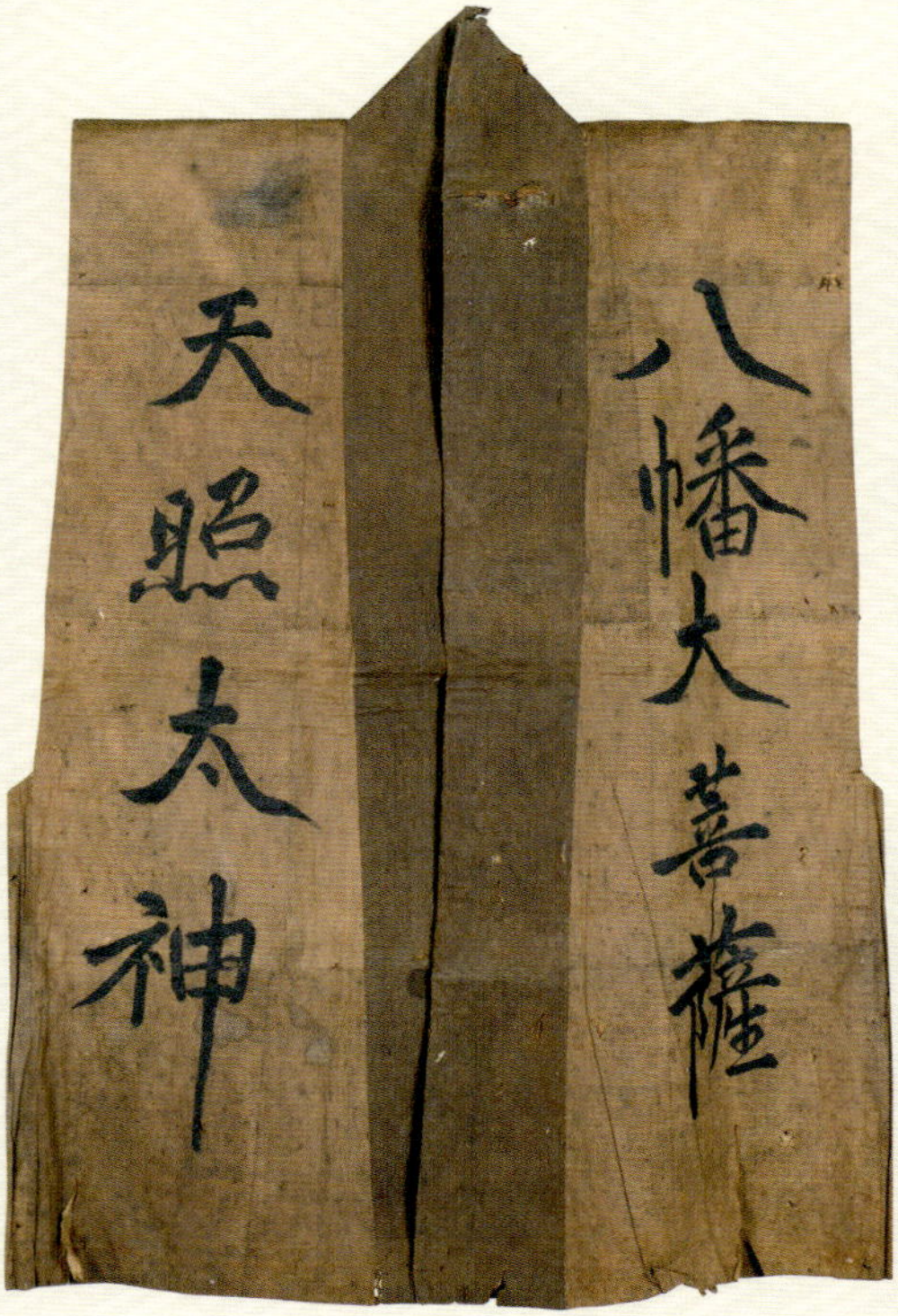

紙衣陣羽織

（東京国立博物館蔵）

桃山時代。和紙で作った陣羽織で、和紙を張り合わせ、雨露を防ぐため柿渋を塗って仕上げたもの。北条氏関係の軍装に関する文書には「紙子陣羽織」の文言が見られるが、本品のような形と思われる。和紙は強靱で防寒性にも優れるためしばしば衣服に用いられた。正面と背面には神号や題目などが墨書されている。

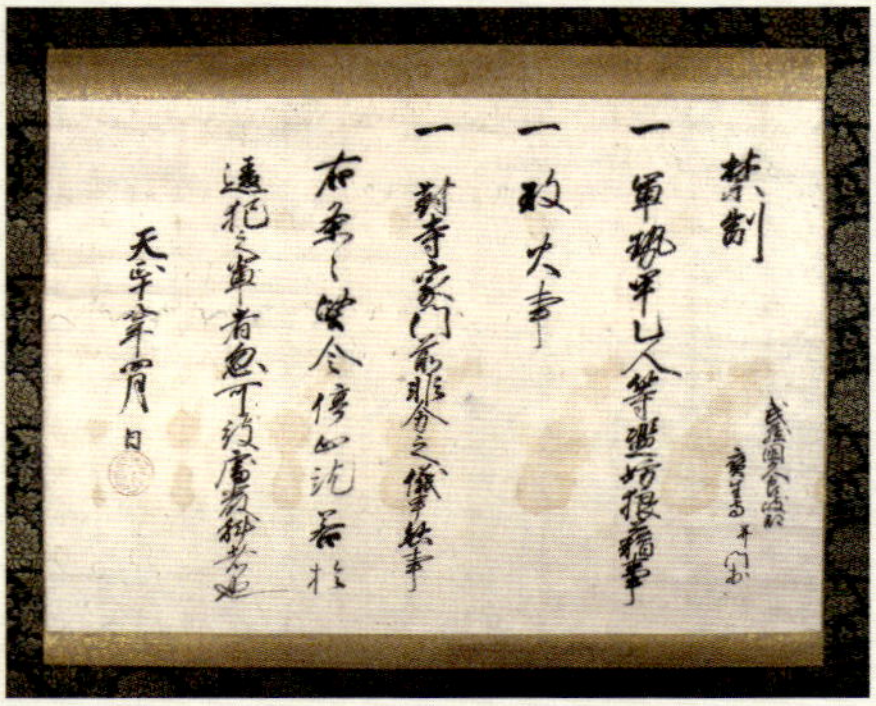

禁制

一 軍勢甲乙人等濫妨狼藉事

一 放火事

一 對寺家門前非分之儀申懸事

右条々堅令停止訖、若於違犯之輩者忽可被処厳科者也

天正十八年四月 日

豊臣秀吉禁制（小田原城天守閣蔵）

天正 18（1590）年の小田原攻めに際し、秀吉が森の庄（厚木市）に宛てた禁制。

鉄錆地六十二間筋兜

（小田原城天守閣蔵）

明珍信家の作風とされ室町時代末期の相州鉢。三鱗紋の金具が打ってあり、北条氏ゆかりの可能性も伝えられる。

北条氏の菩提寺　金湯山　早雲寺

本堂
現在の本堂は客殿に相当する建物である。本堂裏には傾斜面に三尊石を中心に石を立てる室町期の庭「禅院式庭園」が営まれ、これは早雲の末子幻庵長綱作庭とも伝えてきた。

山門
早雲寺山門は江戸時代の東海道に面して建つ。現在の姿からは初期の雄大な規模は想像もできないが、山門の扁額『金湯山』は、江戸初期朝鮮通信使のひとり金義信（雪峰）の筆である。寺には徳川家光が寄せた下馬札などが伝存し、早雲寺再興当時の面影を伝えている。

山門扁額

北条５代の供養墓
早雲･氏綱･氏康３代の墓は早くに豊臣秀吉によって煙滅されたため、狭山北条氏（北条氏規の後孫）の第５代氏治が、山内に北条氏５代の供養墓を建立した。

北条氏康【相模】

ほうじょう　うじやす

●生　永正12（1515）年　●没　元亀2（1571）年

山口　博（小田原市学芸員）

文を表にし武を裏にす

戦国大名北条氏の3代当主氏康は、早雲《そううん》（宗瑞《そうずい》）の嫡子氏綱《うじつな》を父とし、その正室養珠院《ようじゅいん》殿を母として、永正12（1515）年に生まれた。この頃当主の祖父早雲は伊豆韮山《にらやま》城にあったが、父氏綱は相模制圧の拠点小田原城を守っていたとされており、氏康の誕生地もまた小田原であった可能性がある。

幼名は伊豆千代丸、享禄2（1529）年から4年頃に元服し、祖父・父と同じ仮名《けみょう》新九郎を称した。また天文22（1553）年までに左京大夫に任官し、永禄9（1566）年頃、相模守に転じている。なお生誕時の苗字は「伊勢」であったが、父氏綱は大永3（1523）年6月から9月の間、「北条」と改称した。

初陣は、享禄3年6月、武蔵小沢原での扇谷上《おうぎがやつうえ》杉朝興《すぎともおき》との戦闘とされ、以後父に従い、天文4年8月の甲斐《かい》山中合戦（対武田信虎）、同6年7月の河越城合戦（対扇谷上杉朝定《ともさだ》）、同7年10月の第1次国府台《こうのだい》合戦（対足利義明《よしあき》・里見義堯《さとみよしたか》等）で戦功を挙げた。またこの間の天文6年2月以前、早雲の甥今川氏親《うじちか》の娘瑞渓院《ずいけいいん》殿を正室に迎えている。

家督継承は、天文10年7月に氏綱が55歳で病没したのち、あるいはその直前のこと。以後元亀2（1571）年10月に57歳で没するまで、周辺に武田信玄や上杉謙信、今川義元といった強豪大名がひ

北条氏康
（小田原城天守閣蔵）

小沢原古戦場（東京都調布市）
北条氏康が享禄3（1530）年6月12日、武蔵国最大の勢力を持つ上杉朝興軍と一戦を交え、初陣を飾った場所。

北条氏綱（小田原城天守閣蔵）
北条氏第2代当主。早雲の嫡男、家督継承後、本拠を小田原城に移した。

河越城本丸土塁（埼玉県川越市）
扇谷上杉氏の主城として名高い河越城。北条氏との間で激しい争奪戦が繰り広げられた。

しめく中、よく北条氏の最盛期を現出させた。また家臣団編成や領国統治の手腕の確かさ等の面でも氏康への評価は高い。天文20年4月、小田原で氏康に接見した京都南禅寺の東嶺智旺《とうれいちおう》が知友の僧に報じた「文を表にし武を裏にす。刑罰清らかにして遠近服す。まことに今代天下無双の覇主なり」（『明叔録』）との氏康評も、学問・諸芸への精通のみならず、この点に着目してのことであろう。狩野派の画風を忍ばせる新様式で描かれた唯一の画像（早雲寺蔵）もまた、その英明な智将ぶりを伝えて余りある。

関東管領への道

天文7（1538）年10月、父氏綱は小弓公方《おゆみくぼう》足利義明を討った功績により古河《こが》公方足利晴氏《はるうじ》から関東管領に任じられた。この地位は氏康にも継承される。ただその任命権は幕府にあって、正式には山内《やまのうち》上杉憲政《のりまさ》の継承するところとなっており、同職をめぐる氏康と憲政との対決は必至といえた。

天文14年7月、今川義元が同盟関係にある武田信玄の支援を得て、同6年以来北条方に奪われていた駿河河東の奪還に動くと、9月、相呼応して憲政・扇

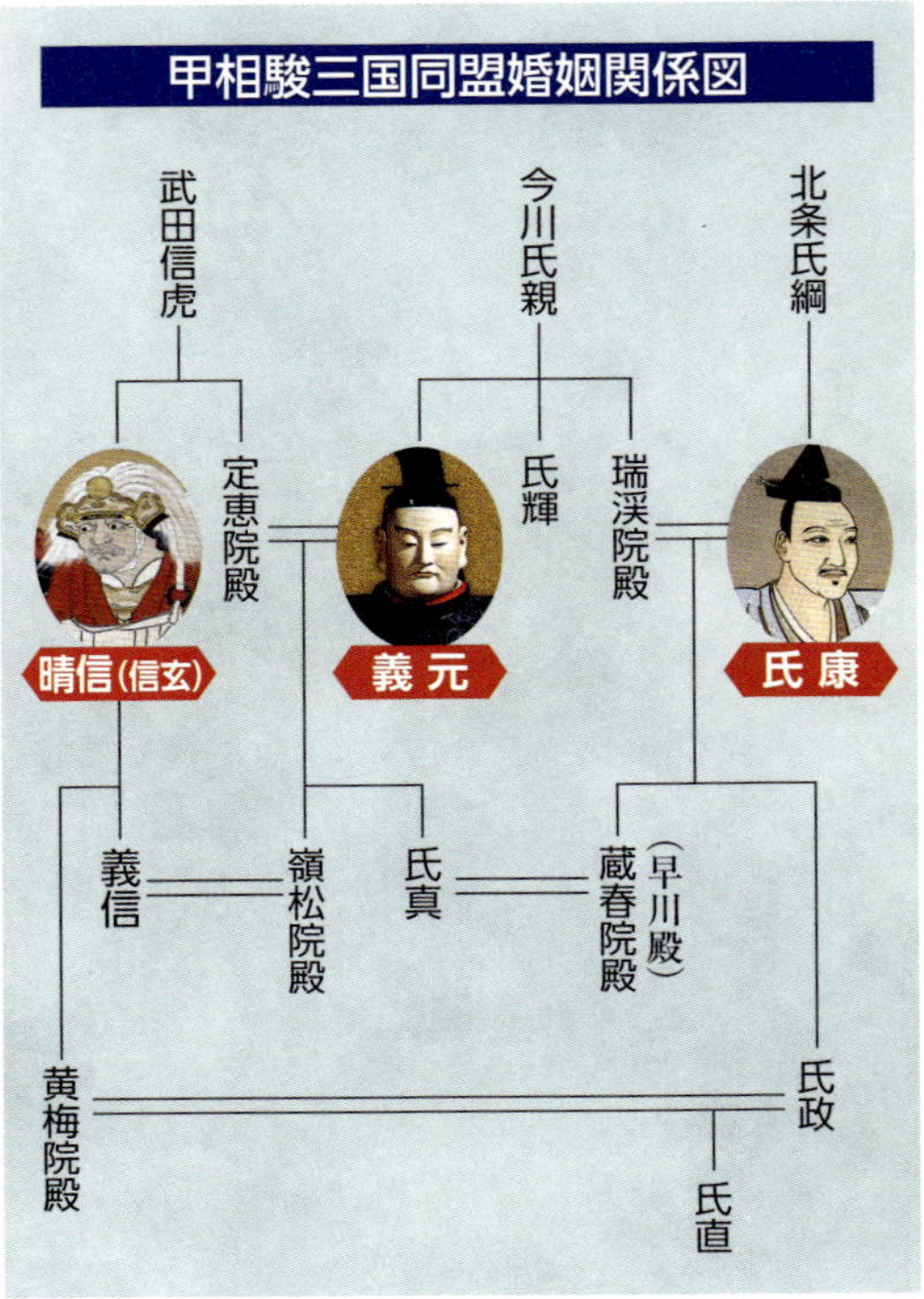

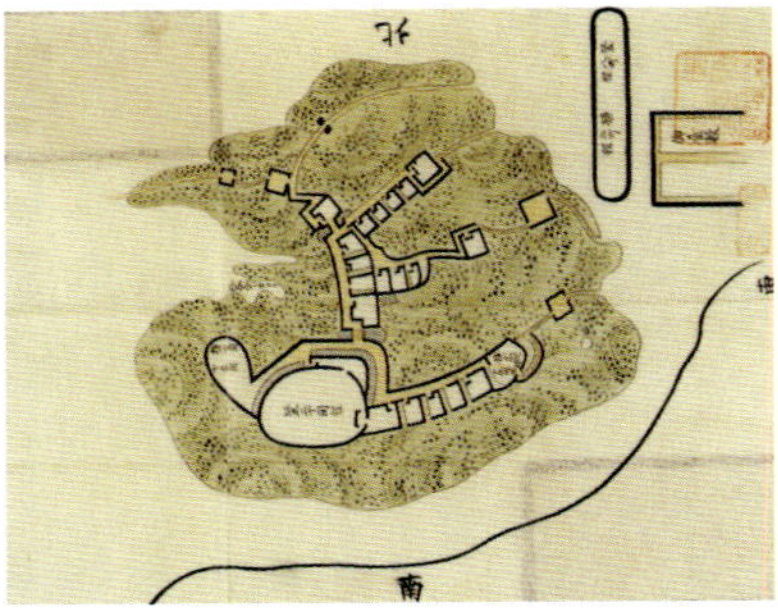
平井城図（広島県立中央図書館浅野文庫蔵）

平井城跡（群馬県藤岡市）
本城が平地にあり、背後の山に詰城·金山城が備えられた広大な城であった。

谷上杉朝定、次いで足利晴氏が河越城を包囲する。窮地に立った氏康は、前年に盟約していた信玄の仲介を得て河東の放棄等を条件に、10月下旬まず義元と講和した。同時に信玄は河越城の明渡しを条件に憲政にも講和を斡旋したが、こちらは晴氏の反対もあって難航、すると翌年4月、一転氏康は急速に河越救援の軍を起こし、同20日、憲政ら包囲軍を撃破した。憲政の勢力は俄かに減退し、朝定は討死して扇谷上杉氏は滅亡する。晴氏も氏康から厳しく問責され、以後両者の関係は急速に冷却化してゆく。

氏康が憲政の本拠上野平井城の攻略に着手したのは天文19年11月。同年4月に税制改革を実施し財政基盤を固めた直後のことだ。同21年3月には激戦の末憲政の嗣子龍若丸《たつわかまる》がこもる武蔵御嶽《みたけ》城を攻略して平井に迫る。4月、憲政は、危機感を募らせた自身の馬廻に平井を追われて翌月越後に走り、上杉謙信を頼った。12月には、公方晴氏も氏康の甥に当たる義氏《よしうじ》（母は氏康の妹芳春院《ほうしゅんいん》殿。天文8年晴氏に嫁していた）に家督を譲与して退隠する。

弘治元（1555）年11月、義氏は元服、永禄元（1558）年4月には、源頼朝以来武家の崇敬厚い鎌倉鶴岡八幡宮に参詣し、次いで小田原の氏康私宅を訪問した。それは義氏の公方就任とその自身との一体感を内外に示すべく氏康によりセットされた一大イベントであり、実質的な関東管領としての氏康の地位は、いよいよ確固たるものとなる。

「一代のうち、横合いなきときに身を退くは聖人の教え」（安房妙本寺文書）。永禄2年の暮れ、氏康は、家督を氏政《うじまさ》に譲り退隠した。しかし氏康は、いまだ46歳の壮年、以後も政治・軍事の両面で当主氏政を支えてゆく。

上杉謙信・武田信玄との攻防

天文22（1553）年から翌年にかけて、氏康は今川義元・武田信玄と甲相駿三国同盟を締結する。信玄とはすでに同13年に盟約しており、その信玄は父信虎が同6年に義元と結んだ同盟を維持していたが、氏康と義元との関係は、前記同14年10月の和睦後も険悪であった。とはいえ、おりしも氏康は上野・房総方面、義元も西方三河の攻略に主力を注いでおり、両者間にもより強固な盟約への気運が高まっていたのである。これに伴い氏康の娘蔵春院《ぞうしゅんいん》殿（早川殿）と義元の嫡子氏真、氏政と信玄娘の黄梅院《おうばいいん》殿、信玄嫡子義信と義元の娘嶺松院《れいしょういん》殿の婚姻が成立している。

永禄3（1560）年9月、山内上杉憲政を奉じる越後の上杉謙信が越山し、翌年3月には小田原城を包囲、閏3月には憲政から関東管領職を継承した。以後謙信は、関東管領の復権を目指し連年のように越山するが、氏政・氏康は、信玄らの支援も得て対抗し、同9年3月、下総臼井《うすい》城に来攻した謙信軍を撃退してからは、関東における優位をほぼ確実なものとした。以後、氏康は出馬を停止し、専ら小田原城にあって氏政の後方支援等に徹してゆく。相前後して氏政が北条氏当主の地位を象徴する官途左京大夫に任じ、氏康は相模守に転じるなど、これを機に氏康から氏政への権力移譲がさらに進んだ。

三国同盟とりわけ信玄との連携は、対謙信戦略において大きな効果を発揮した。ところが永禄11年12月、信玄が駿河に侵攻し氏真の本拠駿府を占拠する。すでに前年8月、信玄は氏真妹の嶺松院殿を妻としていた義信を自害させ、11月には嶺松院殿を駿府へ送り返しており、同盟の一角をなす今川・武田の外交関係は事実上破綻していた。これを見た氏政・氏康は、

「常調」の印判
76 × 55mm
方印上に座る馬の姿を配す。北条氏当主による伝馬徴発の専用印として用いられた。

虎の印判
92 × 75mm
印文は「禄壽應穏」。永正15(1518)年から天正18(1590)年の北条氏滅亡まで、当主の印として使用されていた。

「武榮」の印判
75 × 54mm
北条氏康の印判。

一転謙信と越相同盟を結んで信玄に対抗することとなる。当時氏真が謙信と連絡していたこと、氏真妻が氏康の娘であったことに加え、関東での謙信との抗争が断然有利に展開していたことが氏康らに信玄との決別を促したようだ。ただ関東管領を自負する謙信が、武蔵岩付・松山の割譲など厳しい同盟条件を突き付けた事などから交渉は難航し、北条側は永禄12年10月、信玄に小田原包囲を許すなど、次第に思わぬ劣勢に立たされてゆく。

　こうした動向の中、同盟を主導してきた氏康が元亀2(1571)年10月に死去する。時に57歳。中風を患っていたともいい、すでに4月には花押の自署さえかなわぬ状況となっていた。その後12月、さしたる実効のない謙信との同盟に否定的となっていた氏政は、越相同盟を破棄し信玄との甲相同盟を復活させる。

「武榮」印判の使用

　永禄9(1566)年、出馬を停止した氏康は「武榮」印判の使用を開始した。家督譲与後の永禄3年、氏康は側近の大草康盛《おおくさやすもり》・南条四郎左衛門尉・遠山康《とおやまやす》英《ひで》らを介するなどして虎印判状を発給していたが、自身の出馬停止によって同印判を所持する氏政の単独出馬が恒常化する中、これが困難となったため独自の印判使用に踏み切ったと考えられる。

この印判を用い氏康は、北条領のうちほぼ武蔵小机《こづくえ》領以南において御料所支配、反銭《たんせん》等の役銭収納。公用使役制による職人の使役・戦勝祈念の執行等を主導し、在陣中の氏政の後方支援や小田原の防衛に当たった。縦75ミリ、横54ミリというその規模は、北条氏使用の方印としては、虎印判（縦92ミリ―虎の形象を除くと75ミリ、横75ミリ）に次ぎ、「常調」印判（縦76ミリ―馬の形象を除くと55ミリ、横55ミリ）とほぼ同等となっている。使用開始直後の永禄9年5月の「武榮」印判状に、出陣中の当主氏政に替わり隠居氏康が押印した旨の注記があることから、同印判は当初から虎印判の代用印として位置付けられていたと見ることができよう。堂々たる風格と規模もまた、この点と無関係ではあるまい。

本小札紫糸素懸威腹巻（小田原城天守閣蔵）
北条氏康の5男･氏規の所用と伝えられる。氏規は三崎城主･韮山城将･館林城代などを務めた。腹巻の材質･形状などから戦国時代後期の元亀年間（1570 ～ 73）前後に作られたと推定されている。

ちなみに氏政もまた、天正8（1580）年8月に隠居したのち、印文「有效」の印判を用いた。氏康の先例に倣ったものであろう。ただその規模は25ミリ四方にとどまっている。同印判状の発給例の大半は、天正11年以降の江戸地域周辺の領域支配に関わる内容で、何れも支城主またはその後見人としての立場で発給されており、その性格には隠居後の当主の

使用印としての共通性をもつ「武榮」印判というよりも、氏照の「如意《にょい》成就《じょうじゅ》」印判など御一家衆の印判に通じる面があろう。虎印判の代用としての用例もあるが、その初見はやや遅れて天正13年となっており、「有效」印判の場合、虎印判の代用機能は副次的なものであったと考えられる。その規模もまたこうした性格を反映しているのではなかろうか。

税制の整備

氏康の重要な事績の一つに、大規模な検地の実施とこれを踏まえた税制の整備がある。

北条氏は早雲以来、田1反500文、畑1反165文のほぼ統一的な基準で検地を行い、村ごとに貫高を確定した。氏康も家督継承直後の天文11（1542）年から12年にかけて伊豆・相模と武蔵南部、弘治元（1555）年に武蔵中北部で集中的に検地を実施している。これにより統一的な基準で設定された貫高をもとに年貢額を算定する方式が領国のかなりの部分に行き渡ったと見てよいであろう。

さらに氏康は年貢以外の公事等の整備にも取組み、天文19年4月には、従来家臣らが区々に賦課し

てきた諸点役等と呼ばれる公事を廃止し、貫高の6パーセントに当たる懸銭《かけせん》を新設して自らがこれを収納する仕組みを整える。それは戦乱と震災に伴う飢饉により「国中諸郡」の百姓らが「退転」（剣持文書他）する中でとられた措置とされており、撫民《ぶみん》的な側面も有していたが、同時に自らの財源の確保をも図る合理的な施策であった。相前後して反銭・棟別銭や夫役の賦課方式等も改定される。

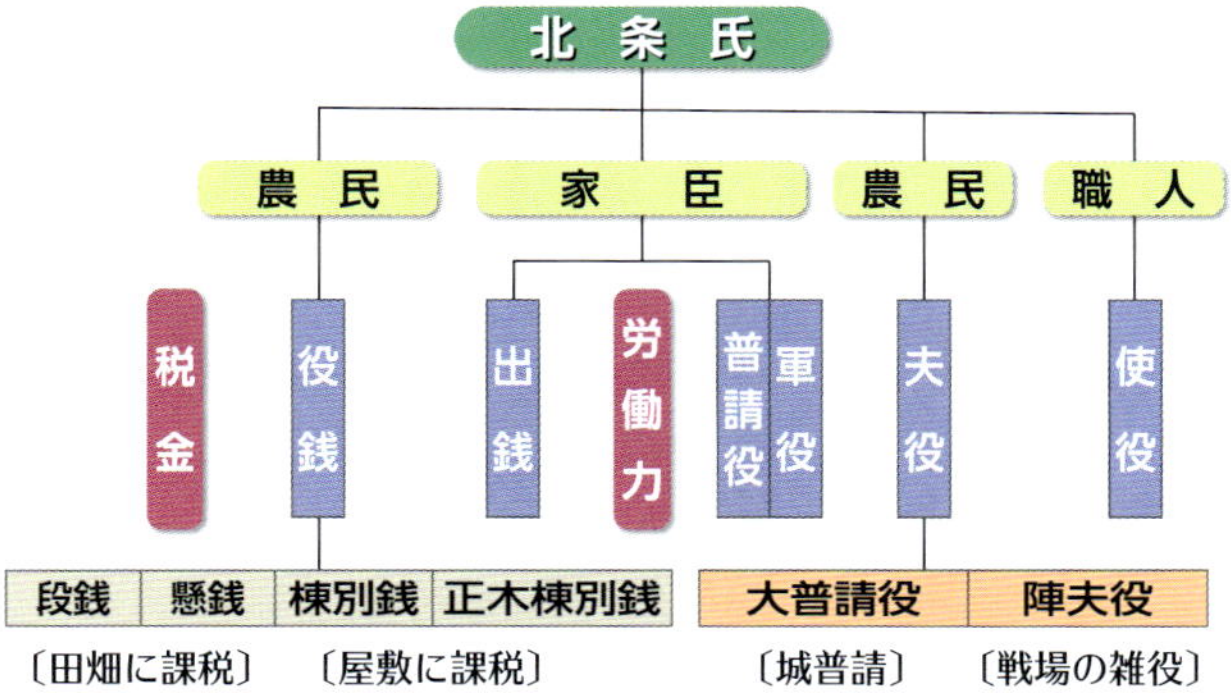

　なお、貫高を基準とした年貢・懸銭等の税額は貫文で表示されていたが、これはその銭納と無関係ではなく、少なくとも新設の懸銭や屋敷に賦課される棟別銭などは銭納を原則としていた。ただ、永禄元（1558）年以降は、飢饉とも連動した撰銭の深刻化等によって百姓らによる銭納が困難となったため、氏康は、隠居後の同3年2月から3月にかけて自らの主導で施行した徳政令を機に、銭納から現物納を主体とする方向への転換を図る。これに伴い貫文表示の諸税を米・麦等に換率する際の納法を公定し、収納時の計量を納入者側の百姓が行うことを定めるなど、収納者側の不正を排除するための措置も講じていく。榛原枡《はいばらます》を公定枡としたのもこの頃であろう。

　すでに見たように、年貢収納を含む御料所支配や役銭の収納等は、隠居後の氏康が領国の主導部分において担った政務の一つであり、北条氏の税制はこの時期、氏康によってほぼ確立された。

領域支配と軍団の編成

　北条領国の中枢をなすのは、当主の直接支配領域（本国と呼ばれる）である。それは伊豆、相模の西郡・中郡・三浦郡、玉縄領、津久井領、小机領、江戸地域、河越地域からなり、相模西郡では本城の小

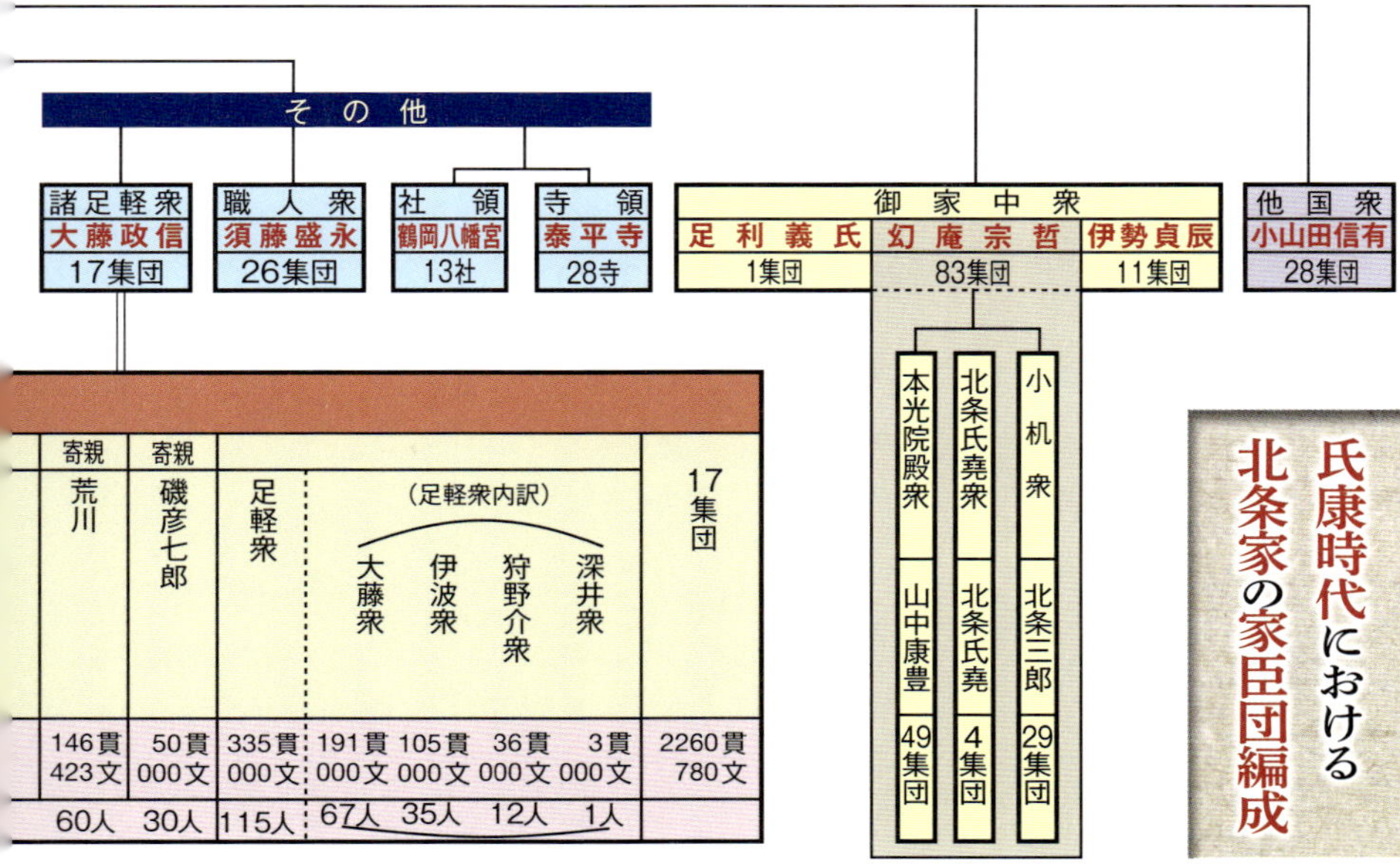

氏康時代における北条家の家臣団編成

田原城、伊豆では韮山城《にらやま》、相模中郡以下では田原城・三崎城・玉縄城・小机城・津久井城・江戸城・河越城の各支城を拠点とする領域支配が行われた。

これらの城には、小田原城には小田原衆、韮山城等の各支城には伊豆衆・諸足軽衆（伏兵・物見等を得意とした当主直属の特殊部隊）・玉縄衆・三浦衆・小机衆・津久井衆・江戸衆・河越衆と呼ばれる軍団が配置されていた。当主の身辺を固める御馬廻衆も小田原城に付属する地域軍団としての性格を併有していたと見られる。永禄２（１５５９）年２月、退隠を目前に控えた氏康が太田泰昌らに命じて作成させた「小田原衆所領役帳」（以下「役帳」）は、当該期におけるその具体的な編成を示すものだ。そこには軍団ごとに構成員の名、その知行地の所在と検地によって算定された貫高等が列記されており、個々の構成員には原則としてこの貫高を基準に軍役・普請役等の知行役が賦課されていた。軍団編成もまた検地を基礎とし税制整備と一体的に進められていたことが知られよう。

各軍団は、他国軍との戦闘や本・支城の防備等に従事したほか、付属する領域において徴税等の事務に

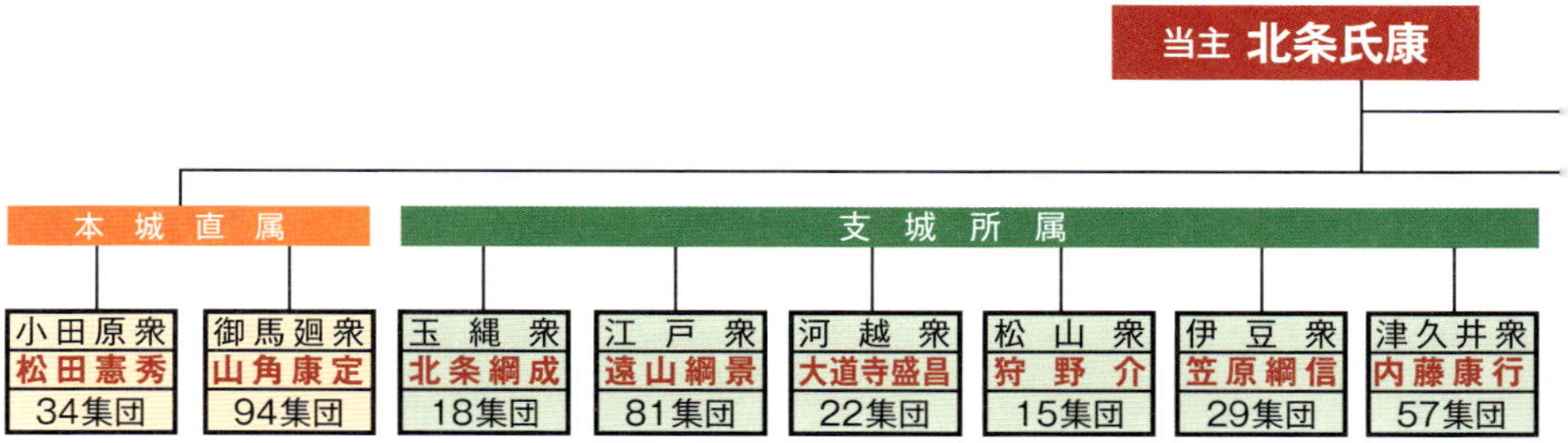

諸足軽衆の例　筆頭：大藤式部丞（政信）　相模田原城主・中郡代

	寄親					寄親				寄親	寄親	寄親		
家臣名	大藤式部丞	加藤四郎左衛門	大形	玉井帯刀左衛門	当麻三人衆	大谷彦次郎	近藤隼人佑	有瀧母被下	清田	伊波	多米新左衛門	富嶋	富嶋彦左衛門	深井
	129貫700文	33貫500文	110貫430文	152貫630文	125貫000文	143貫432文	94貫000文	10貫960文	27貫468文	362貫248文	184貫814文	256貫582文	29貫525文	69貫068文
	198人					54人				（56人）	81人	74人		

も当たっている。役帳によると氏康時代においては、清水康英《しみずやすひで》・笠原綱信《かさはらつなのぶ》が伊豆郡代、石巻家貞《いしまきいえさだ》が相模西郡郡代、大藤政信《だいとうまさのぶ》が同中郡の郡代、遠山綱景《とおやまつなかげ》が江戸城代、大道寺盛昌《だいどうじもりまさ》が河越城代、北条綱成、北条三郎（幻庵《げんあん》宗哲の子）、内藤康行が、それぞれ玉縄城・小机城・津久井城の支城主として、これを統括していた。郡代は公事徴収に当たり、城代は併せて衆の軍事指揮権、支城主はさらに一定の行政権を有したとされる。戦時には衆あるいは配下の寄子らを率いた。

なお三浦郡については氏康晩年の永禄10年頃に玉縄領から分離されており、役帳にはのちに氏規の指揮下に入る本光院殿衆（三浦衆。氏康の弟で玉縄城主を務めた為昌の遺臣）の記載のみが見られている。また西郡郡代の場合、小田原衆筆頭の松田憲秀《まつだのりひで》ではなく御馬廻衆（無役）筆頭の石巻が務めているのは、すでに見た通り同衆が小田原衆とともに本城小田原城を守備する役割を担っていたからであろう。御馬廻衆と小田原衆はまた家臣や寺社等からの申請を踏まえ、虎印判状の発給を当主に働きかける奏者や、各種訴訟の審理に当たる評定衆など、北条氏権力の中枢を支える吏僚群の主体でもあった。

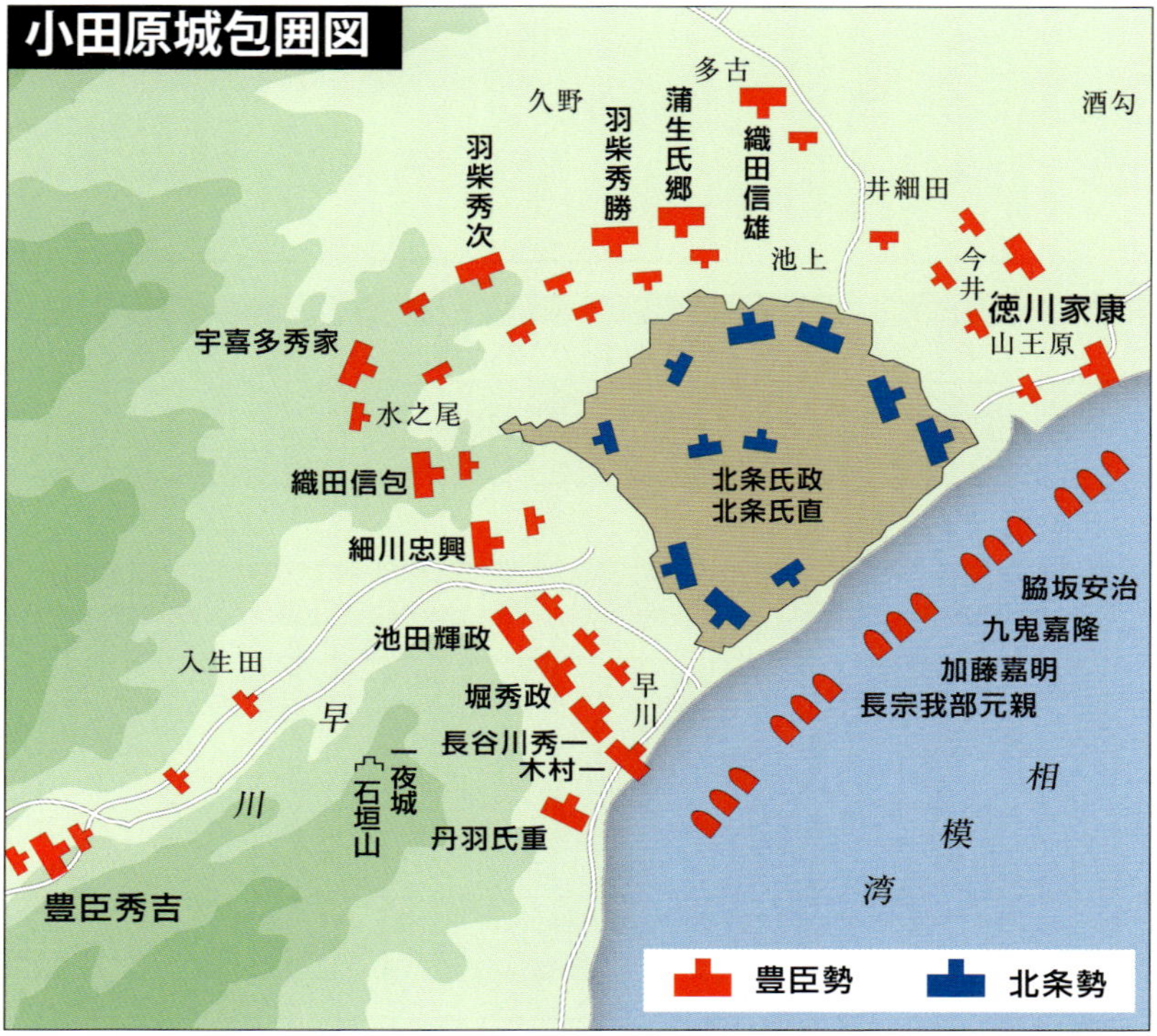

小田原城空撮（小田原市役所提供）
天正18（1590）年、豊臣秀吉が北条氏直・氏政が指揮する小田原城を数十万といわれる兵士で包囲した。3か月の籠城戦の末に開城した。上の図が包囲図で下が現在の空撮である。

北条氏直（小田原城天守閣蔵）
北条氏第５代当主。北条時代最大の領土を形成するなか、小田原城で豊臣軍との決戦に命運を賭けた。

北条氏政（小田原城天守閣蔵）
北条氏第４代当主。父氏康とともに強敵上杉謙信と武田信玄の侵攻を退け、関東の覇権を確立する。

北条軍を構成する兵力としては、他に江戸地域等の外縁部に蟠踞《ばんきょ》する味方国衆の軍団があった。氏康時代においては役帳に他国衆として記載される者たちが挙げられるが、この中には太田資正《おおたすけまさ》のようにその後離反した者もある。また国衆領を基盤に、永禄2年頃から滝山領（武蔵の国衆大石綱周の旧領。のち八王子領に発展）、同7年頃から花園領（同藤田泰邦の旧領。のち鉢形《はちがた》領に発展）において自立性の高い支城領主としての支配を展開した氏照・氏邦は、それぞれ独自の軍団を編成していた。同様な支城領主の支配領域は、氏康没後も下野の小山領、武蔵の岩付領等で成立している。

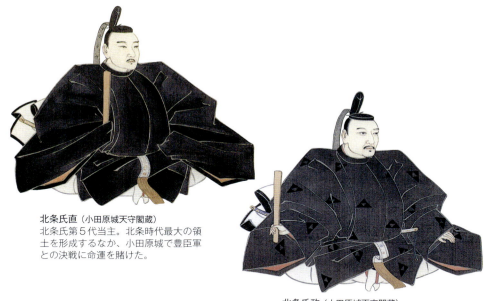

氏康没後の北条氏

氏康没後、盟約を復活させた氏政・信玄と、謙信及び佐竹義重《さたけよししげ》・宇都宮国綱らとの抗争が再燃した。たが天正7（1579）年8月、信玄後継の勝頼が謙信没後の御館の乱で、越相同盟の際に謙信に入嗣していた氏政の弟景虎を討ち、謙信後継の地位を確立した景勝と盟約し、佐竹らと連携して氏政に対抗する姿勢を露にすると、氏政は織田信長・徳川家康

紙本着彩小田原城絵図　松原図（小田原市立図書館蔵）
寛文12（1672）年以前の古図を写したものに、延宝末年から天和（1681～84）頃の状況を記入したとされている。

と結び、信長政権のもとで関東支配を目指す意向を明確にする。とりわけ越相同盟に当たり上杉領とされた上野については、その国分自体が景虎死去によって無効となったとし、奪還への強い意欲を示していた。ただ氏政・信長間には信長の娘を氏直に嫁がせる計画があったらしく、その一方では、同8年8月、信長の婿となるべき氏直に家督を譲与し、主導権を保ちつつ裏舞台へと退いている。

天正10年3月、信長が勝頼を討つが、上野は滝川一益に下される。氏直・氏政が上野の領有権を手にするのは、本能寺で信長が倒れた後、その遺領の支配をめぐって争った家康との間で、上野を北条領、甲斐・信濃等を徳川領とする国分協定を結んだ同年10月のことだ。だが当時家康に属し上野沼田領を有していた真田昌幸はその割譲を拒み、やがてこれをめぐる紛争が氏直を窮地に追い込むこととなる。

同じ頃中央では、豊臣秀吉が織田政権の主導者としての地位を固めつつあったが、天正12年2月、信長の弟信雄《のぶかつ》が秀吉と決裂して家康と連携し、4月には家康が尾張長久手で秀吉に勝利する。家康と結ぶ氏直もまた下野沼尻等で秀吉と通じる佐竹らと対峙

北条氏康 略歴

永正12年	1515	氏綱と養珠院殿の子として生まれる。
大永3年	1523	父氏綱が苗字を伊勢から北条に改称。
享禄3年	1530	武蔵国の扇谷上杉朝興に対して初陣し勝利。
天文6年	1537	氏綱と扇谷上杉家の河越城を攻略。
天文10年	1541	氏綱の死により家督を継ぐ。
天文14年	1545	駿河国狐橋の戦で今川義元に敗北、長久保城を攻略される。
天文15年	1546	山内上杉憲政、扇谷上杉朝定らに勝利する。
天文19年	1550	税制を改革。憲政の本拠・上野平井城への攻撃に着手。
天文21年	1552	山内上杉憲政を越後に追う。後、越後国の上杉謙信と敵対する。
天文23年	1554	今川義元、武田信玄と甲相駿三国同盟を結成する。
永禄2年	1559	小田原衆所領役帳を作成。子の氏政に家督を譲る。
永禄4年	1561	上杉謙信から小田原城を攻められるが、防ぎ切る。
永禄12年	1569	徳川家康と結び、武田信玄を挟撃し、甲斐国へ押し戻す。 上杉謙信と同盟。子の三郎（景虎）を謙信の養子に渡す。
元亀2年	1571	病没。

し、その勢力を下野西半部まで拡大させた。

しかし、天正13年7月、関白に就任した秀吉は、翌年10月に家康を服属させ、氏直にも出仕を促す。氏直は応じなかったが、同16年5月には、家康が氏政兄弟衆の上洛を迫り応じなければ盟約を解消すると伝えてきた。ここに至って氏直は、8月、叔父の氏規を上洛させ秀吉に服属の礼を取る。以後秀吉は氏直が求める沼田領問題への対応を進め、天正17年7月には、氏政が同年12月に上洛の途につくことを条件にその3分の2を氏直に引き渡す。しかし11月初旬、北条方が真田方に留保された名胡桃《なぐるみ》領を併合する事件が起き、これへの秀吉の処分等を懸念した北条側は氏政の上洛を遅らせた。秀吉は12月上旬までに、氏政に上洛の意志がないものと判断し、小田原攻めを決意する。

秀吉の出陣は翌年3月1日。豊臣軍は東海道・北陸道及び海上から北条領国に迫り7月6日には小田原城を開城させる。実質的に家中を主導していた氏政は切腹し、氏直は高野山へ追放されて、早雲以来5代に及んだ戦国大名としての北条氏は滅亡した。翌年11月に氏直は病没、遺跡は氏規の子氏盛に継承され、その家名は河内狭山藩主として存続してゆく。

上杉謙信【越後】

うえすぎ　けんしん

●生　享禄3（1530）年　●没　天正6（1578）年

福原圭一（上越市公文書センター上席学芸員）

長尾景虎と晴景

戦国時代、各地の有力武士たちはさまざまな経緯をたどり大名化していったが、守護代から戦国大名となった例として、越後の上杉謙信があげられる。

越後守護代家に生まれた長尾景虎（のちの上杉謙信）は、天文17（1548）年の末、兄晴景《はるかげ》に代わり長尾家の当主となり、その後、川中島合戦や関東出兵、北陸侵攻などを経るなかで戦国大名として成長していった。しかし、景虎は順風満帆な生涯を過ごしたわけではなかった。

景虎が権力を握るにあたって最初の障壁となったのは、すでに父為景《ためかげ》から家督を継承していた兄晴景であった。晴景は、永正6（1509）年に長尾為景の長男として生まれた。母は為景の正室で、上条《じょうじょう》上杉家の出身であったことが指摘されている。

一方、景虎は享禄3（1530）年に越後府中で生まれたとされる。母は不明な点も多いが、為景の側室であることは間違いなく、出身は古志《こし》長尾氏とする説が有力である。為景が亡くなると、景虎はすぐに春日山城から栃尾城に移るが、これは為景という後ろ盾をなくした景虎の母が、景虎を連れて実家へ戻ったのだと考えると理解しやすい。

このように、晴景と景虎では、兄と弟という立場、年齢、血筋の上で圧倒的な違いがあり、景虎はかなり不利な状況のなか、まずは兄晴景を乗り越えるこ

上杉謙信（東京大学史料編纂所蔵）

とが必要とされたのである。

長尾景虎と上杉定実

側室を母に持ち、母の出自は古志長尾氏という景虎にとって、上条上杉氏の血を引く嫡男である晴景は、はじめから敵うはずのない相手であった。しかし、その景虎を支持した人物がいた。それは越後守護の上杉定実《さだざね》である。

栃尾城（長岡市・栃尾観光協会提供）
栃尾市街を見下ろす山城。空堀、千人溜り、馬場跡など戦国時代の山城の遺構が残る。

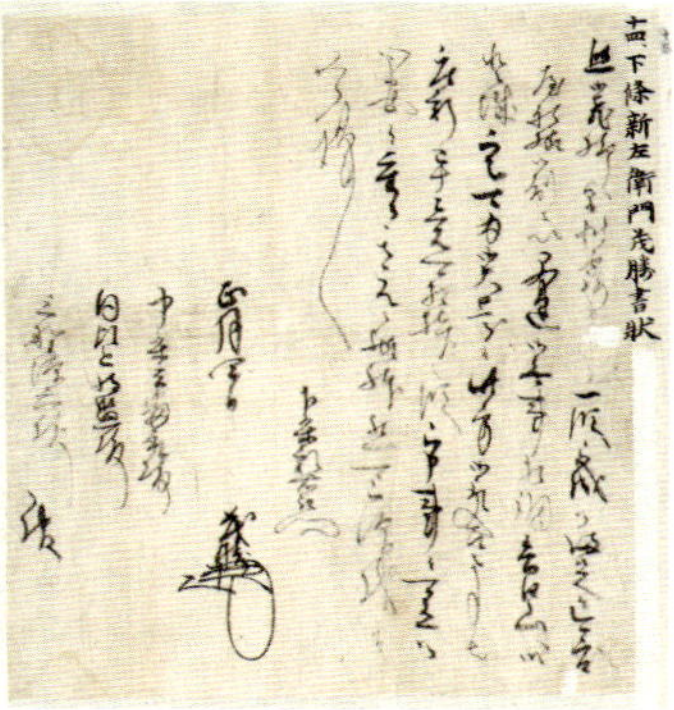

下条茂勝書状（新潟県立歴史博物館所蔵）
越後文書宝翰集「上野氏文書」所収。

天文17（1548）年の大晦日、景虎は晴景に替わって春日山城へ入ったが、その直後に下条《げじょう》茂勝《しげかつ》が上野《うえの》家成《いえなり》へ送った書状には次のように書かれている。

今度、屋形様御刷いをもって、早速御無事相調い、春日山へ御登城、定めて大慶たるべく候、

（下条茂勝書状・上杉氏文書集一二）

「屋形様」とは越後守護である上杉定実。このときは入道して玄清と名乗っていた。この定実の「御刷い」により、「無事」がととのったため、景虎は春日山へ登城したという。

「刷い」は、この場合「つくろい」と読み、「繕い」と同義である。人の仲が「破綻してしまわないように、また以前と同様に結びつくようにとりつくろう」とか「とりなす」とかいった意味に使われる（『邦訳 日葡辞書』）。つまり、景虎と晴景との交代劇は、景虎が一人で行ったのではなく、守護定実の調停により実現されたことが読み取れよう。

次にあげるのは、後年景虎がみずからの生涯を振り返って認めた手紙の一節である。

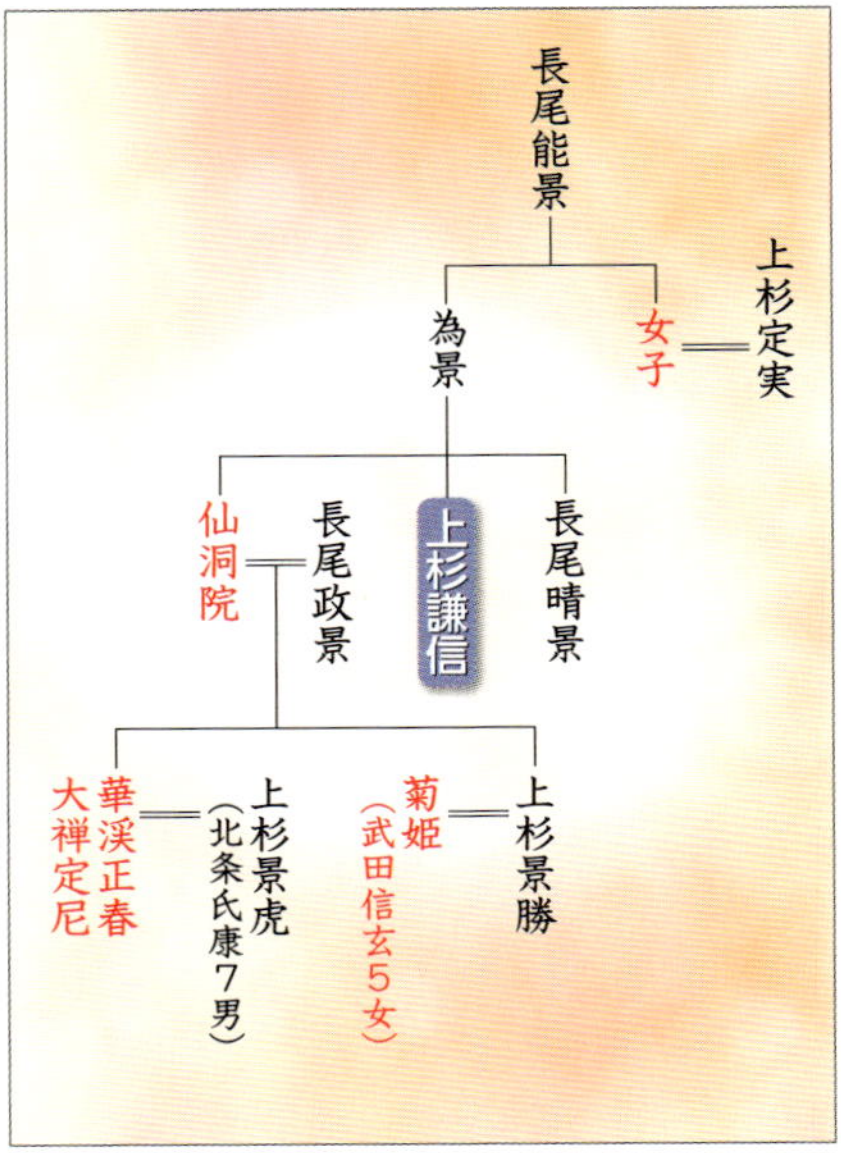

兄に候晴景病者ゆえか、奥郡の者上府を遂げず、間の宿意と号し、我ままの働き際限なく候、宗心若輩ながら、かつうは先を考え、かつうは名字の瑕瑾《かきん》と存ずるゆえ、ふと上府せしめ、春日山へまかり移り、なんとやらん、国中形のごとく静《せい》謐《ひつ》す、

（長尾宗心書状・上杉氏文書集一三四）

父為景が死去すると、病弱だった兄晴景を侮《あなど》ったのか、奥郡（現在の阿賀野川以北）の領主たちが、府内へ伺候《しこう》もしないでわがままに争っていた。自分は亡くなった為景のことを思ったり、長尾の名字に傷がつくと考え、ふと「上府」して「春日山」へ移り、越後の国中を平定したというのである。「宗心」はこのときの景虎の名乗りである。

この手紙のなかで景虎は、「上府」と「春日山」を使い分けている。

「上府」とは、越後国内の各地から府内（府中）に上《のぼ》ってくることを意味し、この場合は、栃尾城にいた景虎が越後の府内に入ったことを示す。景虎は直接春日山に移ったわけではなく、いったん府内へ入り、その後に春日山へという段階を踏んだのである。

では、景虎が入ったのは府内のどこだったのか。それは上杉定実の館、守護所だと考えられる。

上杉定実は、晴景と同じ上条上杉家の出身で、永正4（1507）年、長尾為景が越後守護であった上杉房能《ふさよし》を滅ぼすと、長尾為景に新たな守護として擁立された。翌5年11月には室町幕府から正式に越後守護職を認められる。

その後、天文9（1540）年8月3日、為景は晴景に家督を譲り、翌10年12月24日に死去した。為景死去の後、天文11年4月5日付けで、上杉玄清（定実）が長尾晴景に提出した起請文が残されている。

晴景ことは申すに及ばず、御舎弟達も別条あるまじく候、今度ふつけいと申すも、連々世上大（退屈）くつ安閑無事に残世過ごしたくばかりに候、

（上杉玄清起請文・新潟県史二四二）

春日山城遠景（上越市）上杉氏の本拠。春日山城は比高 180m の全域におよび、曲輪、空堀、土塁、虎口など戦国時代の山城の遺構が残る。国史跡。

至徳寺跡と伝えられる徳泉寺（上越市）
越後守護上杉氏の館（至徳寺館）。

定実の「引退宣言」として有名な文書である。しかし、前嶋敏氏によれば、これは為景の死を契機に晴景が要求した結果提出されたのであり、すでに実権を握っていた晴景の圧力によって無理やり書かされたものであるという。また、為景との家督交代も晴景によって進められた可能性が高く、晴景は、それまでの上杉定実―長尾為景という政治体制を否定し、自身が中心となって権力を形成しようとしていたとみられる。晴景の実像は、従来考えられていたような病弱で非力というイメージとは程遠いものであった。

晴景によって引退に追いやられた状況の中、定実が担ぎ出したのが、同じ為景の遺児である長尾景虎であったのではないだろうか。栃尾城で雌伏の時を過ごしていた景虎は、定実の招きにより府内の守護所に入り、定実の支援を背景にして春日山に帰り咲くことができたと考えられよう。

もちろん、一度は定実を押し込めた晴景が、そうやすやすと当主の座を引き渡すはずもない。それは、後に「黒田《くろだ》秀忠《ひでただ》の乱」と呼ばれる戦いに景虎が勝利した結果であった。

長尾景虎と「黒田秀忠の乱」

「黒田秀忠の乱」は、黒田秀忠と長尾景虎が争った戦いで、景虎の権力形成期において最大の事件として評価されている。この戦いを物語る景虎の書状を次にあげよう。

晴景に対し黒田和泉守年来慮外の刷い連続の間、去る秋この口へ打ち越し、成敗を加うべき分に候ところ、その身異像の体をもって、他国へ遁るるべきのよし、累ねてこれを歎き候あいだ、その旨に任せ旧冬当地へ相移り候ところ、幾程なく逆心の企て現形の条、すなわち御屋形様御意をもって、黒田一類ことごとくいよいよ生害させ候、これにより、本庄方へ御書をなされ候、ここもとの儀、定めて御満足たるべく候、恐々謹言、

二月廿八日　　長尾平三景虎(花押影)

小河右衛門佐殿

（長尾景虎書状・上杉氏文書集五）

黒田秀忠が兄晴景に対して慮外の刷いを続けたため、景虎は「去る秋」に「この口」へ出馬し黒田秀忠を成敗しようとした。しかし、秀忠は剃髪して降参の意を示し、他国へ退去するといって和議を求めてきた。そのため「旧冬」に「当地」に移ったところ、ほどなく秀忠が兵を挙げたので、御屋形様である上杉定実の「御意」により、黒田秀忠を一族ともども殺害したという。

「黒田秀忠の乱」は、重要な事件であるにもかかわらず、じつはこれまでその年代すら確定していなかった。しかし、近年、山本隆志氏により紹介された高野山清浄心院《しょうじょうしんいん》所蔵「越後過去名簿」の逆修供養の記載から、天文16（1547）年7月には黒田秀忠が生存していることが明らかとなり、この書状で語られる景虎と秀忠の抗争は、天文17年から翌18年にかけて、景虎が春日山城へ入った時期を挟んでおこなわれたと考えられるようになった。

本文中の「去る秋」は天文17年の9月ごろで、「この口」は春日山城のある頸城《くびき》方面を指している。また「旧冬」は同年12月、「当地」は春日山である。

「御屋形様御意をもって」と記されるように、この戦いにも守護上杉定実が強くかかわっていた。守護定

実の「御意」と「刷い」。つまり、「黒田秀忠の乱」と晴景から景虎への家督交代は、守護上杉定実を中心に結びついていた一連の事件であったと考えられるのである。

じつはこの黒田秀忠は、長尾晴景政権を支えていた中心人物であった。秀忠の立場を物語る史料をあげてみよう。

道七様御在世の時分、終に違乱いたせしむ義これなく候、それ以後黒田方走り廻るの時分、一両年押領いたし候、殿様当地へ御移りの刻、大備内（大能朝秀）意の由申し、針生刷いをもって返し置き候、
（上野家成書状・上杉氏文書集一一五）

天文23年3月、越後国魚沼郡波多岐庄を拠点とする上野家成と下平修理亮《しもだいらしゅりのすけ》との所領争いに関わり、家成が景虎の家臣本庄実乃《ほんじょうさねより》に送った書状の一節である。

「道七様御在世」は長尾為景の時代、「殿様当地へ御移」は景虎の春日山入城を、それぞれ示している。間に挟まった長尾晴景の時期を、この書状では「黒田方走り廻るの時分」と表現しているが、これは黒田秀忠が晴景政権を代表する人物として意識されていたことの表れであろう。政権の中枢を担っていた秀忠の敗北により、晴景も家督を景虎に譲らざるを得ない立場に立たされたのである。

三宝荒神形兜・具足（仙台市博物館蔵）
上杉謙信所用と伝える。紙や革に漆を塗った張懸という技法で三宝荒神の3面の憤怒の相を表した兜と具足。伊達家に伝来した。

上杉謙信 略歴

享禄3年	1530	長尾為景の側室の子として越後府中で誕生。
天文9年	1540	兄・晴景が家督を相続。
天文10年	1541	父・為景が死去。
天文17年	1548	守護代長尾家を相続。越後守護代となり春日山城に。
天文21年	1552	関東管領上杉憲政が北条氏康に敗れ越後へ逃走。
天文22年	1553	兄・晴景が病死。（第1次川中島の戦い）。
弘治元年	1555	第2次川中島の戦い。決着がつかず、今川義元の斡旋で和睦。
弘治3年	1557	信玄討伐に向かう（第3次川中島の戦い）。
永禄2年	1559	2度目の上洛。足利義輝に謁見。
永禄4年	1561	小田原城を攻める。山内上杉家を相続。 第4次川中島の戦い。
永禄7年	1564	小田城を攻略。第5次川中島の戦い。
天正4年	1576	武田・北条両氏と和睦し、反信長体制を築く。越中を平定。
天正6年	1578	「虫気」により春日山城で死去。「御館の乱」がはじまる。

長尾景虎と室町幕府

定実の後ろ盾により家督を継承した景虎であったが、その地位は決して安定したものではなかった。天文18（1549）8年6月から翌年にかけての長尾政景《まさかげ》との抗争は、そうした景虎の立場の脆弱さを物語っている。

こうした状況を打開する一つの手段として、景虎は室町幕府からの栄典を得て、越後国内の国衆たちとの格差付けをはかった。

天文19年4月、景虎の許に室町幕府から「白傘《しろかさ》袋《ぶくろ》・毛氈鞍覆《もうせんくらおおい》」の使用を許した御内書などが届けられた。すでに父為景が大永7（1527）年に手にしていた栄典だが、これにより幕府から守護に準じる格式を認められたことになった。もちろん、これは幕府が一方的に与えたわけではなく、景虎側の要請が認められた結果である。

同21年には、従五位下の位階と弾正少弼《だんじょうしょうひつ》の官途を得て、急速に京都との距離を縮めていった。その最たるものが、天文22年秋と永禄2（1559）年の2回に渡り行われた上洛である。

天文22年の上洛は、前年に与えられた位階・官途の御礼として挙行されたが、具体的なようすは明らかではない。将軍足利義藤《あしかがよしふじ》（後の義輝《よしてる》）は三好長慶《みよしながよし》に敗れて近江国朽木《くつき》へ逃れていたため、景虎との対面は叶わなかったようだが、後奈良天皇には謁見して剣と杯が下賜された。

「洛中洛外図屏風」に描かれた足利義輝邸（米沢市上杉博物館蔵）

永禄2年の2度目の上洛では、景虎は将軍義輝に謁見し、「武家御相伴」衆に加えられた。御相伴衆とは、将軍が諸大名へ御成の際に同行したり、将軍を中心とする饗宴に同席することのできる高い格式を意味していた。これにより景虎は「大名」としての格を得たことになり、6月には「裏書御免」と「塗《ぬり》輿《ごし》」の使用を許可された。文書の封紙の裏側に書かれた差出人の名字・官途名を「裏書」と呼ぶが、景虎はこれを省略することを許されたのである。足利一門、三管領に準じる待遇であった。同時に、本来は三職など特定の者にしか許されていない漆塗の輿に乗ることも認められた。

この翌年の永禄3年から4年にかけて、北陸への侵攻、関東への出兵、第4次川中島の戦い（61ページ参照）、といった越後国外での戦争が本格化することになる。それは景虎が室町幕府や天皇という京都の権威を利用して自らの地位を高め、越後国内における求心力を得た結果、越後の武士たちを動員することが可能となったことによる。

戦国大名・上杉謙信の誕生である。

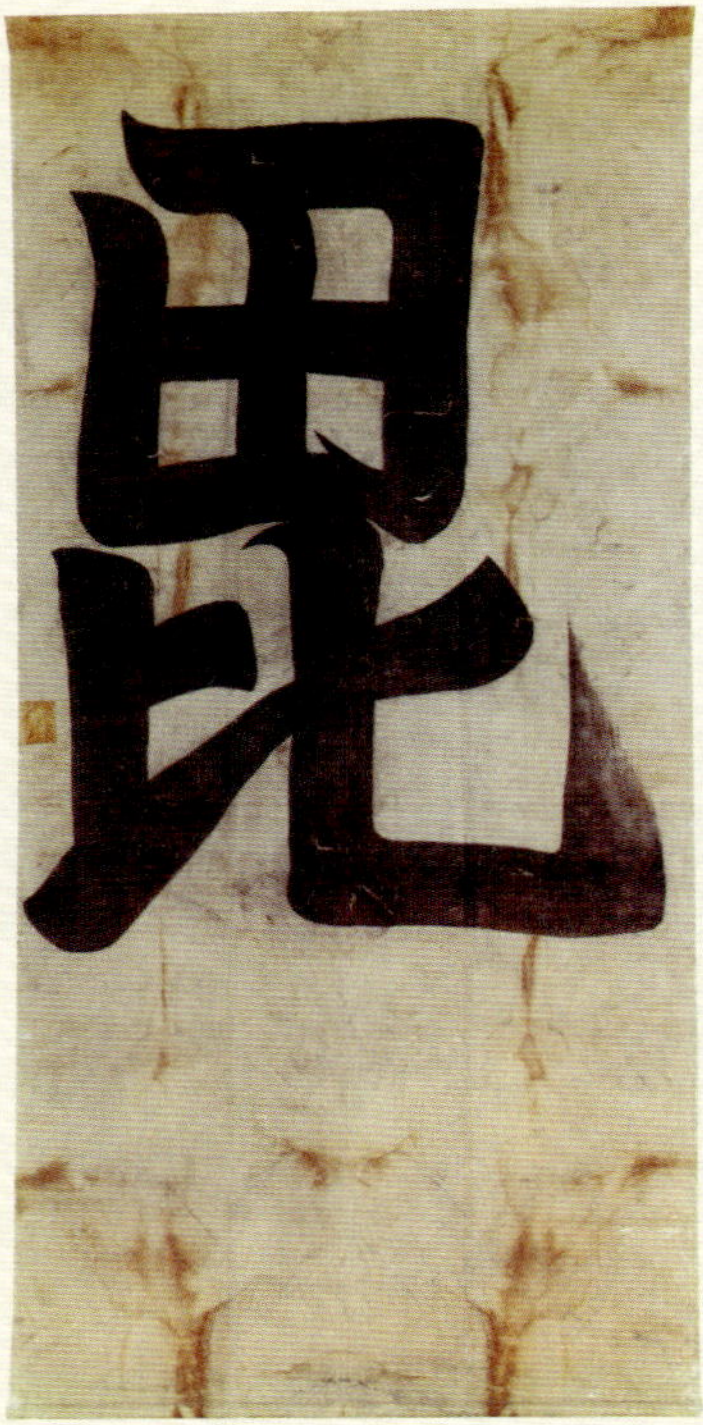

毘の旗（上杉神社蔵）
毘沙門天の毘の頭文字で作られた旗は、謙信が最も愛用したといわれる。

紙本著色　上杉謙信並二臣像（常安寺蔵）
天正２(1574)年、法印大和尚となった頃の上杉謙信と２人の家臣の姿を描いたものといわれる。

常安寺（長岡市・栃尾観光協会提供）
天文 16(1547)年謙信によって創建された。謙信直筆「五言対句」や謙信画像、兜の前立など貴重な文化財が伝わる。

毛氈鞍覆（米沢市・上杉神社蔵）
馬につける朱の鞍覆で上杉謙信所用といわれる。毛氈鞍覆と白傘袋の使用は、謙信の父・為景も 12 代将軍足利義晴に許されている。

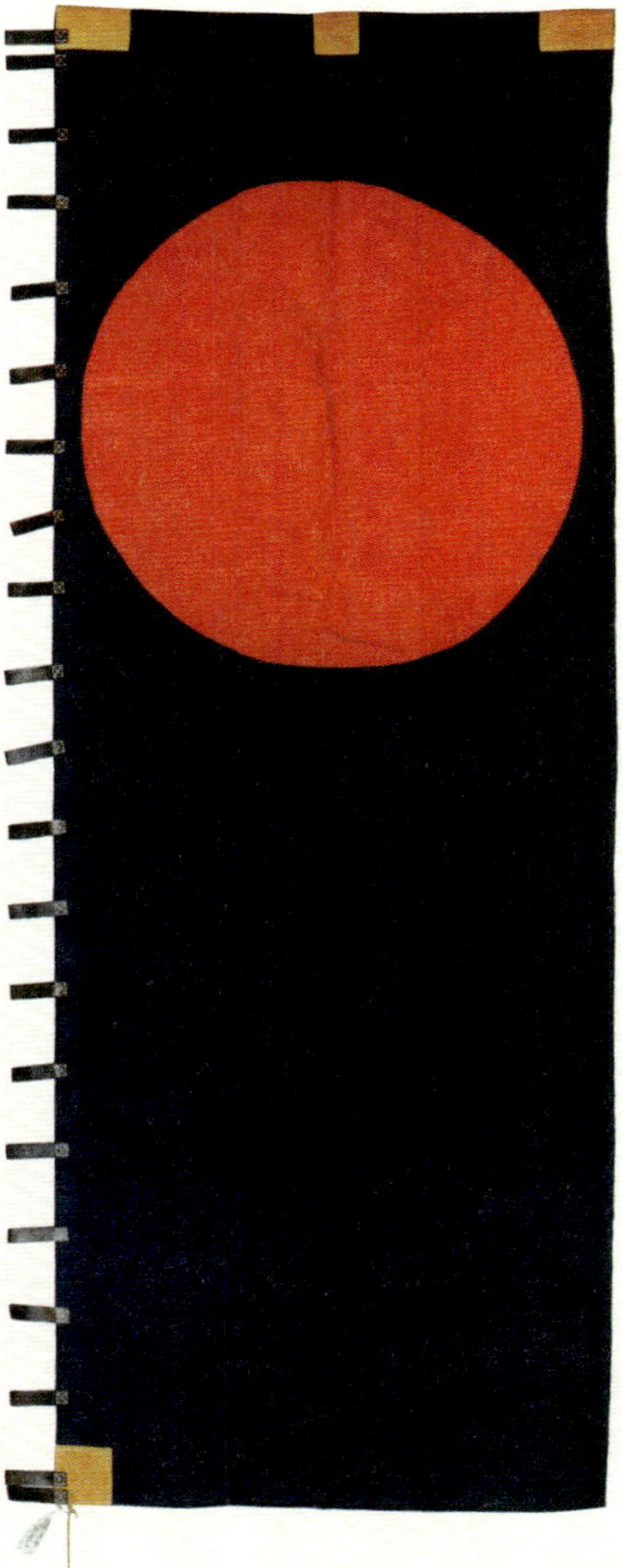

紺地日の丸旗（上杉神社蔵）
天文 4（1535）年に上杉為景が後奈良天皇より賜った御旗といわれる。

謙信景光
（埼玉県立歴史と民俗の博物館蔵）
「短刀 銘 備州長船住景光 元亨三年三月日附小サ刀拵」。
刃長 28cm。鎌倉時代の作で上杉謙信が所用した。刀身には「秩父大菩薩」と梵字が刻される。国宝。

武田信玄《たけだ しんげん》【甲斐】

●生　大永元（1521）年　●没　元亀4（1573）年

平山優（山梨県立中央高等学校教諭）

父追放と信濃侵攻開始

武田信玄は、甲斐《かい》の戦国大名武田信虎《のぶとら》の嫡男として、大永元（1521）年11月3日に甲府で誕生した。この時、父信虎は隣国駿河今川氏の軍勢に甲府近郊まで攻め込まれ、存亡の危機にあったが、これを撃退している。そのため、勝千代を幼名にしたという。仮名は太郎、元服した際に室町幕府将軍足利義晴《よしはる》より偏諱《へんき》を受け、晴信《はるのぶ》と称し、父信虎の官途左京太夫を継承した。

ところが信虎・晴信父子の関係は、晴信が長じるにつれ悪化していったとされる。その理由については、弟次郎（信繁《のぶしげ》）と比較し晴信の器量に疑問を持っていたことだといわれるが、事実かどうかは確認できない。信虎は、晴信を廃嫡とし、次郎を後継にする決意を固めたといわれ、晴信は以後、うつけ者のふりをして目立たぬように振る舞い、重臣板垣信方《いたがきのぶかた》ら信頼できる人々と時期を窺《うかが》ったという。

天文10（1541）年6月14日、信濃国小県郡《ちいさがたぐん》に出兵し、海野《うんの》一族を追放した武田信虎は、帰国後まもなく秘かに駿河国へ出発した。これは、一部の重臣のみしか知らなかったらしい。信虎の目的は、娘婿今川義元への表敬訪問と、廃嫡にする予定であった晴信の身柄預かりを依頼することにあったとされる。だが晴信は、父が駿河に出発すると、板垣・甘利・小山田・飯富《おぶ》ら重臣とともに甲府を制圧、甲斐・駿河国境に

武田信玄（信松院蔵）

大泉寺山門（山梨県甲府市古府中町）
信虎の菩提寺。境内には武田３代（信虎･信玄･勝頼）の霊廟などがある。

武田信虎（甲府市･大泉寺蔵）
画像は国重要文化財。信玄の父。甲斐一国を統一、躑躅ヶ崎館を築城するなどの功績を残すが、信玄により追放される。

足軽を派遣し、ここを封鎖した。かくて晴信は、父を追放し隠退させるという無血クーデターに成功、武田家の当主となった。この時、晴信21歳、信虎48歳であった。

晴信は、翌天文11年に諏方郡に出兵し、同盟国諏《す》方《わ》頼重《よりしげ》を攻めこれを滅ぼした。頼重が、信虎追放後、信濃国佐久・小県郡に出兵してきた関東管領上杉《うえすぎ》憲《のり》政《まさ》と勝手に和睦を結び、領土分割協定を実施したことを、盟約違反としたためである。その後晴信は、伊那郡高遠城城主高遠頼継《たかとおよりつぐ》、佐久郡岩村田大井《おおい》貞《さだ》清《きよ》、上伊那郡の国衆らを制圧した。そして、同14年には駿河国富士・駿東郡をめぐる今川、北条両氏の抗争（河東一乱）を仲介し、両者の和睦を実現させた。

晴信は、天文16年までに佐久郡制圧をほぼ達成し、関東管領上杉氏の介入をも撃退した。そして、佐久国衆を支援していた、埴科郡《はにしなぐん》葛《かつら》尾《お》城《じょう》城主村上義清《むらかみよしきよ》を攻めた。だが、同17年2月、上田原合戦で晴信は村上軍に敗退し、佐久郡を反武田勢力に奪回されてしまう。

しかし晴信は、同年7月、塩尻峠合戦で信濃守護小笠原長時《おがさわらながとき》を撃破し、同18年にかけて佐久郡の失地回復を実現した。その後、村上方の要衝小県郡砥石《といし》

上田原古戦場（長野県上田市）
信玄と北信濃の村上義清との戦場跡。常勝信玄の初めての敗戦で、重臣と多くの将兵を失った。

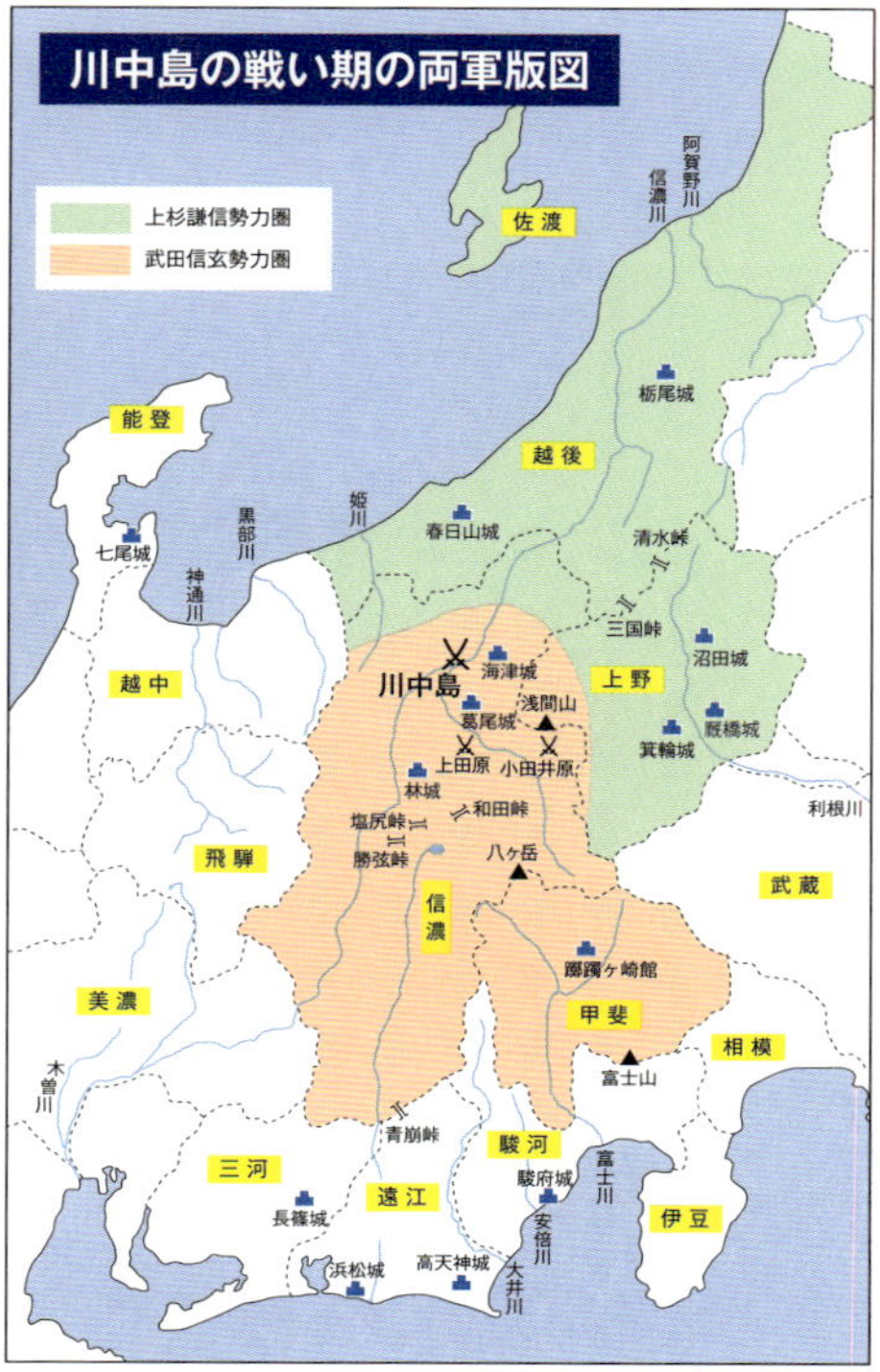

城《じょう》攻めに失敗するが（天文19年）、同20年5月、真田《さなだ》幸綱《ゆきつな》の活躍で砥石城を乗っ取ると、武田方は優位に立った。

宿敵上杉謙信との対決始まる

晴信は、天文21（1552）年12月、小笠原長時を信濃から追放し、同22年4月、村上義清をも追放した。長時、義清はともに、長尾景虎（以下、上杉謙信）を頼り、支援を求めた。これを受けて、謙信は信濃に出陣して武田軍と衝突した。これが第1次川中島合戦であり、以後永禄7（1564）年までの12年間、武田・上杉は川中島を舞台に抗争を繰り広げることとなる。

晴信は、第1次川中島合戦が終わると、今川義元の要請を受け、今川軍の遠江・三河侵攻と歩調をあわせ、天文23年には下伊那郡に侵攻し、神之峯城《かんのみねじょう》主知久氏らを降伏させ、遂に伊那郡平定を成し遂げた。またこの年に、晴信は北条・今川氏と三国軍事同盟を成立させ、後顧の憂いなく信濃侵攻や謙信との対決に専念することができるようになった。

弘治元（1555）年から同2年にかけて、武田

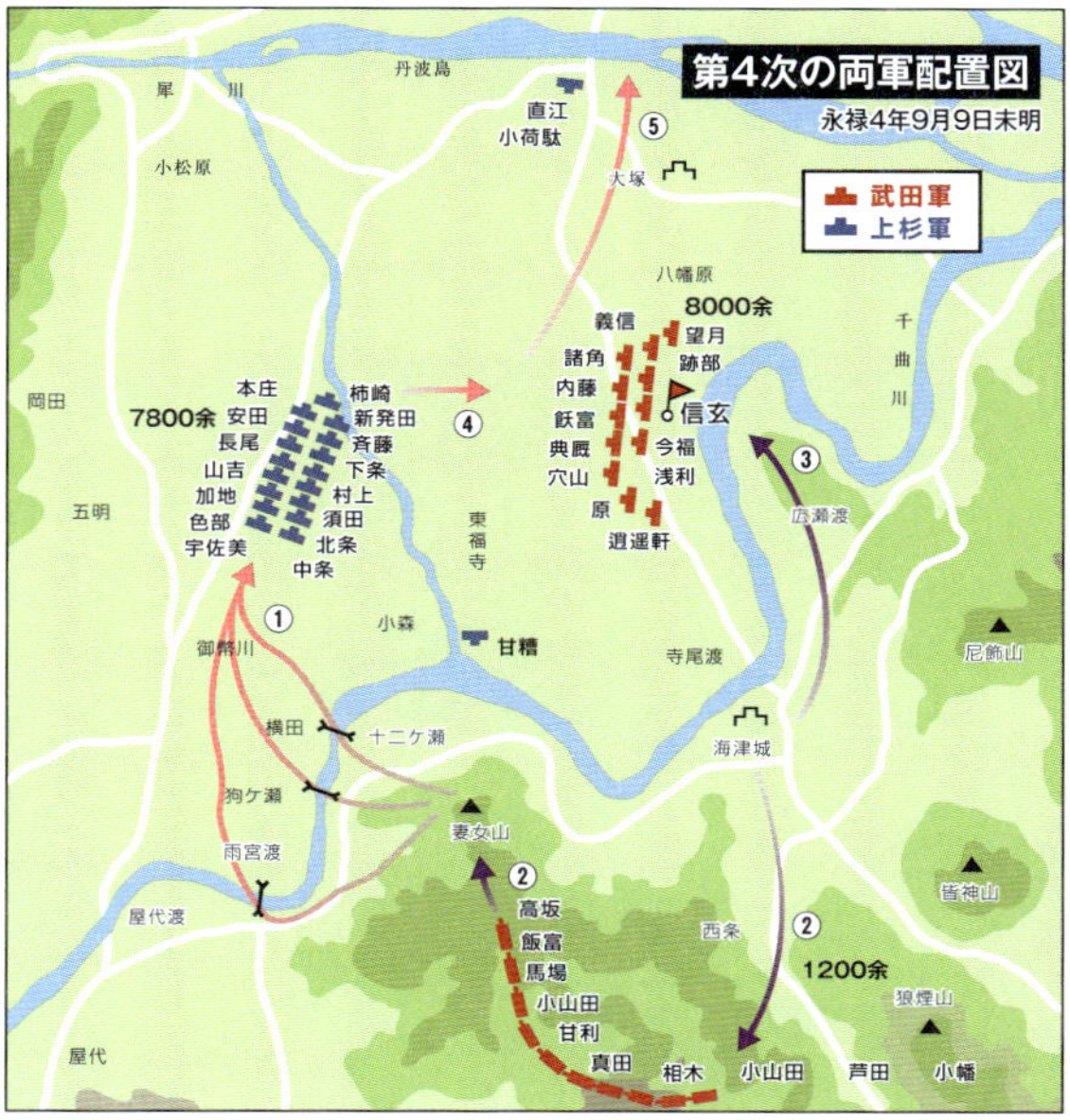

第1次 篠ノ井の戦い	天文22年（1553）8月	上杉軍8000対武田軍1万
第2次 犀川の戦い	弘治元年（1555）7月	上杉軍8000対武田軍1万2000
第3次 上野原の戦い	弘治3年（1557）2～8月	上杉軍1万対武田軍2万3000
第4次 八幡原の戦い	永禄4年（1561）8～9月	上杉軍1万3000対武田軍2万
第5次 塩崎の対陣	永禄7年（1564）8月	両軍とも不明

川中島八幡原古戦場の旧蹟
（長野市小島田町）
八幡原史跡公園（川中島古戦場）にある八幡神社（中央）。左手に信玄・謙信両雄一騎討ちの像が立つ。

武田信繁の墓（長野市・典厩寺）
武田信繁（武田信玄の弟）はこの寺を本陣としたが討死した。

の勢力は信越国境に迫り、善光寺と善光寺平の支配権をめぐって上杉謙信と抗争を繰り返し、これをほぼ手中におさめた。

謙信の撤退を見届けた晴信は、永禄元年9月、善光寺如来を甲府に移すべく、甲府に善光寺の建立を始めた。また同年に晴信は、信濃守護に任ぜられ、年末までに出家して徳栄軒信玄と号した。

第4次川中島合戦と関東侵攻

いっぽう上杉謙信は、永禄2（1559）年4月に上洛し、将軍足利義輝《よしてる》に謁見して、関東管領上杉氏の継承や、関東出兵に向けての大義名分を獲得し、10月に帰国すると、翌永禄3年8月、関東に出兵し、北条氏康・氏政父子を攻めた。折しも、同年5月、同盟国今川義元が、桶狭間合戦で織田信長に討たれるという衝撃的な事件があった直後でもあり、謙信は三国同盟を揺さぶろうとしたのであろう。

信玄は、川中島に新たな拠点海津《かいづ》城を築き、重臣春日虎綱《かすがとらつな》（いわゆる高坂弾正《たかさかだんじょう》）を配備すると、信越国境に出兵し謙信の背後を脅かした。そのため謙信は、関東に在陣できなくなり、永禄4年6月越後へ

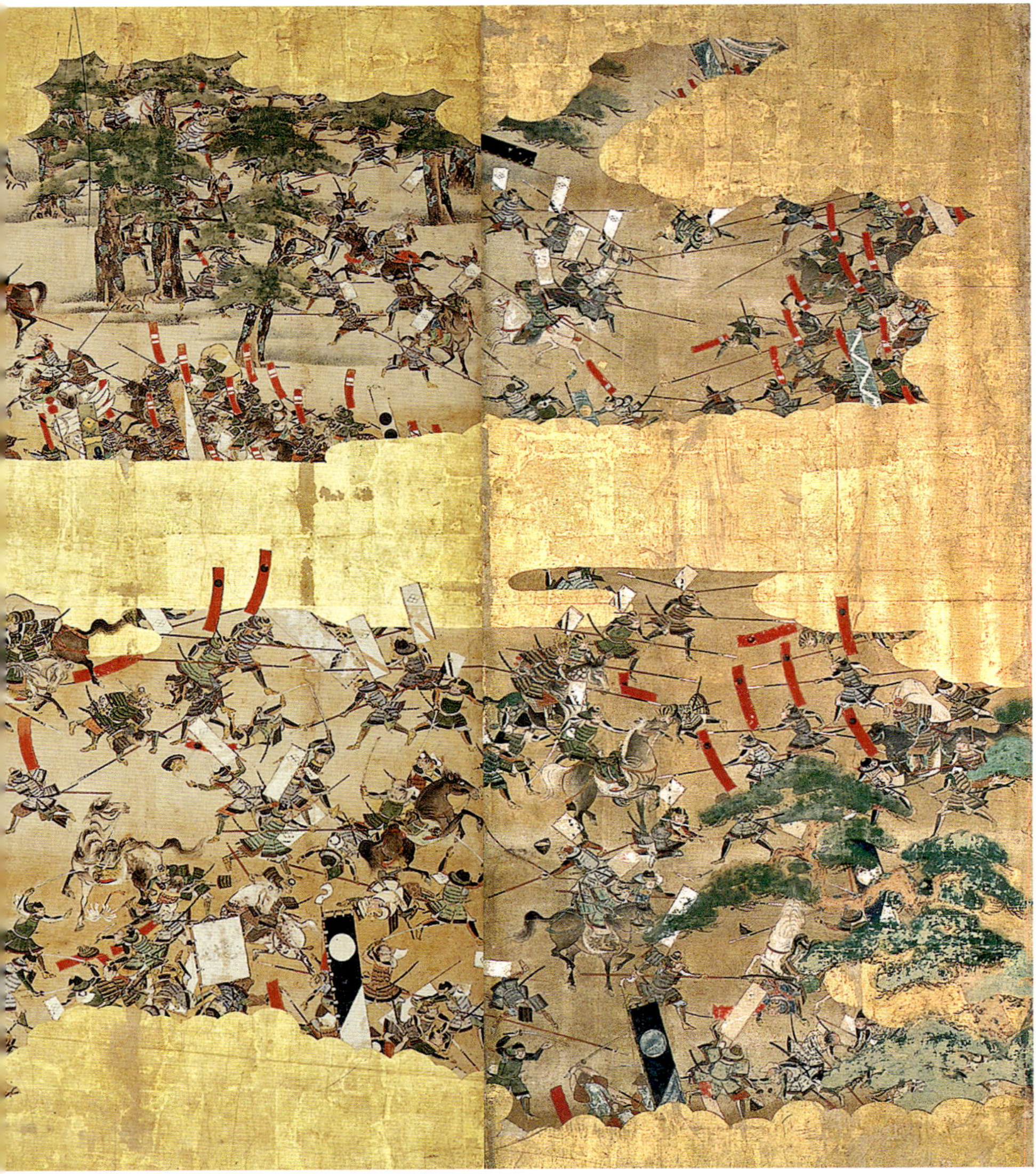

信玄と謙信の一騎打ち
「川中島合戦図屏風」に描かれた
信玄と馬上の謙信。

「川中島合戦図屏風」左隻（岩国美術館蔵）

左隻、左から７扇･６扇･５扇･４扇部分。戦いは、９月９日夜半、海津城より武田軍別働隊１万2000が妻女山に布陣する上杉軍を攻撃に出発。同時に、武田信玄の本隊8000が川中島の八幡原に展開して、妻女山から敗走する上杉軍を待ち受ける。しかし、上杉軍は武田軍の動きを察知し、妻女山を降りて八幡原の武田本隊の前面に展開した。早朝午前８時頃、川霧が晴れると上杉軍１万3000が武田本隊に襲いかかる。上杉勢の怒濤の攻撃に信玄の弟･信繁は討死。10時頃になると、武田本陣に上杉軍が乱入、謙信が単騎で信玄に斬りつけたといわれる。正午頃、妻女山奇襲の武田軍別働隊が八幡原に到着すると、形勢は逆転した。両軍３万3000人のうち死傷者7000人をこえる大激戦だった。

帰国した。信玄に関東攻略を邪魔された謙信は、怒りに燃えて、8月川中島に出陣した。これを迎撃に出た武田信玄は、謙信と激突する（第4次川中島合戦）。この激戦で、武田方は信玄の弟信繁、重臣両角《もろずみ》虎光《とらみつ》、三枝新十郎《さいぐさしんじゅうろう》らを失う打撃を受けたが、上杉軍の南下を防ぎきった。

　これ以後、信玄は、謙信によって圧迫されていた北条氏を支援すべく、同年11月上野国に出陣した。以後、武田・上杉の主戦場は上野に移る。信玄は、永禄5年から10年にかけて、西上野をほぼ制圧し、上杉方の長野氏などを相次いで滅ぼした。

東光寺（甲府市）
写真の室町時代の仏殿は国の重要文化財。諏方頼重や信玄の嫡男義信がこの寺に幽閉され自害した。境内には両者の墓（五輪塔）もたてられている。

　その間、信玄は永禄7年春、関東を席巻していた謙信を翻弄すべく、3月信越国境の野尻城を攻略した。このため謙信が急ぎ、越後に帰国すると、信玄は上野国に侵攻し、さらに7月、飛騨に軍勢を派遣し、上杉方の三木嗣頼《みつきつぐより》・江馬輝盛《えまてるもり》を攻め、越中の一向一揆との連携を強めようとした。これを防ぐべく、謙信は、7月に川中島へ出陣した。信玄は、急ぎ飛騨の武田軍を撤収させると、8月に出陣し上杉軍と対峙した。その間、関東では北条氏が岩付城を奪取するなど、謙信不利の情勢となったため、信玄との決戦を諦め、彼は10月1日に帰国した（第5次川中島合戦）。これを最後に、両雄が川中島で対峙することはなかった。

義信事件と駿河、関東侵攻

　第5次川中島合戦終了後、信玄は、永禄8（1565）年9月に織田信長との同盟締結に踏み切った。信玄は、永禄6年12月から、遠江国で勃発した今川氏に対する国衆の大反乱（遠州忩劇《そうげき》）を知ると、今川氏真の器量に疑問を抱くようになる。この反乱は、永

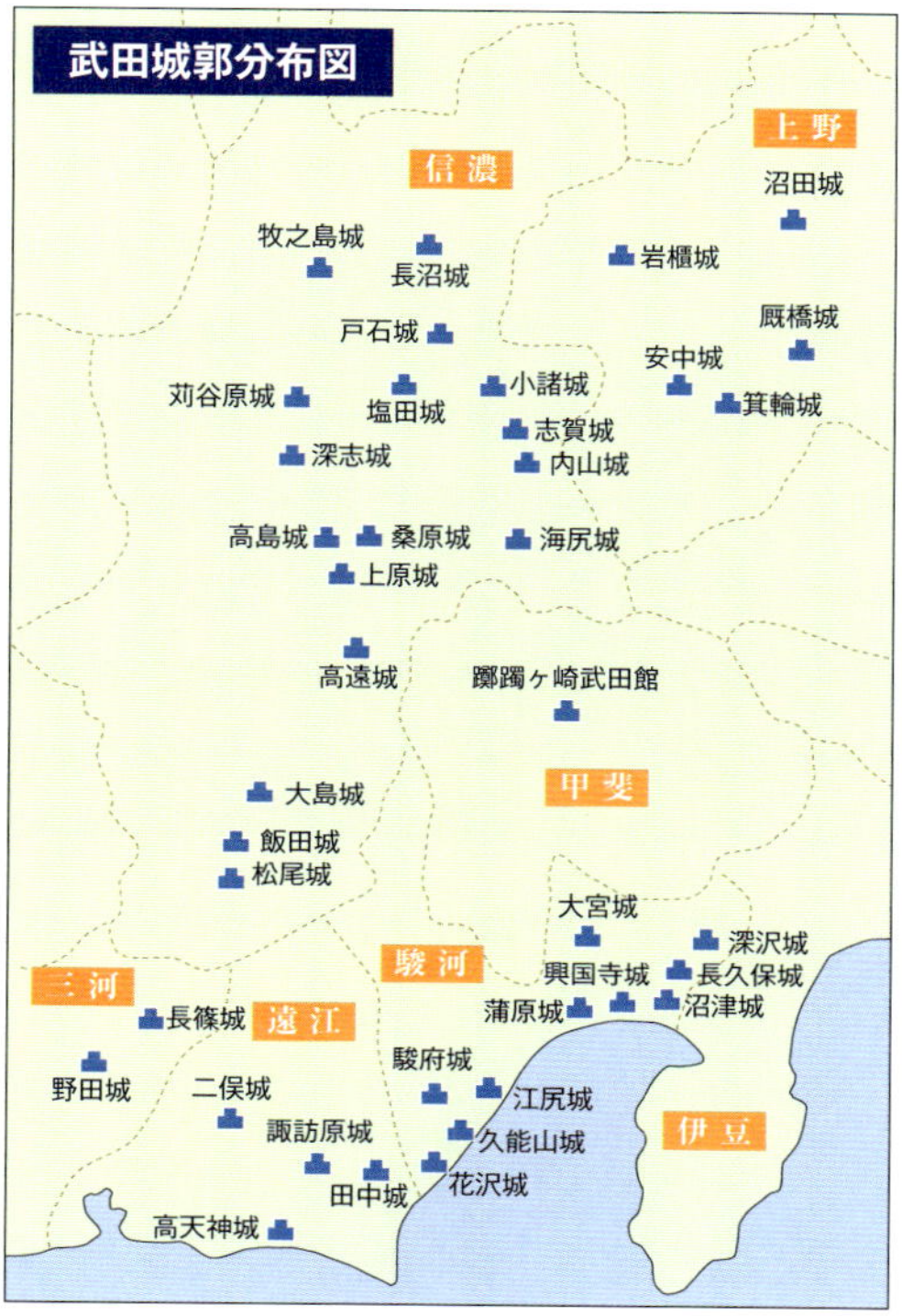

禄9年10月にようやく鎮圧されるが、まさに今川氏衰退を象徴する出来事であった。信玄は、この状況を見て、今川氏との同盟を破棄し、東海地方への進出を決断したと考えられる。

ところが、信長との同盟には、信玄の嫡男太郎義信《たろうよしのぶ》が反対し、遂に10月、信玄暗殺のクーデターを画策するに至った。これは事前に発覚し、関係者は逮捕、処刑され、義信は廃嫡とされる（義信事件）。義信事件の発覚は、武田・北条・今川三氏の三国同盟に影を落とし、氏真は、信玄を憎み、上杉謙信との同盟に向けた秘密交渉を開始した。

いっぽう信玄は、永禄10年8月、家臣や国衆に対し、自身への忠節を誓約する起請文を提出させた（いわゆる生島足島神社起請文）。その直後の10月19日、甲府東光寺に幽閉されていた義信が死去した。切腹とも病死ともいわれる。いずれにせよ、武田家中で反織田・親今川派の巨頭であった義信が死去したことで、今川氏真は信玄との対決は避けられないと考えるようになった。

やがて信玄は今川・上杉の秘密交渉を察知、これを同盟違反と主張し、駿河侵攻に踏み切る。この時、信玄は信長の仲介で、織田の同盟国徳川家康と手を結び、今川領国を徳川氏と分割することで合意した。信長が信玄の駿河侵攻を容認したのは、彼自身が足利義昭《よしあき》を奉じて上洛する予定だったからである。そのためには、東部戦線を安定させておく必要があった。とりわけ今川氏の動向は重要であり、また同盟国信玄の存在も無視できなかった。そこで信長は、信玄の駿河侵攻と今川領簒奪《さんだつ》を容認することで、背後を安定させておくことにしたのであろう。

かくて信長の上洛戦は、永禄11年9月に、信玄・家康の今川領侵攻は同12月にそれぞれ始まった。この作戦は成功したかにみえたが、信玄は思わぬ誤算で危機的状況に追い詰められる。それは、同盟国北条氏康が信玄の駿河侵攻に激怒し、同盟破棄を通告し武田攻めに参戦し、さらに上杉謙信と同盟を締結したからである。また、今川攻めで共同戦線を張った徳川家康とも対立してしまい、信玄は四囲を敵国に包囲される危機に陥った。

三方原古戦場碑（浜松市）
武田信玄に徳川家康が大敗北を喫した「三方原の戦い」があった場所に立つ碑。

そこで信玄は、新将軍足利義昭と織田信長に、上杉謙信との和睦仲介を依頼し、これは甲越和与として実現した。かくて上杉の脅威から解放された信玄は、永禄12年から元亀2年にかけて、関東や駿河に出兵し、北条氏を翻弄した。そして、この時期、信玄は死去した義信に代わり、4男諏《す》方《わ》勝頼《かつより》を後継者に指名し、作戦に帯同するようになる。

武田（諏方）勝頼（法泉寺蔵）
天文15（1546）年生、武田信玄の4男。天正3（1575）年の長篠の戦いで敗れた後、天正10年3月、織田・徳川・北条に攻められて天目山で自害、武田家は滅亡した。

織田・徳川氏との対決開始とその死

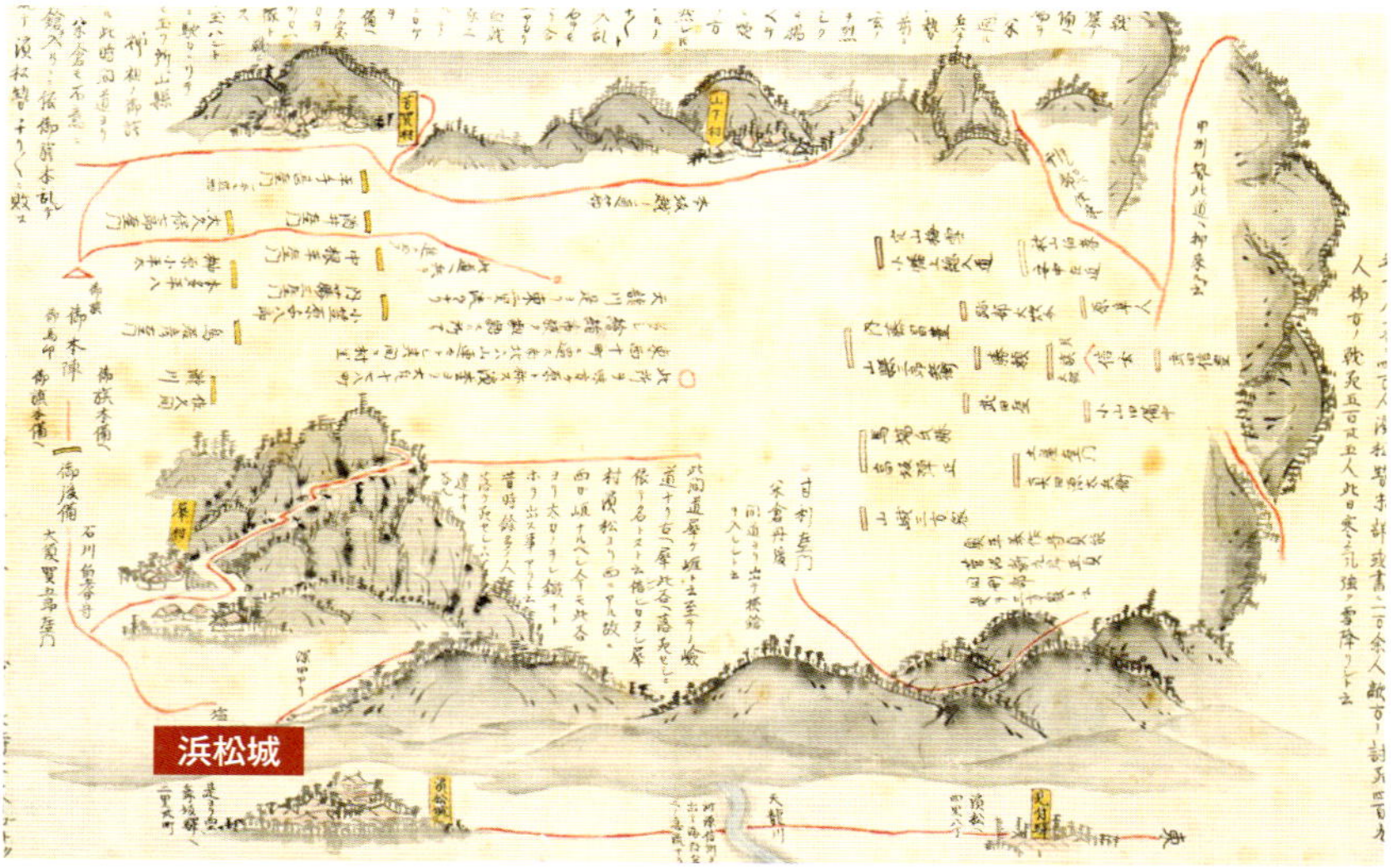

三方原合戦の古図（国立国会図書館蔵）
『御六戦記』第1軸。徳川軍が浜松城から三方原台地へ進軍した幾つかのルートを描き、徳川軍、武田軍の布陣を想定した図。

元亀2（1571）年10月、北条氏康が死去すると、氏政は同盟国としての義務を果たさぬ上杉謙信と断交し、信玄との甲相同盟を復活させた（同3年12月）。このころ信玄は、上杉謙信と手を結び、織田信長との同盟に亀裂を生じさせようと画策する徳川家康に怒りを募らせていた。そこで信玄は、信長に家康を押さえるか、手を切るよう求めるが、信長はそれに受諾する気配を見せなかった。かくて信玄は、織田・徳川への不信を募らせる。そこへ、石山本願寺・朝倉義景が反信長陣営への参加を呼びかけてきたのである。もともと本願寺は同盟関係にあったことから、信玄はこれに傾斜していく（なお、将軍足利義昭の信長包囲網への参加という説は、現在では否定されている）。

そこで信玄は、元亀3年7月、奥三河の山家《やまが》三方衆（田峯菅沼・長篠菅沼・作手奥平氏）を調略し、また同年9月には美濃遠藤氏を、さらに飛騨三木、江馬氏らを味方につけた。これにより、信玄は同盟国越前朝倉義景、近江浅井《あざい》長政《ながまさ》、石山本願寺らとの円滑な連携が可能となった。準備が整った信玄は、10月、遂に織田・徳川領に向けて軍勢を率いて侵攻した。当時、武田・織田同盟は破棄されておらず、信長は信玄の要請を受け、上杉謙信と信玄との和睦調停中であり、武田軍の動きをまったく察知していなかった。武田軍が同盟国徳川家康を攻めると、不意打ちを受けた格好の信長は驚愕《きょうがく》、激怒した。信長は「信玄の所行は前代未聞の無道さであり、侍の義理を知らぬ行為だ。今後は未来永劫、信玄と手を結ぶことはない」と上杉謙信に怒りをぶちまけた手紙を送っている。どうやら信玄は、同盟破棄の通告すら信長に送らぬまま戦争に踏み切ったらしい。武田と織田・徳川の手切れを知った上杉謙信は「彼らと対決するというのは、蜂の巣に手を突っ込んだようなものだ。そのような選択をしたのは、信玄の運が尽きたとしか思えない」と家臣河田長親《かわだながちか》に書き送っている。謙信ですら、日の出の勢いの信長との全面対決は、たとえ信玄であっても苦難の道となるだろうと考えていたのだ。

この時、将軍足利義昭は、家康に信玄打倒を督励《とくれい》している。

元亀3年12月、武田軍は奥三河と遠江の徳川領を席巻し、多くの国衆を味方に付け、家康を脅かすと、三方原合戦で家康軍と織田援軍を難なく撃破した。

これにより、信長は生涯最大の危機を迎えたのである。すると、将軍足利義昭は、信長との政権運営に危機感を募らせ、遂に本願寺・朝倉・浅井・武田連合に参加することを決意し、元亀4年3月、信長に公然と敵対した(「公儀御謀叛」)。

だが、三方原合戦後まもなく、信玄は病気となり、そのころには容態は悪化していた。武田軍は、織田信長との決戦を諦め、撤退の準備に入ったが、信玄は、本国甲斐に帰り着くことなく、4月12日に、信濃で陣歿した。享年53。

信玄が宿願とした織田・徳川打倒という課題は、後継者武田勝頼に託された。だが勝頼は、天正3(1575)年5月の長篠合戦で織田・徳川氏と戦い大敗を喫し、勢力を衰退させ、信玄の死後9年目の天正10年3月、織田・徳川・北条氏に攻められ、武田氏は滅亡したのである。

政治家としての武田信玄

信玄は、戦国大名のなかでは、屈指の経世家として知られる。暴れ川だった釜無川と御勅使川《みだいかわ》の流れを治めるために築いた信玄堤(龍王河除《りゅうおうかわよけ》)は著名だ。

武田信玄 略歴

大永元年	1521	武田信虎の嫡男として生まれる。
天文２年	1533	扇谷上杉家当主、上杉朝興の娘と結婚したが翌年病死。
天文５年	1536	元服。武田家が、駿河国守護、今川家と同盟。三条の方と再婚。
天文６年	1537	父、武田信虎に従い、信濃国佐久郡へ初陣。
天文10年	1541	父武田信虎を駿河国に追放し、武田家の17代当主になる。
天文11年	1542	諏方頼重を討ちとる。高遠城主高遠頼継と戦い勝利。（安国寺の戦）
天文14年	1545	箕輪城主藤沢頼親を攻め降し、上伊那を平定。
天文16年	1547	志賀城主笠原清繁・上杉憲政の連合軍と戦い勝利。佐久郡を平定。
天文17年	1548	上田原の戦で、村上義清に敗北。林城主小笠原長時に勝利。
天文22年	1553	村上義清を葛尾城から追う。第１次川中島の戦い。
天文23年	1554	甲相駿三国同盟を結成。
永禄元年	1558	出家し、信玄を名乗る。
永禄４年	1561	海津城を築城。第４次川中島の戦いで、弟武田信繁と山本勘助戦死。
元亀３年	1572	織田信長打倒を決意。三方原の戦いで徳川家康を破る。
天正元年	1573	信濃国伊那の駒場で死去。

この治水技術は、甲州流として近世に引き継がれた。

また、甲州金山の開発と採掘も有名だが、この技術も江戸幕府が継承し、歴代の佐渡奉行は、大久保長安を始め、武田遺臣によって担われた。採掘された金をもとに鋳造されたのが甲州金である。甲州金は純度が高く、珍重された。この他に、甲州金の安定した流通を実現するために、世間に広まっていた「私秤」を禁止し、甲府に招いた守随《しゅずい》氏に製作させた精巧な「守随秤」を統一の秤とした。この精巧さを高く評価した徳川家康は、守随家を江戸に移転させて秤座を統括させ、江戸幕府による東日本33か国の公定秤に指定した。

また、年貢枡の規格の不統一を克服すべく、厳密な甲州枡を製作させ、これを武田領国の公定枡に指定し、他の枡との換算率を把握することで、統一的な税制を確立させた。この甲州枡も、江戸時代を通じて、幕府の再三にわたる禁止の動きをはねのけ、何と戦後まで利用され続けた。

そればかりか武田遺臣は、江戸幕府の旗本や諸藩の藩士として登用され、多くの俊英を輩出し、歴史に名をとどめた人物も少なくない。

木造軍船雛形（信松院蔵）

信玄の５女松姫（信松尼）が開基した信松院に、松姫の兄の子孫が奉納した軍船模型。由緒書には小早川隆景が朝鮮出兵に従軍したときに用いた軍船の模型であることが記されている。

楯無鎧

（甲州市塩山上於曽・菅田天神社蔵）

国宝「小桜韋威鎧　兜、大袖付」。甲斐源氏の祖・源義光（新羅三郎）が着用した大鎧と伝えられる。以後、御旗とともに武田家の家宝として、代々伝えられた鎧。

釈尊坐像 武田勝頼奉納

（恵林寺蔵）

青銅製。信玄は日夜この像に礼拝していたといわれる。

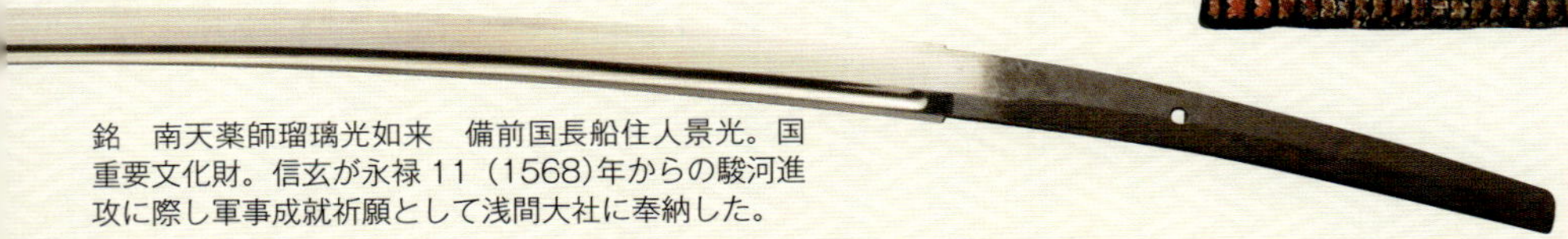

銘　南天薬師瑠璃光如来　備前国長船住人景光。国重要文化財。信玄が永禄 11（1568）年からの駿河進攻に際し軍事成就祈願として浅間大社に奉納した。

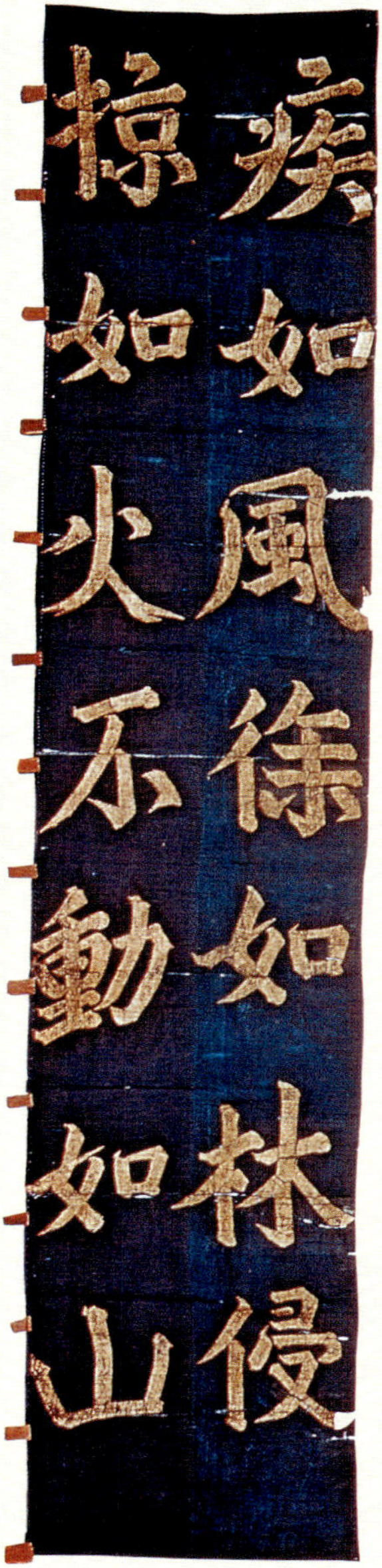

孫子の旗（雲峰寺蔵）
快川紹喜筆と伝わる旗で、諏訪梵字旗とともに武田氏の軍旗。

棒道（山梨県長坂町小荒間）
武田信玄が開発したといわれる軍用道路。現在は上の棒道、中の棒道、下の棒道の３筋の棒道が信玄棒道と呼ばれて残されている。

六十二間筋兜
（恵林寺蔵）
武田信玄所用とされる。鉄板地六十二枚を矧ぎ合わせた兜鉢。

武田信玄所用の太刀
（富士山本宮浅間大社蔵）

戦国大名 【駿河】

今川義元

いまがわ　よしもと

信長の奇襲に散った「海道一の弓取り」

生 永正16（1519）年
没 永禄3（1560）年

今川義元
（臨済寺蔵）

守護大名から戦国大名へ

今川氏は足利将軍家一門に属す吉良家に通じる家系である。今川範国《のりくに》の代から遠江、駿河の守護をつとめ、実質はともかく、吉良家と並ぶ格式を誇った。

守護大名から戦国大名への変身は今川義元の父氏親《うじちか》の時代からで、今川氏のほかに守護大名から戦国大名へと変身を遂げたのは薩摩島津、甲斐武田、周防大内、常陸佐竹ほか、8家ほどを数えるに過ぎない。

今川義元は今川家第7代当主今川氏親の5男（3男とも）として出生、母は正室中御門宣胤《なかみかどのぶたね》の娘（寿桂尼《じゅけいに》）。長子の氏《うじ》輝《てる》が家督を相続することになっていたため、幼い頃から駿河の善得寺《ぜんとくじ》に預けられ、後に義元の軍師役をつとめる臨済僧太原《たいげん》崇孚《そうふ》（雪斎《せっさい》）に養育されて教育を受けた。さらに京の建仁寺、妙心寺で禅僧としての修行を積んで得度、梅岳承芳《せんがくしょうほう》となった。しかし、第8代当主となっていた長兄氏輝が天文5（1536）年若くして死去すると、承芳の異母兄恵探《えたん》との家督争いになる。

このお家騒動は「花倉《はなぐら》の乱」と呼ばれ、翌年恵探が自害してこの争いに決着がつくと、承芳は善得寺を出て還俗し、義元と名を改めて家督を継ぐ。同時に幼時から薫陶を受けた太原崇孚が、以後は軍師・家宰として義元に仕えることになった。

当時は、父の時代からの甲斐武田信虎《のぶとら》との対立関係が続いていたが、翌年信虎の娘を娶《めと》り、対立関係を解消した。しかし一方、それまで同盟関係にあった相模の北条氏との関係は一時悪化。北条氏康《うじやす》が相・駿国境を侵して駿河東部に出兵してくる。他方、隣接する三河の松平氏、戸田氏、水野氏などは、おおむね今川氏の勢力下にあったが、次第に尾張織田氏の勢力が強まり、天文17年、三河小豆坂《あずきざか》で尾張織田信秀と交戦して撃ち破る。

翌年には織田方に奪われていた三河安《あん》祥城《じょうじょう》を奪い返して、城を守っていた信秀の子織田信広を捕らえる。この信広と、人質として今川方に来る途中、織田方に奪われた松平竹千代（徳川家康）の交換を実現した。

太原崇孚とともに、今川最盛期を現出

その後の天文23年、太原崇孚の斡旋で甲斐武田氏、相模北条氏との「甲相駿三国同盟」が成立する。こうして、背後の勢力に脅かされることなく、駿河、遠江の支配を確実なものとした。さらに三河

臨済寺（静岡県観光協会）
義元ゆかりの寺。国の重要文化財の本堂はじめ見所が多い。

今川義元 略歴

永正16年	1519	今川家第７代当主今川氏親の５男（３男とも）として出生。
大永２年	1522	このころ駿河の善得寺に預けられ、太原崇孚に養育されて教育を受け、京の寺で修行を積んで得度、栴岳承芳となる。
天文５年	1536	お家騒動「花倉の乱」に勝利して還俗。家督を継ぐ。
天文６年	1537	武田信虎の娘と婚姻して、甲駿同盟が成立。北条氏の侵攻を許す。
天文９年	1540	三河方面に進出する。
天文17年	1548	三河小豆坂で尾張織田信秀と交戦して撃ち破る。
天文18年	1549	織田方に奪われていた三河安祥城を奪い返して、織田信広を捕らえ、今川方に来る途中、織田方に奪われた人質松平竹千代（徳川家康）を交換。
天文23年	1554	太原崇孚の斡旋で「甲相駿三国同盟」が成立。
弘治元年	1555	太原崇孚の死去により、義元の戦略にほころびが目立つようになる。
永禄３年	1560	大軍を擁して尾張に出兵するが、桶狭間で織田信長の奇襲に遭い、討ち死にを遂げる。

「桶狭間合戦」
(国立国会図書館蔵)
桶狭間で小休止中の今川義元本陣を織田軍が襲った。わずか2000の織田軍が２万5000の今川軍を破った奇襲戦であった。

に進出、次いで尾張の支配をねらい、織田氏との対立となる。

このあたりが今川氏の華やかな最盛期である。しかし弘治元（１５５５）年、練達の軍師としてその才を遺憾なく発揮して義元を補佐してきた太原崇孚が死去する。すると、次第に義元の戦略、戦術にほころびが目立つようになった。そのためもあってか、永禄３（１５６０）年２万５千余の大軍を擁して尾張に出兵したところ、桶狭間で織田信長の奇襲に遭い、なすすべもなく、あえなく討ち死にを遂げた。この「桶狭間の戦い」が織田信長の実質的な「全国区デビュー戦」となったことはよく知られている。

以後、今川氏は衰退の一途を辿り、義元嫡男の氏真《うじざね》は武田氏の「身内」でもありながら、秀吉をはじめとして、織田勢力に翻弄《ほんろう》され、かつて今川方の人質であった徳川家康によって、中央の勢力争いからは完全に駆逐された。

だが、「高家《こうけ》」としての今川家を惜しんだのか、今川氏の利用価値があったのか、江戸幕府開府以後は、江戸品川で５００石を与えられて江戸２６０年を過ごすことになった。

（服部　崇）

戦国大名

斎藤道三《さいとう どうさん》

【美濃】

したたかに成り上がる二匹の蝮

生 明応3(1494)年?
没 弘治2(1556)年

斎藤道三
(東京大学史料編纂所蔵)

父子二代の下克上

かつては、一介の油商人から身を興し、したたかに権謀術策をこらして、遂には美濃一国を「盗る」という「下克上物語」が語られていた。しかし現在では南近江の六角義賢《ろっかくよしかた》が配下に与えた条書などによって、この物語は実は斎藤道三ひとりの事蹟ではなく、その父親長井《ながい》新左衛門尉《しんざえもんのじょう》と道三の父子2代にわたるものというのが定説になっている。つまり、父と子2人合わせた「美濃の蝮《まむし》」だったわけだ。

父の代から辿《たど》ってみると、新左衛門尉は山城西岡の松波基宗《まつなみもとむね》の庶子として生まれたらしく、幼い時に京の妙覚寺に預けられたという。長じて後に還俗すると美濃の油商に入り婿として入り、以後、尾張、美濃などを往還して行商を続け、高くかざした柄杓から、手に持った一文銭の穴を通して油を注ぐなど、大道でのパフォーマンスで人気をとり、目立つ存在となっていった。

このためか、美濃守護家土岐《とき》氏の家老長井長弘《ながひろ》が興味を示し、さらに長井を介して、守護一族の土岐頼芸《よりのり》を知り、様々に取り入って、その歓心を買う。

やがて長井家家老の西村氏が後嗣なく没すると、土岐頼芸の仲立ちでその家督を継ぎ西村勘九郎と名乗った。

こうして油商人から土岐氏小守護代の重臣にまでのぼり詰めた新左衛門尉は、さらに主家長井家の実質的乗っ取りを謀り、長井長弘に謀反の意があると頼芸に讒言《ざんげん》、長弘を妻ともども殺害し、その跡に収まってしまう。こうして土岐家家政の中枢にまで入り込むと、さらに謀略を重ね、弱体化しつつあった守護土岐政頼《まさより》(頼武《よりたけ》)の革手《かわて》城を攻め、美濃から越前に追放、その弟頼芸を守護につける。ここまでが父の事蹟である。

以後は子の道三が父の野望を受け継ぎ、天文7(1538)年、美濃守護代斎藤家の当主が没すると、それに乗じて、まんまとその家督を継ぎ、斎藤利政《としまさ》と称して稲葉山城主となった。

美濃を盗る

斎藤氏の家督を継いで3年目の天文10年、自ら手にした権力の確定をはかるかのように、頼芸の弟頼満《よりみつ》を毒殺。この動きに周辺諸将は硬化、不穏な動向となったが、越前朝倉氏らの働きで事なきを得ている。この3年後、父が守護職に就けた土岐頼芸を尾張に追い、美濃支配の実

紅糸中白威胴丸(南宮大社蔵)
斎藤道三着用の胴丸を竹中重治が奉納したと伝わる。岐阜県指定文化財。

斎藤道三 略歴

（父・長井新左衛門尉）

明応3年?	1494	山城西岡の松波基宗の庶子として出生か。幼時に出家。
永正元年	1504	還俗して美濃の油商に入り婿として入る。
大永・享禄年間	1521～1531	長井長弘、土岐頼芸に取り入って、歓心を買う。長井家家老の西村氏が後嗣なく没すると、家督を継いで西村勘九郎と名乗る。
天文2年	1533	長井長弘に謀反の意があると頼芸に讒言、長弘を妻ともども殺害し、その跡に収まる。
天文5年	1536	土岐政頼を攻め、越前に追放、弟頼芸を守護につける。

（子・斎藤道三）

天文7年	1538	美濃守護代斎藤家の当主が没すると家督を継ぎ、斎藤利政と称して稲葉山城主となる。
天文10年	1541	頼芸の弟頼満を毒殺。
天文13年	1544	土岐頼芸を尾張に追う。
天文17年	1548	織田信長に娘濃姫を嫁がせて和睦し、頼芸の美濃復帰を承認。
天文18年	1549	頼芸を再度追放。
天文23年	1554	隠退を表明。
弘治2年	1556	「長良川の戦い」で、子の義龍に討ち取られる。

稲葉山城
（滋賀県安土城郭調査研究所提供）
金華山に築かれた比高310mの山城。斎藤道三の居城であったが、後に信長の岐阜城となる。

権を掌握した。

嫡男に屠られた「蝮」の最期

ほどなく政頼、頼芸が頼った越前朝倉氏、尾張織田氏が2度にわたって美濃に進攻してくるが、これを一蹴。天文17年には織田信長に娘濃姫《のうひめ》を嫁がせて宿敵織田氏と和睦、頼芸の美濃復帰を認めるが、その翌年、美濃に戻った頼芸を再度追放する。こうして美濃の盟主の地位は揺るぎないものになったかに見えた。だが、頼芸の子ともいわれる嗣子義龍《よしたつ》との間には確執が絶えず、この収拾策として隠退を表明する。しかし義龍は家督を巡る問題で反旗を翻す。この義龍の反乱は、当主となった義龍を除いて、2男を当主に据えようとの道三の動きを義龍が察知し、2人の弟を稲葉山城内で殺害したことが発端である。

弘治2（1556）年4月20日、長良《ながら》川を挟んでの父子の対決となった。「長良川の戦い」と呼ばれる骨肉の争いである。義龍の軍勢は道三軍の7倍近く、道三はここで討ち死して首を取られ、「美濃の蝮」、「乱世の梟雄《きょうゆう》」と呼ばれた波乱の人生を閉じた。

（服部　崇）

戦国大名

浅井久政【北近江】

あざい　ひさまさ

浅井氏全盛の礎を築く

生 大永6（1526）年
没 天正元（1573）年

浅井久政
（東京大学史料編纂所蔵）

先代の下克上で自立を勝ちとる

信長軍に居城小谷城《おだにじょう》を攻められ、城内で自刃して果てた悲劇の将、浅井長政《ながまさ》の父である。

浅井氏は近江半国守護の名門 京極《きょうごく》氏の傘下にあったが、京極氏の内訌《ないこう》に乗じて自立を遂げ、永正13（1516）年、浅井亮政《すけまさ》が北近江浅井郡に、当時としては極めて巨大な小谷城を築いて居城とし、周辺国人衆を傘下に置いた。以後も度々、旧主の京極氏、南近江の六角《ろっかく》氏の干渉を受けるが、越前朝倉氏、本願寺勢と結んで、不安定ながらも自立を保っていく。後の代にまで影響を及ぼすことになる朝倉氏との因縁の同盟関係はここに始まった。

六角氏への従属

久政は、この浅井家の実質的初代ともいえる浅井亮政の2男として出生。天文8（1539）年、父亮政が退隠したことによって浅井家2代を継いだ。

だが、当初は狩りを好んで家政を顧みず、当主、武将としての資質に欠けると周辺からは見られていた。こんなところから、求心力のなさ、家臣団からの信頼の薄さを見透かされ、京極氏、六角氏に領内への侵攻を度々許し、最終的には六角定頼に臣従せざるを得なかった。また、六角氏から偏諱《へんき》を受けて、子の長政を賢《かた》政《まさ》とし、さらに六角氏家臣平井定武の娘との婚姻を強要されるなど（婚姻成立後、長政はこれを離縁）、六角氏に対する姿勢は終始従属的なものだった。

そのため、将器を疑われたのか、永禄3（1560）年、その子の長政を担ぐ家臣団によって、半ばクーデター的に退隠を迫られ、長政に家督を譲って小谷城の小丸に隠棲する。

だが、久政は単に無能だった訳ではなく、当主として領内の用水の整備、傘下の国人衆の組織化など、有効な統治を進めていて、次代で長政が大きく飛躍する基盤を作ってもいる。

同年8月、子の長政は六角義賢《ろっかくよしかた》を野《の》良《ら》田《だ》の戦いで打ち破り、長年の六角氏との確執を解消して自立し、戦国大名へと成り上がっていく。

滅亡への序曲

そんな久政が復活するのは、元亀元（1570）年の織田信長の朝倉討伐時、信長との対決を強硬に主張し、信長の妹お市の方を妻として信長と同盟関係にあった長政を説得して、信長に反旗を翻

小谷城大広間跡
小谷城は比高230mの山上に築かれた浅井氏の大城郭であった。

浅井久政 略歴

大永6年	1526	浅井亮政の2男として出生。
天文8年	1539	父亮政の退隠により浅井家2代を継ぐ。
永禄3年	1560	将器を疑われて家臣団に退隠を迫られ、長政に家督を譲る。長政が六角義賢を野良田の戦いで打ち破る。
元亀元年	1570	織田信長の朝倉討伐時、信長との対決を主張。長政に信長に背かせる。姉川の戦いで、長政が織田・徳川連合軍に敗れ、長政とともに小谷城に籠城。
天正元年	1573	信長勢に攻められ小谷城に籠城。小丸を守り、小丸が落とされて自刃。

「姉川合戦図屏風」部分（福井県立歴史博物館）
元亀元（1570）年、天下統一を目指す織田・徳川軍が浅井・朝倉軍と北近江で対決。徳川軍の奮戦により、織田・徳川の連合軍が勝利。その後、浅井・朝倉の勢力は衰退。やがて滅亡を迎えることとなった。

させた時のことになる。これによって長政は同年4月、兵を動かして信長の退路を断つ。動きを察知した信長は、浅井・朝倉軍に挟撃されることをおそれ、京に退却して岐阜に戻らざるを得なかった。

しかし、これはまた、後の悲劇への発端でもあった。信長の復讐戦ともいえる同年6月の姉川《あねがわ》の戦いで、浅井・朝倉連合軍は信長軍に打ち破られ、長政は信長軍の襲来に備えて小谷城に籠城する。

浅井氏3代の滅亡

天正元（1573）年8月8日、朝倉氏を攻め滅ぼした羽柴秀吉率いる信長勢が小谷城を囲む。浅井長政以下、重臣、兵、5千が籠城。降伏勧告も拒絶して約1か月の猛攻に堪えた末、落城。長政は妻のお市の方と子の三姉妹を秀吉に託して自刃する。

悲劇の小谷城攻めだが、この戦いでは久政は小丸を守り、本丸が落とされる前日に小丸が落とされると自刃して果てた。長政の最期は1日後のことになる。こうして下克上から戦国大名に成り上がった浅井氏は3代で滅亡する。

（服部　崇）

戦国大名

【越前】

朝倉孝景《あさくら たかかげ》

将軍家の権威も利用して戦国大名に

生 明応2（1493）年
没 天文17（1548）年

朝倉孝景
（東京大学史料編纂所蔵）

第4代当主を継ぐ

織田信長に滅ぼされた朝倉家第5代当主義景《よしかげ》の父である。

代々の朝倉家当主の名には「孝景」の名が複数見え、幾分分かりにくい。一乗《いちじょう》谷《だに》に城を構えて住した孝景を初代として数えれば、ここでの孝景は第4代のことである。

孝景は永正9（1512）年、父貞景《さだかげ》が鷹狩りの途中に急死の後、家督を継いで第4代当主となった。

父貞景は越前守護斯波《しば》氏との間に長享元（1487）年に起こった越前の宗主権をめぐっての争いを収めたことで足利《あしかが》将軍に認められ、以後将軍家と密接な関係を持つこととなった。これによって朝倉家の権威は保たれ、越前の安定に一定の効果をもたらした。

その後も貞景は朝倉一族内の反乱を鎮圧し、加賀一向一揆が越前に侵攻すると、これに悩まされたが、何とか撃退。こうして朝倉氏の権威をどうにか保ちながら、越前での朝倉氏の統治を徐々に確実なものとしていった。

領国安定をさらに進める

家督相続後の孝景は父の遺した越前における朝倉政権をより強固なものとするために力を尽くし、周辺領主の抗争にも関与してこれを収めた。同時に、先代にも増して将軍家との関係強化を推し進め、この権威も利用して政権の安定を図り、戦国大名に変身していく。

永正13（1516）年には将軍足利義《よし》植《たね》から、守護にのみ使用が認められる白《しろ》傘袋《かさぶくろ》と毛氈鞍覆《もうせんくらおおい》を許される。

同15年には、美濃守護土岐《とき》政頼《まさより》（頼《より》武《たけ》）が、斎藤道三の下克上によって追われると、これを庇護して一乗谷に匿《かくま》い、翌年斎藤氏、織田氏の和睦によって、美濃に帰還させている。

大永5（1525）年には美濃の稲葉《いなば》山《やま》城を攻撃する。同7年には将軍義晴《よしはる》の要請に応える形で一族の教景《のりかげ》（宗滴《そうてき》）を京に派遣して義晴の期待に応え、義晴、孝景ともども互いを尊重する密接な関係を作り上げ、翌年には義晴の御供衆《おともしゅう》に上った。

一向一揆との確執

だが、古くからの加賀一向一揆との抗争は止まず、孝景は、それまでの一揆勢に対する守備主体の迎撃戦略から、加賀国内

一乗谷朝倉氏遺跡（福井市城戸ノ内町）
越前の国に君臨した朝倉氏の城下町跡。武家屋敷・町屋など町並がほぼ完全な姿で発掘され、国の特別史跡・特別名勝に指定された。

への侵攻をも厭《いと》わない積極的侵攻戦略に切り替える。

ところが、この戦略は本願寺と親しい弟景高《かげたか》の反発を買い、景高は本願寺と結んで孝景に背き、孝景追い落としを謀った。本願寺側はこれに与せず、結局景高は越前を追われ消息を絶った。

文化人孝景

孝景の功績は軍事・政治面のみならず、文化面にも見るところがある。当時の公家で高名な歌人富小路資直《とみのこうじすけなお》と交遊を結んで、越前に招いて指導を受けている事から、歌道にも長けていたと見られる。

また、仏教の保護にも力を入れ、父祖の菩提を弔うため領内に英林寺ほかいくつもの寺院を建立したほか、複数の寺院の再興、修復も行った。学術の面でも、天文5（1536）年には僧侶で軍師役もつとめていた谷野一栢《いっぱく》に、医学書『八十一難経《はちじゅういちなんぎょう》』を校訂させている。

天文17年3月22日に死去。泰澄大師《たいちょうだいし》が一乗谷に創建した波着寺《はちゃくじ》に詣でた帰途のことだったという。

その後は嫡子義景が跡を継ぐ。

（服部　崇）

朝倉孝景 略歴

明応2年	1493	朝倉家第3代当主貞景を父として出生。
永正9年	1512	父急死の後、家督を継いで第4代当主となる。
永正13年	1516	将軍足利義稙から、守護にのみ使用が認められる白傘袋と毛氈鞍覆を許される。
永正15年	1518	美濃守護土岐政頼（頼武）が、斎藤道三によって追われると、一乗谷に匿い、美濃に帰還させる。
大永5年	1525	斎藤道三の稲葉山城を攻撃。
大永7年	1527	将軍義晴の要請に応えて教景（宗滴）を京に派遣。御相伴衆に列する。
大永8年	1528	義晴の御供衆に加えられる。
天文5年	1536	谷野一栢に、医学書『八十一難経』を校訂させる。
天文17年	1548	3月22日没する。

一乗谷空撮（福井県立朝倉館遺跡資料館提供）
一乗城山の頂上から下方にかけて多数の曲輪を配し、山間の谷間に朝倉館や町屋で城下町を形成していた。朝倉氏5代が103年間にわたって支配した。

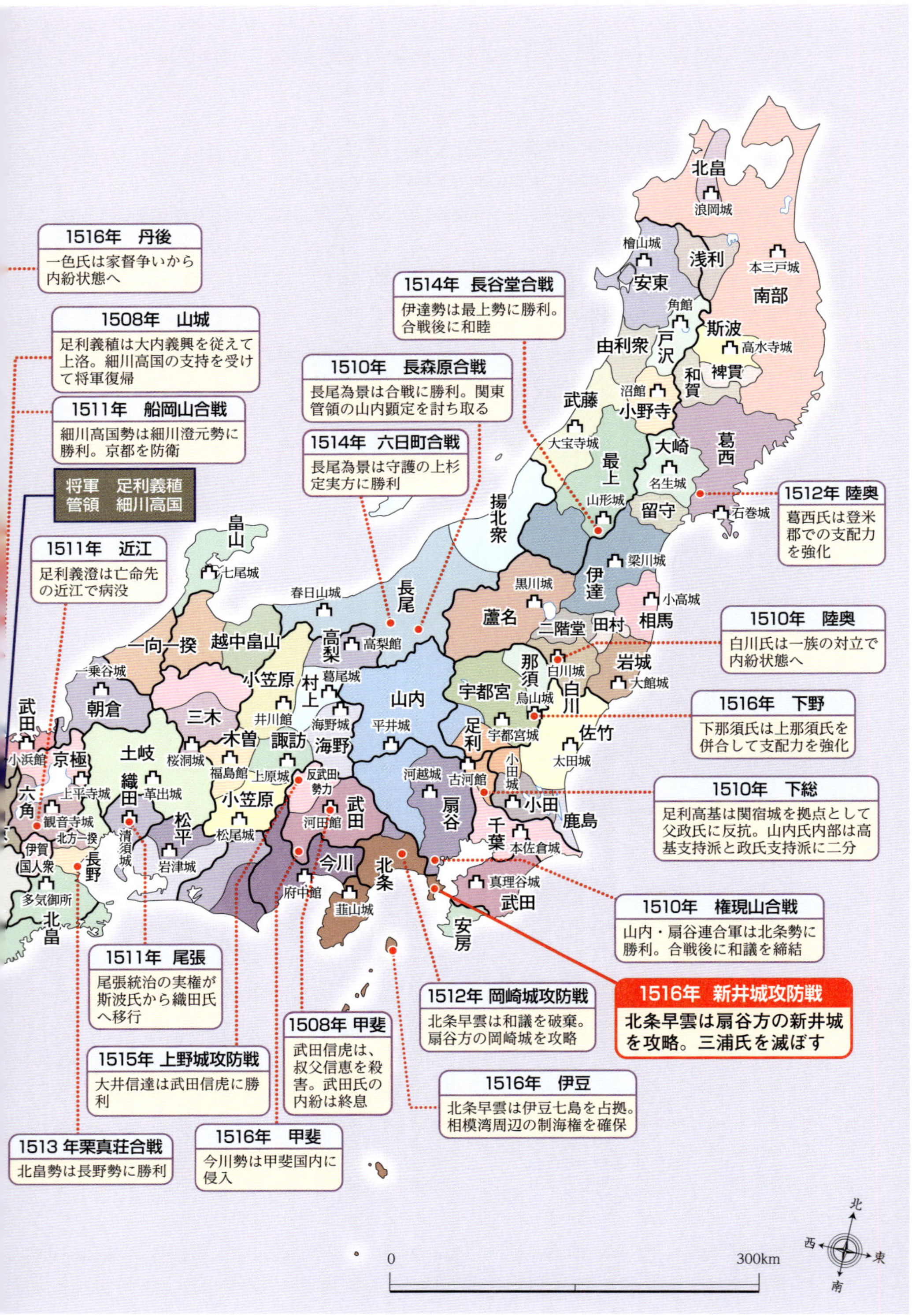

1516年　丹後
一色氏は家督争いから内紛状態へ
1508年　山城
足利義稙は大内義興を従えて上洛。細川高国の支持を受けて将軍復帰
1511年　船岡山合戦
細川高国勢は細川澄元勢に勝利。京都を防衛
将軍　足利義稙
管領　細川高国
1511年　近江
足利義澄は亡命先の近江で病没
1514年　長谷堂合戦
伊達勢は最上勢に勝利。合戦後に和睦
1510年　長森原合戦
長尾為景は合戦に勝利。関東管領の山内顕定を討ち取る
1514年　六日町合戦
長尾為景は守護の上杉定実方に勝利
1512年　陸奥
葛西氏は登米郡での支配力を強化
1510年　陸奥
白川氏は一族の対立で内紛状態へ
1516年　下野
下那須氏は上那須氏を併合して支配力を強化
1510年　下総
足利高基は関宿城を拠点として父政氏に反抗。山内氏内部は高基支持派と政氏支持派に二分
1510年　権現山合戦
山内・扇谷連合軍は北条勢に勝利。合戦後に和議を締結
1516年　新井城攻防戦
北条早雲は扇谷方の新井城を攻略。三浦氏を滅ぼす
1512年　岡崎城攻防戦
北条早雲は和議を破棄。扇谷方の岡崎城を攻略
1516年　伊豆
北条早雲は伊豆七島を占拠。相模湾周辺の制海権を確保
1508年　甲斐
武田信虎は、叔父信恵を殺害。武田氏の内紛は終息
1516年　甲斐
今川勢は甲斐国内に侵入
1515年　上野城攻防戦
大井信達は武田信虎に勝利
1513年栗真荘合戦
北畠勢は長野勢に勝利
1511年　尾張
尾張統治の実権が斯波氏から織田氏へ移行
北畠
浪岡城
檜山城
浅利
本三戸城
安東
南部
角館
斯波
高水寺城
由利衆
戸沢
和賀
稗貫
沼館
武藤
小野寺
大崎
葛西
大宝寺城
最上
名生城
揚北衆
山形城
留守
石巻城
梁川城
伊達
畠山
七尾城
春日山城
長尾
黒川城
蘆名
小高城
相馬
二階堂
田村
一向一揆
越中畠山
高梨
高梨館
岩城
那須
白川城
大館城
一乗谷城
小笠原
村上
葛尾城
山内
宇都宮
烏山城
白川
朝倉
三木
井川館
海野城
平井城
武田
小浜館
京極
木曽
諏訪
海野
足利
宇都宮城
佐竹
土岐
桜洞城
福島館
上原城
反武田勢力
河越城
古河館
小田城
太田城
六角
上平寺城
織田
革出城
小笠原
武田
河田館
扇谷
小田
鹿島
観音寺城
北方一揆
清須城
松平
松尾城
千葉
本佐倉城
伊賀国人衆
長野
岩津城
今川
北条
真理谷城
武田
府中館
韮山城
安房
多気御所
北畠
0
300km
北
西
東
南

戦国大名勢力変遷地図［1］

1508〜16年

相模制覇——戦国大名北条氏の台頭

1516年、北条早雲は、三浦氏の新井城を攻略することにより、相模一国を平定。戦国大名としての地歩を確実に固めつつあった。中国地方では、大内氏が守護大名から戦国大名へと成長する一方、尼子氏が出雲一国を統一する勢いにあり、二強対決への下地が整えられていった。全国的にも、強大な統治力を誇る戦国大名が登場する流れにあり、今川氏は本国の駿河をはじめ、遠江や三河を領有する戦国大名へと成長しつつあった。

（外川　淳）

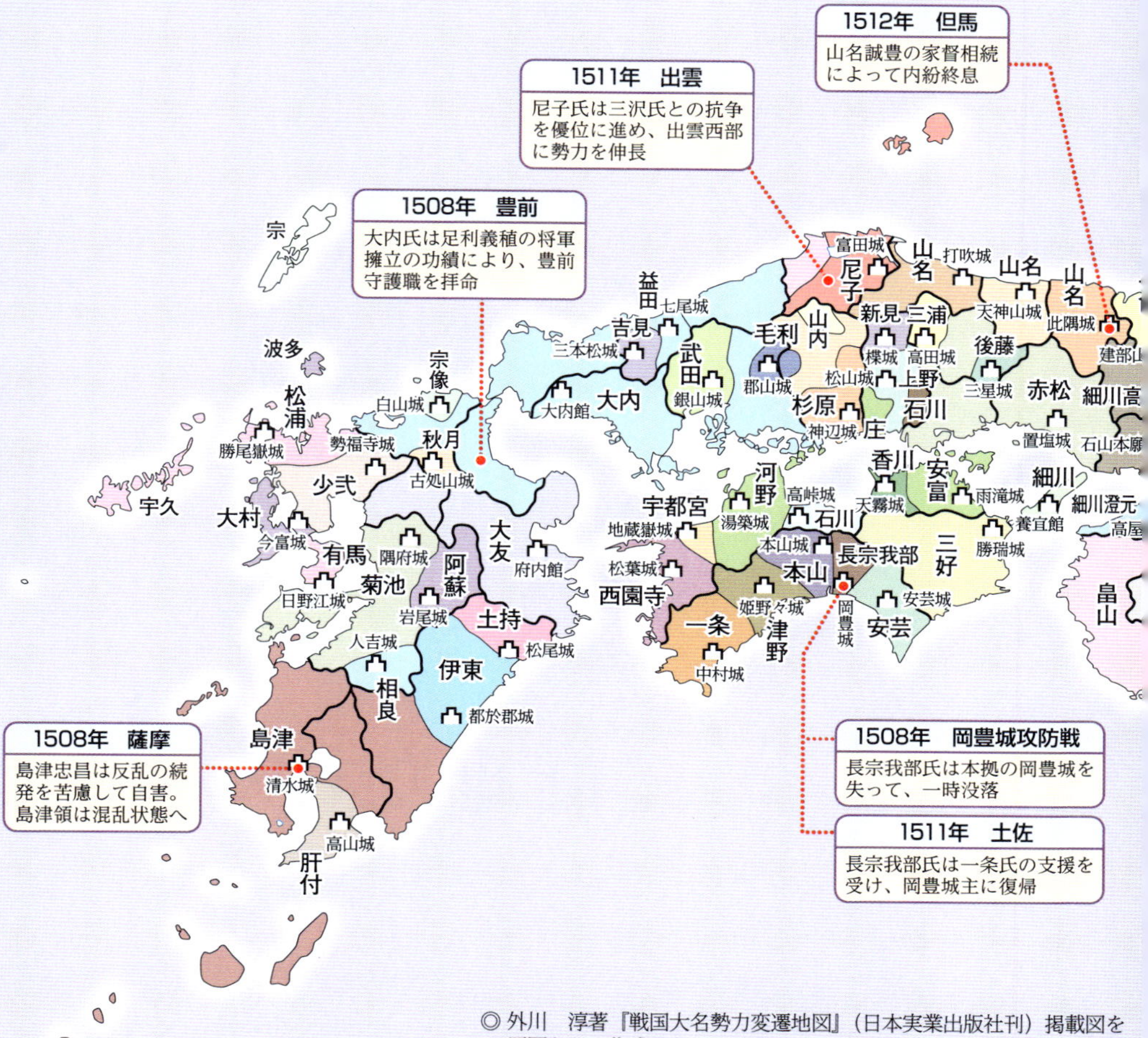

◎ 外川　淳著『戦国大名勢力変遷地図』（日本実業出版社刊）掲載図を原図として作成した。

Part 2

群雄たちの覇権

『姉川合戦図屛風』（福井県立歴史博物館蔵）

織田信長【尾張】

おだ　のぶなが

◉生　天文3（1534）年　◉没　天正10（1582）年

谷口克広（戦国史研究家）

織田信長（東京大学史料編纂所蔵）

一、織田信長の家臣統制

信長家臣団の基本的形態

信長の家臣団組織について記された、まとまった史料は存在しない。信長の基本史料である『信長公《しんちょうこう》記《き》』を中心として、関係文書などによっておおよその輪郭をつかむしか方法はない。それによると、信長家臣団全体は大略次のように編成されていたものと思われる。

信長
- 連枝（一族）衆
- 部将―与力
- 旗本＝馬廻衆・小姓衆
- 吏僚＝奉行衆・右筆・同朋衆ほか

ここに表わした家臣団組織は、他の戦国大名のそれと大きな差はない。しかし信長の場合は、年代に従って版図が大きく広がってゆくだけに、それに伴って内部構成が変化してゆくところに特徴がある。では、段階を追って信長家臣団組織の変遷を見ながら、その特徴について解説してゆこう。

旗本たちの育成

最初は旗本のことから始めよう。ここで言う「旗本」というのは、江戸時代の旗本の意味とは違う。馬廻衆・小姓衆といった、信長の本陣を固める、比較的小身の家臣を便宜上「旗本」としてまとめたものである。一人か二人の従者しか持たないいわゆる「一騎駆け」の武士から百から2百ほどの小部隊を指揮する者もいる。

馬廻衆は、信長の側にいて、平素は政務に励み、戦時は本陣を固めることが基本的な仕事である。小姓衆は、平時は信長の身辺の世話をすることが主な仕事である。信長の旗本を見てみると、尾張の在地領主の長男が馬廻として仕え、2男以下が小姓として仕えるケースが多いようである。

信長は家督を相続した前後から、旗本、特に馬廻の育成に努めている。清須の町には、惣構えの中に7、8百人の馬廻が住んでいて、常に戦いに備えていたという。信長が弟信勝《のぶかつ》方の軍勢を撃ち破った稲生《いのう》の戦い、そして有名な桶狭間の戦いも、信長が育てた馬廻の活躍が大きく勝利に貢献した戦いだった。信長の初

紺糸威胴丸具足（建勲神社蔵）
織田信長所用と伝わる甲冑。明治15（1882）年に柏原藩の織田信重が建勲神社に奉納したもので、兜の正面に木瓜紋を施した前立物をつけている。

柴田勝家［1522?～83］
（柴田勝次郎氏蔵・福井市立郷土歴史博物館保管）

森可成［1523～70］
（国立国会図書館蔵）

明智光秀［1528?～82］
（東京大学史料編纂所蔵）

丹羽長秀［1535～85］
（東京大学史料編纂所蔵）

羽柴秀吉［1537～98］
（光福寺蔵）

滝川一益［1525～86］
（国立国会図書館蔵）

期のいくさは、自ら育成した馬廻衆の活躍に支えられていたと言ってよかろう。

部将への抜擢人事

部将というのは、大身であって、一部隊を率いたり、一城の守備を任されたりするほどの実力を持った家臣である。信長の尾張一国時代にすでに部将の地位にあった者といえば、家老の林秀貞《はやしひでさだ》、柴田勝家《しばたかついえ》・佐久間盛《さくまもり》重《しげ》・同信盛あたりであろう。ただし、佐久間盛重は桶狭間の戦いの時に討ち死にしてしまう。

その後、信長の美濃進攻、北伊勢侵略を経て、丹《に》羽長秀《わながひで》・木下秀吉・滝川一益《たきがわかずます》・森可成《もりよしなり》・坂井政尚《さかいまさひさ》が部将に昇格する。

永禄11（1568）年9月、信長は足利義昭《あしかがよしあき》を奉じて上洛を遂げる。そして、部将たちの軍勢を駆使してたちまち畿内を平定した。

ところが元亀元（1570）年4月の越前討伐の失敗に始まり、信長はいわゆる「元亀の苦闘」に陥る。この苦闘の対処方法として彼は、近江の地に宿将クラスの家臣を配置して乗り切ることに成功した。その宿将と配置は、次の通りである。

森可成（宇佐山城）、後に明智光秀（坂本城）
佐久間信盛（永原城）
中川重政（安土城）
柴田勝家（長光寺城）
丹羽長秀（佐和山城）
木下秀吉（横山城）

彼らに伊勢に留め置かれた滝川一益を加えたメンバーが、当時の信長軍団の代表的な部将といえる。近江は、彼らによる分封支配が進むことによって、信長の支配圏の中核としての役割を果たすようになる。

信忠軍団の形成

信長の嫡男信忠は、早くから後継者として育てられていた。天正元（1573）年、将軍追放とほぼ同時に元服し、尾張および東美濃に一定の支配権を分与されるとともに、その地域の国人の軍事的指揮権を委ねられた。信忠軍団の誕生である。信忠軍団の役割は、当時さかんに東美濃から西をうかがっていた武田氏に対する押さえであった。

この後信忠軍団は、同3年11月の織田家家督相続、同8年の軍団再編成の時と、段階を追って成長してゆく。そして同10年3月に武田氏を滅ぼした後、尾張・美濃・信濃・甲斐《かい》の4か国にまで広がるのである。

方面軍の体制の成立

天正3（1575）年5月、長篠の戦いで宿敵武田氏を完膚なきまでに打ちのめした信長は、続いて8月に越前一向一揆をも殲滅《せんめつ》した。そして越前の地を柴田勝家ら諸将に与え、加賀一向一揆に対しては簗田広正《やなだひろまさ》の軍を配置した。だが、簗田は苦戦を続け、加賀制圧はまったく進まなかった。業を煮やした信長は、翌年に簗田を罷免、柴田を司令官とする大軍団を編成して加賀平定を託した。この柴田の軍団を北陸方面軍と呼ぶことにしよう。

一方、大坂の本願寺に対しては、荒木村重・長岡藤孝《ながおかふじたか》・塙直政《ばんなおまさ》による包囲網が形成されていたのだが、天正4年5月の戦いで塙が討ち死にし、苦戦の様相を呈してきた。それで信長は、佐久間信盛を起用して7か国にわたる与力を付属させ、本願寺包囲体制を形づくった。この佐久間を主将とする軍を大坂方面軍と呼んでおく。最初の方面軍は、やはり織田軍の

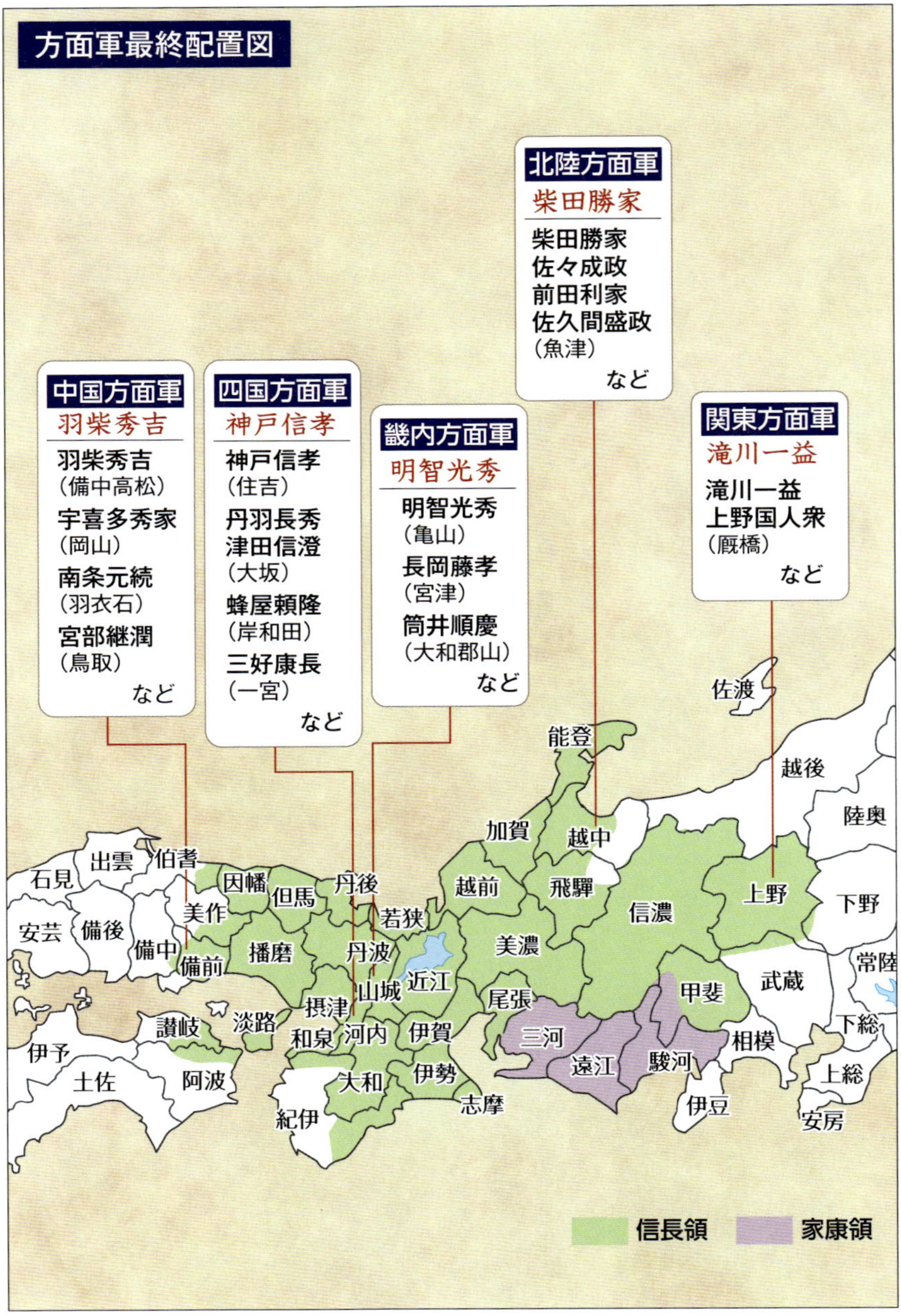
方面軍最終配置図
北陸方面軍
柴田勝家
柴田勝家
佐々成政
前田利家
佐久間盛政
（魚津）
など
中国方面軍
羽柴秀吉
羽柴秀吉
（備中高松）
宇喜多秀家
（岡山）
南条元続
（羽衣石）
宮部継潤
（鳥取）
など
四国方面軍
神戸信孝
神戸信孝
（住吉）
丹羽長秀
津田信澄
（大坂）
蜂屋頼隆
（岸和田）
三好康長
（一宮）
など
畿内方面軍
明智光秀
明智光秀
（亀山）
長岡藤孝
（宮津）
筒井順慶
（大和郡山）
など
関東方面軍
滝川一益
滝川一益
上野国人衆
（厩橋）
など
佐渡
能登
越後
陸奥
加賀
越中
出雲
伯耆
石見
因幡
但馬
丹後
越前
飛騨
信濃
上野
下野
美作
若狭
安芸
備後
備中
備前
播磨
丹波
近江
美濃
常陸
武蔵
山城
尾張
甲斐
摂津
讃岐
淡路
和泉
河内
伊賀
三河
遠江
駿河
相模
下総
伊予
土佐
阿波
大和
伊勢
上総
伊豆
紀伊
志摩
安房
信長領
家康領

両翼と目される柴田・佐久間両将を司令官とする軍団だったのである。

この後、信長の版図が四方へ広がってゆくと、複数の有力戦国大名と同時多発的に戦わねばならなくなる。そして、方面軍体制も発展してゆくことになる。

天正8年の織田軍再編成

天正8（1580）年8月、本願寺攻めの怠慢を叱責されて佐久間が失脚、大坂方面軍は解体される。そして、それを機に織田軍全体が再編成される形になった。

変化の第1は、信忠軍団の拡大である。林・安藤など尾張・美濃の有力な部将が佐久間とともに追放されたことにより、信忠は西美濃を除く尾張・美濃のほぼ全域にまでその軍団を広げることになる。

変化の第2は、方面軍体制の発展である。羽柴秀吉が播磨《はりま》を、明智光秀が丹波を正式に与えられることにより、彼ら2人が方面軍司令官に昇格するのである。以後羽柴は中国方面軍を率いて毛利氏との戦いを継続、明智は畿内方面軍（近畿管領軍とも）として畿内近国を守備することになる。

変化の第3は、近江の国人たちが信長直属の部将として編成し直されたことである。彼らは大身ではなく、安土城下在住の義務がないから馬廻とは異なる。いわば「旗本部将」と呼ぶべき立場である。信長は近江を有力部将から離し、直接掌握して織田軍の中核に置く、という構想を持っていたのかもしれない。

信長家臣団の最終的形態

天正10（1582）年3月、信長は武田氏を滅ぼして、東方は上野・甲斐《かい》にまで版図を広げる。西方では毛利氏の領国に食い込みつつある。北陸では上杉氏をいよいよ追い詰めている。6月2日に起こる本能寺の変の直前の家臣団組織を図示すると、次のようになる。

- 信長
  - 信忠
    - 部将
    - 旗本＝馬廻衆・小姓衆
    - 吏僚
  - 連枝（一族）衆
  - 方面軍司令官――与力
  - 遊撃軍司令官――与力
  - 旗本＝馬廻衆・小姓衆
  - 吏僚＝代官・奉行衆・右筆ほか

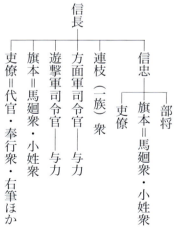

武田氏が滅びた跡には、滝川一益が関東方面軍（関東管領軍とも）を率いて、北条氏をはじめとする関東の大名たち、さらには伊達氏・蘆名《あしな》氏等奥羽の群雄をも従わせる体制が整いつつある。5月には神戸《かんべ》信《のぶ》孝《たか》（信長の3男）率いる四国方面軍が編成された。最後には、北陸方面軍（柴田勝家）、畿内方面軍（明智光秀）・中国方面軍（羽柴秀吉）と合わせて5つの方面軍が置かれたわけである。

方面軍に並んで、それを補佐する形で、より小規模ながら臨機応変に動く遊撃軍も各地に配置された。丹羽長秀・池田恒興・九鬼《くき》嘉隆《よしたか》の軍団などがそれにあたる。

京都所司代の村井貞勝、堺代官の松井《まつい》友閑《ゆうかん》をはじめとする有能な吏僚にも恵まれ、強力な家臣団組織が成立していたといえる。

強力な家臣統制の跡

信長の版図は、最後には全国の半分近くにまで広がる。その領域の中には、信長が直接支配したところもあるが、ほとんどの地域は嫡男信忠、その他の一族、そして有力家臣たちに支配権が委ねられた。しかし信長は、当然最上位の権限を握っていた。

天正3（1575）年9月、越前に封じた柴田勝家に与えた九ヵ条の「掟条々」は、「越前国掟」として有名である。ここで信長は、「大国を預け置く」と表現し、家臣としての忠義を強要、自分のほうに足をも向けるな、とまで言い切っている。

こうした信長の姿勢に反抗する者も次々と出た。しかし信長は彼らを次々と鎮めるばかりか、理解し難い粛清をも行った。

佐久間信盛といえば柴田と並ぶ最高の重臣だったが、戦果がはかばかしくなかったとの言いがかりをつけられて追放の憂き目に遭っている。

本能寺の変の直前には、信長の全国統一はもう目前に迫っていた。おそらく奥羽から九州まで信長に服属するまでには、あと数年しか要さなかったであろう。

もし統一が成った時には、信長の強権のもとに有力部将たちはどんどん遠国へと追いやられたはずである。信長の晩年の家臣統制政策でわかる通り、家臣たちの鉢植え化はすでに始まっていた。統一が完了すると、その勢いは促進されたことは間違いなかろう。

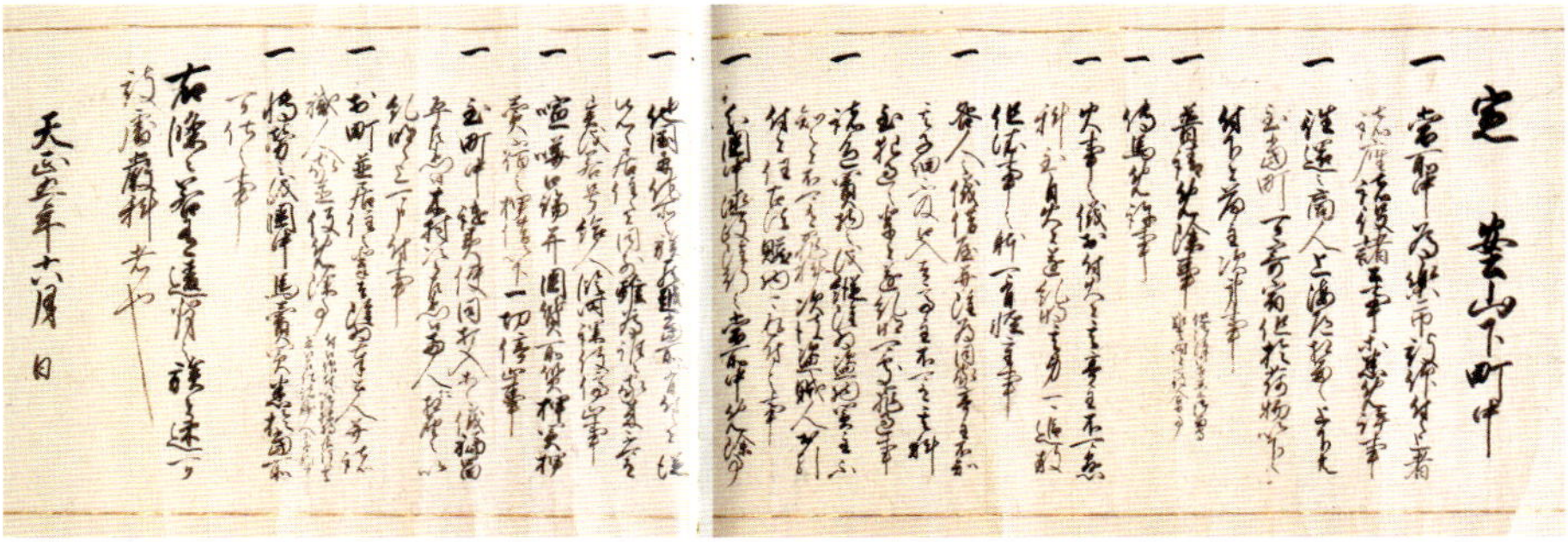

安土城下町中掟書（近江八幡市蔵）
国重要文化財。天正５（1577）年６月、織田信長が安土城下に出した条文13か条からなる掟書。座の特権の廃止や税の免除などが定められている。

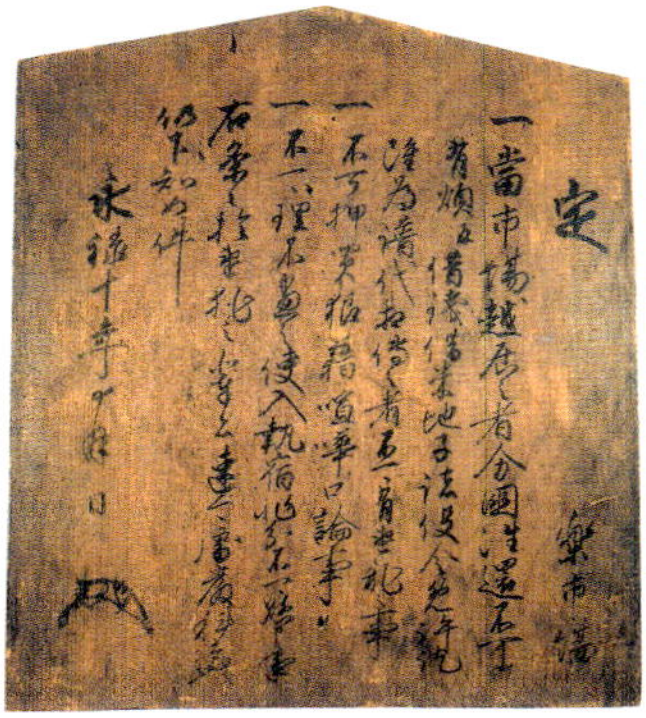

楽市楽座の制札
（円徳寺蔵）
国重要文化財。全長37.5cm、幅32.7cmの制札。信長が円徳寺に旧来からの楽市場に特権を保証したもの。

二、織田信長の民政

信長の民政改革について

信長といえば、長い間、中世を終わらせた「改革者」と見られがちであった。しかし近年は、その評価がかなり変わってきている。では民政に限りながら、これまで信長の改革と見なされてきた事柄を、次に書き出してみよう。

①次代の豊臣秀吉の太閤検地ほどは徹底していないながらも、検地を行って土地の所有関係を整理したこと。

②武士の城下町集住によって、兵農分離を推進したこと。

③座の特権を否定し、楽市楽座の政策を打ち出したこと。

④関所を廃止すると同時に、道路・橋などの整備を行って交通の便をはかり、物資の流通を円滑にしたこと。

⑤堺などの自治都市を掌握し、統制下に置いたこと。

⑥撰銭《えりぜに》令によって、貨幣の流通の円滑化を進めたこと。

民政改革の評価

以上書き出した信長の民政改革は、果たしてそのまま受け入れられるものなのだろうか。一つ一つ取り上げて、評価してみよう。

①にあげた検地については、信長の場合、彼の分国で統一的に行われたものではない。しかも、領主に申告させる「指出《さしだし》」の方法が多い。北条氏や今川氏など東国大名に比べ、はるかに遅れているとの評価があるが、その通りであろう。しかも、中間搾取である加地子《かじし》取得権をそのまま認めるなど、荘園制との妥協が多く見られる。

②の兵農分離についても、家臣を本領地から引き離していないなど、不徹底なところがある。しかし、前節で述べた通り、清須時代から馬廻たちを城下に置き、常時戦いに備えていたことは確かめられる。他の戦国大名に比べると進んでいたのではなかろうか。

③の楽市楽座については、信長の新しい事跡、中世の否定の代表的な民政として長く評価されてきた。しかし、信長の実施した楽市楽座はほんの数例にすぎない。実際には、座を安堵した例のほうがずっと多いのである。天正5（1577）年6月の安土山下町《さんげちょう》掟書の中の楽市令があまりに有名なため、誤解を招いてしまったようである。

④の流通についてと⑤の都市政策については、特記する必要があるので、別項で述べることにする。

⑥の撰銭令を評価するならば、はっきり失敗と言えよう。ただこれは、失敗と言うよりも、当時の貨幣流通事情の限界だった、と考えるべきであろう。

信長の関所撤廃政策

関所の撤廃は、信長の基本的政策として広く知られた業績である。『信長公記』巻1、巻2には、往き来する旅人の不便を思い、分国中にある関所を廃止した、それで人々は皆喜んだ、との記載がある。

信長は上洛後、尾張・美濃・伊勢の関所をどんどん撤廃していった。畿内に多くあった関所も、信長の直接支配が及ぶようになってからはたちまちに消えていったであろう。

ただ皇室領の関所で山科《やましな》家の収入源になっていた京都七口の関所は手を付けなかったという。そこから、信長の関所撤廃政策もなお不徹底と評されることも

「近江国蒲生郡安土城之図」
（大阪城天守閣蔵）
図は安土町旧陣屋吏近藤家にあったものを、安政2（1855）年に臨写、さらに嵜崎品山が明治29（1896）年に写したもの。山上の天守2層目が八角形に描かれ、安土城天守の特徴が認められる。

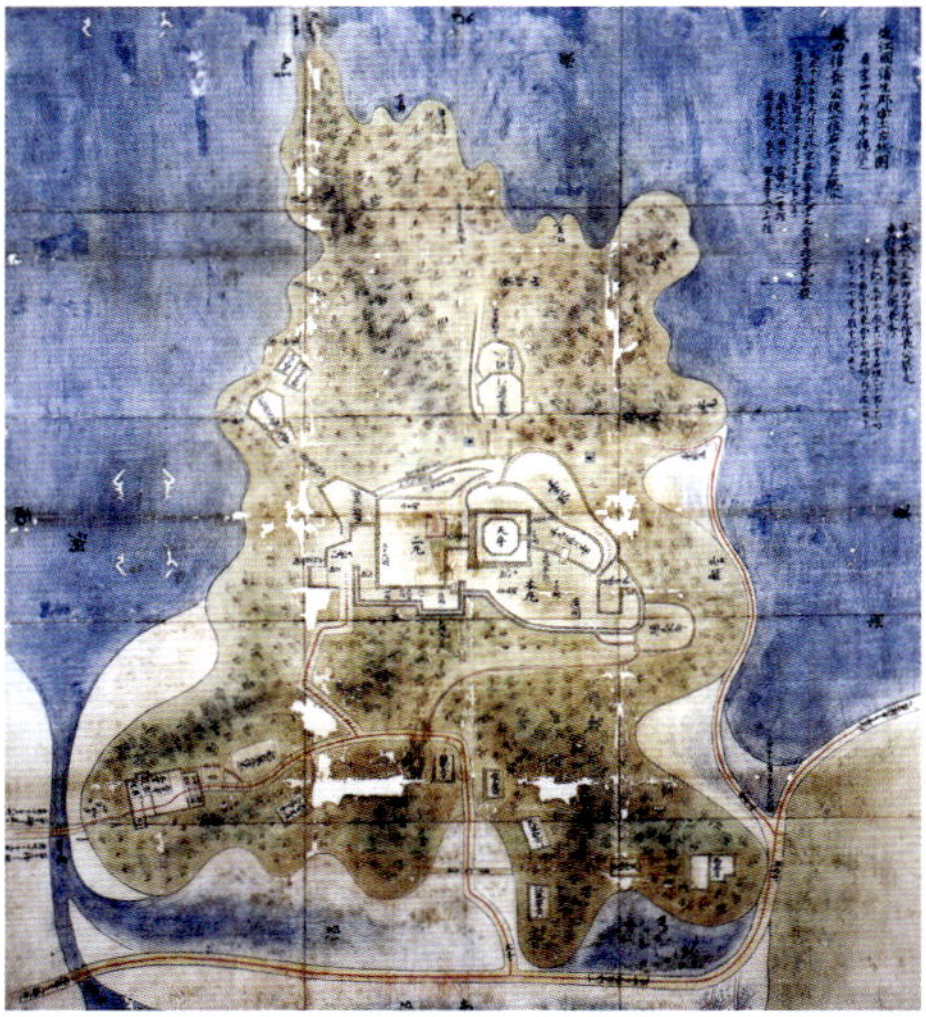

「安土古図」
（丹波市立歴史民俗資料館蔵）
柏原織田藩に伝わる絵図で、安土城最古の絵図「貞享図」と同じとされるもの。

ある。

しかし、天正３（１５７５）年９月の越前国掟、同10年３月の甲信国掟の中にも関所撤廃の命令があることを思うと、信長が関所の撤廃という政策を基本方針としていたことは間違いないであろう。

道路・橋などの整備について

流通を活発化させるためには、関所の撤廃も必要だが、基本的には交通路の整備が大切であろう。信長は道路・橋などの交通路を整備することに力を注いだ為政者といえる。

まず『信長公記』巻8、冒頭の記事を引用しよう。

「去年月迫《げっぱく》に、国々に道を作るべきの旨、坂井文介（利貞）・高野藤蔵（河野《こうの》氏吉）・篠岡《ささおか》八右衛門・山口太郎兵衛４人、御奉行として仰せ付けられ、御朱印をもって御分国中御触れこれあり。ほどなく正月・二月中出来おわんぬ。（下略）」

この記事を裏付ける文書として、この４人に宛てた、天正２（１５７４）年閏11月25日付けの信長朱印状も伝わっている。

道の広さは３間半（約６メートル30センチ）、当時としては広大な道路である。その両側に松と柳の木が植えられた。また、途中の川には舟橋が懸けられ、徒歩で渡れるようになった。

近江佐和山近くの摺針《すりはり》峠は東山道の難所で、皆回り道をしていたが、信長はそこに切通しを作り、おかげで旅程が3里（約12キロメートル）も短縮されたという。

このほか、塩津・疋田《ひきだ》間の新道建設、勢田の舟橋架設などの事績もある。信長の道路など社会資本の整備は、その出来の見事さも含めて、高い評価を与えてよいだろう。

信長の都市の運営

信長の都市政策について語るにあたり、初期の都市運営、尾張の津島と熱田を掌握したことから触れよう。

津島も熱田も、港町であって門前町という、二面性を持った商業都市である。信長の父信秀は、早くから津島衆を配下に置いて津島の経済を掌握した。さらに那古野《なごや》城を手に入れると、近くの熱田の支配に乗り出し、熱田の豪商加藤家と結び付いた。

信長はこのような父の行動を見て、都市運営の大切さ、流通の重要性を学んだものと思われる。津島と熱田の町支配をより強めていった。

この後信長は、清須から小牧―岐阜―安土と本拠地を移してゆく。立地条件がやや不便な小牧はともかく、岐阜・安土で信長は、居住地が地域の経済と流通のセンターになるように努力を払っている。

岐阜は、宣教師ルイス・フロイスが古代都市バビロンに擬したほどの商業都市になったし、安土も信長のプランのもとに発達した。安土山下町掟書の第1条で楽市を命じ、第13条で馬の売買を安土だけに限ったあたりに、町の振興策がうかがえよう。

信長の自治都市政策について

堺は戦国大名の支配を嫌い、ほぼ完璧な自治都市として維持されてきた。そこへ信長が乗り込んで町を接収し、その後は堺の自治権が失われたと思われている。

たしかに信長の権力が堺に届いて以来、町の完全自治はなくなった。町は親信長派の今井宗久《いまいそうきゅう》が政務を行ない、信長側近の松井友閑が奉行を務めていた。

織田信長 略歴

天文3年	1534	織田信秀の3男として那古野城で生まれる。
天文15年	1546	元服。三郎信長を名乗る。
天文17年	1548	美濃国斎藤道三の娘、濃姫と結婚。
天文21年	1552	父、信秀の死により、家督を相続。
天文22年	1553	傅役平手政秀が、信長を諌めて自害。斎藤道三と尾張国聖徳寺で会見。
天文23年	1554	織田信友を攻め追放し、清須城を居城とする。
永禄2年	1559	上洛して足利義輝に拝謁。織田信賢に勝利し尾張国を統一。
永禄3年	1560	桶狭間の戦で今川義元を討ち取る。
永禄4年	1561	三河国の松平元康（徳川家康）と清洲（須）同盟を結成。
永禄6年	1563	清須城から小牧山城に居城を移す。
永禄10年	1567	浅井長政と同盟して妹お市の方を妻にさせる。居城を岐阜城と改名。
元亀元年	1570	朝倉義景と浅井長政と北近江の姉川を挟んで戦い勝利。（姉川の戦）
天正元年	1573	将軍足利義昭を追放。室町幕府滅亡。小谷城の戦で、浅井長政が自害。
天正3年	1575	長篠の戦で、甲斐国武田勝頼に大勝。嫡男織田信忠に家督を譲る。
天正10年	1582	京都本能寺で明智光秀の謀反により自害。（本能寺の変）

しかし信長は、決して堺の町を強力な支配権力で縛り付けてはいない。会合衆による自治も引き続き認めている。

信長にしてみれば、堺の町の経済力を利用できれば、それでよいのである。したがって、代官を置きながらも堺の商人に経済的特権を与え、彼らの地位の保証に努めている。いわば共存共栄を図っていたのである。

自治都市に対する、このような信長の姿勢は、伊勢大湊や各地の寺内町にも見ることができる。

信長の民政に関する総括

信長の民政全体を総括すると、農政面にはあまり力を入れず、商業政策、特に流通政策に関心が高かった様子である。

円滑な流通のために、交通路を整備したし、関所も撤廃した。しかし、商業政策の中でも、自由交易、すなわち楽市楽座については、場所と事情を選んで実施している。流通を円滑にし、商業を活発化させるにあたって、現在ある座を利用するほうがよい、と考えたのであろう。

信長の大船模型
（滋賀県立安土城考古博物館蔵）

金箔押八間南蛮帽形兜鉢
（靖國神社遊就館蔵）
信長所用の伝承をもつ南蛮帽形兜鉢。鉢裏に「永禄九年七月吉日 明珍繁定・千本弥五郎」の銘がある。

「長篠合戦図屏風」部分
（犬山城白帝文庫蔵）
馬上の信長の前には南蛮帽形鉄兜をかかげた従者が描かれている。

「天下布武」朱印

「天下布武」印は、岐阜城攻略の永禄10（1567）年から使いはじめられ、文面は武力によって天下に号令する意志を示している。

木瓜桐文様緋羅紗陣羽織

（大阪城天守閣蔵）

信長が秀吉に与えたといわれる陣羽織。

フォペルの地球儀

（天理図書館蔵）

地球儀はドイツのフォペルが1539年に製作したもの。直径28cmの地球儀。信長は、宣教師から地球儀を使って「地球が丸い」ことの説明を受け、そのことを理解したと伝わる。

戦国大名

三好長慶

【畿内】みよし　ながよし

生 大永2（1522）年
没 永禄7（1564）年

複雑怪奇な政局を乗り切り三好政権を樹立

三好長慶
（東京大学史料編纂所蔵）

阿波の豪族から細川氏の家宰へ

三好氏は遠く清和源氏小笠原氏が阿波三好郡に住して三好氏を名乗ったことに始まるとされる。その後細川《ほそかわ》氏が阿波守護に任じられると、その重臣となり、支配地を巡って軋轢《あつれき》は生じたものの、力を蓄えていった。

応仁の乱では東軍細川勢として畿内に進出して戦い、戦後の細川氏の家督争いでは長慶の曾祖父之長《ゆきなが》が細川澄元《すみもと》を擁してこれを制したため、家宰として、また摂津守護代として大きな権力を得た。だが、やがて澄元と対立する細川高国《たかくに》が巻き返しを図って澄元を追放、之長も敗れて刑死する。

その跡を継いだのが之長の孫で長慶の父元長《もとなが》で、享禄4（1531）年、澄元の子晴元《はるもと》を擁して挙兵し、高国を破る。しかし、ほどなく細川政権内の内訌《ないこう》もあって晴元との間に齟齬《そご》が生じ始め、翌年、元長の従兄弟政長《まさなが》と結んだ晴元によって仕掛けられた一向一揆に攻められ、堺の寺院内で壮絶な自刃を遂げた。

このとき、長慶は阿波に渡って難を逃れ、天文3（1534）年、晴元と和解して家督を継いだ。その翌年本願寺と晴元間に抗争が起きるが、これを仲介、和睦させている。以後、晴元に仕え、同8年、領地問題をめぐって、晴元に反旗《はんき》を翻《ひるがえ》すがほどなく和睦。摂津半国の守護代となり、越水城《こしみずじょう》を与えられた。

細川政権に成り代わるが

長慶は形の上では晴元の臣下であったが、その後、河内の木沢長政《きざわながまさ》、和泉の細川氏綱《うじつな》、河内守護代遊佐長教《ゆさながのり》を打ち破り、独自の地位を確固たるものにしていった。

天文17年には、かつて晴元と謀って父を自刃に追い込んだ叔父政長討伐を画策して、それまでの敵遊佐長教、細川氏綱、畠山高政と結び、翌年の江口《えぐち》の戦いで晴元・政長軍を破って政長を敗死させる。こうして晴元を近江へ追い、晴元からの独立を現実のものとした。長慶は晴元に代えて、氏綱を管領に据えて入京し、それまでの細川政権を葬り去った。

同19年、足利義輝が晴元と結んで再挙兵すると、これを撃退。2年後、六角義賢《ろっかくよしかた》の仲介で和睦が成立して義輝は再び入京する。だが翌年にはまたも決裂し、霊《りょう》山城《ぜんじょう》の戦いで義輝・晴元軍を破って再び近江へ追放した。

この後、幕府の実権は長慶に集中、摂津芥川山城《あくたがわやまじょう》を本拠にして絶対的権力をふるった。こうして山城、摂津、河内、大和、

芥川山城主郭周辺
（高槻市教育委員会提供）
芥川を見下ろす天険の要害とした山城に、三好長慶が城主となり、永禄3（1560）年までの約7年間在城した。

三好長慶 略歴

大永2年	1522	三好元長を父として出生。
天文元年	1532	父が堺で細川晴元・三好政長らに謀られて自刃。
天文3年	1534	晴元と和解。家督を継ぐ。
天文4年	1535	本願寺と晴元間の抗争を和睦させる。
天文8年	1539	晴元に反旗を翻すが和睦、摂津半国の守護代となる。
天文12年	1543	晴元の命で細川氏綱を攻める。
天文17年	1548	父を謀殺した晴元・政長討伐を企てる。
天文18年	1549	江口の戦いで晴元・政長軍を破り政長を敗死させる。
天文19年	1550	足利義輝・細川晴元を攻め、2年後和解。
天文22年	1553	霊山城の戦いで義輝・晴元軍を破って再び近江へ追放。
永禄元年	1558	入京をはかる義輝と和議を結び、幕府の相伴衆に上る。
永禄5年	1562	久米田の戦いで反三好勢に敗れ、弟実休が戦死。教興寺の戦いでは畠山勢に打ち勝つ。
永禄6年	1563	長子義興が不審死。
永禄7年	1564	松永久秀の讒言によって実弟安宅冬康を殺害。7月、飯森山城で病没。

「上杉本洛中洛外図屏風」
（上杉博物館蔵）
三好長慶が相伴衆として活躍した京都の足利御所。長慶の相伴衆は、管領の役職を代行した、幕府の実権を握る要職であった。

丹波、和泉、淡路、阿波、讃岐、播磨、伊予（一部）が三好一族の治める版図となった。三好政権の誕生である。

こんな長慶の絶頂期であった永禄元（1558）年、またもや義輝が六角義賢とともに入京をはかる。これに対する長慶は、なんと義輝と和議を結び、義輝は入京、長慶は幕府の相伴衆《しょうばんしゅう》に上る。このあたりまでが三好氏を代表する長慶の真骨頂である。しかし、「許した」はずの義輝の「反三好」の策動は絶えなかった。同5年には久米田《くめだ》の戦いで実弟の実休《じっきゅう》を失って敗れるなど、その政権維持に翳《かげ》りが見え始める。

松永久秀の台頭を座視

この頃、つまり、将軍義輝と和議を結んで幕権の実権を握ったころから、三好家に接近して近侍、家宰にのぼり詰めた松永久秀《まつながひさひで》が実権を握り始め、永禄6年には長子義興《よしおき》が不審死する。久秀に毒を盛られたともいう。この後長慶は、政務に志を失い、翌年、久秀の讒言《ざんげん》によって実弟安宅冬康《あたぎふゆやす》まで殺害する。こうして松永久秀に実権を剥奪《はくだつ》されたまま同年7月病没。この死は3年の間秘されたという。

（服部　崇）

戦国大名

六角義賢（承禎）

【近江】ろっかく　よしかた（じょうてい）

生　大永元（1521）年
没　慶長3（1598）年

織田信長を敵に回した江南の王

六角義賢
（東京大学史料編纂所蔵）

宿敵三好氏との抗争

六角氏は遠く近江源氏の嫡流、佐々木氏を始祖とし、鎌倉時代京六角堂に居を構えたことから六角氏としたという。

応仁の乱後、南近江の守護となり、次第に力を蓄えて戦国大名へと変身を遂げ、六角定頼《さだより》の時代に最盛期を迎える。その嫡男が義賢で、蒲生《がもう》郡観音寺《かんのんじ》城に拠って父とともに領国を経営、南近江に勢力を保った。

義賢は、足利幕府内で大きな権力をふるう管領細川晴元《ほそかわはるもと》に加担、細川家重臣でありながら、将軍足利義晴《よしはる》、義輝《よしてる》を擁して細川晴元に背く三好長慶《みよしながよし》らの一派と敵対し、度々京へ兵を向け中央の政局に関与した。また、これも長年にわたる宿敵北近江の浅井《あざい》氏とも度重なる抗争と和睦を繰り返した。

こうして、父定頼とともに六角氏の最盛期を現出させつつあった義賢だが、天文21（1552）年になると定頼が没し家督を継いだ。だが5年後の弘治3（1557）年、家督を嫡男義弼《よしすけ》（義《よし》治《はる》）に継がせて出家の形をとり、承禎と号した。実権はその後も承禎が掌握したまま浅井氏と、また京方面で再三にわたる抗争を繰り返した。

永禄元（1558）年には三好長慶に京を追われて義賢を頼った足利義輝を擁《よう》して京に出兵し、三好長慶と戦う（北白《きたしら》川《かわ》の戦い）。だが、ほどなく和睦して、義輝を京に戻した。この後、同2年、浅井方の近江肥田《ひだ》城《じょう》攻めに失敗、同3年には近江野良田《のらだ》の戦いで浅井勢に大敗。

「観音寺騒動」からの没落

永禄6年に至って、その後の六角家の命運を左右する大きなお家騒動が生起する。のちに「観音寺騒動」と呼ばれるこの騒動は、義弼が代々六角家の重臣として重きをなす後藤《ごとう》家の後藤賢豊《かたとよ》父子を故なく殺害したことに端を発する。義弼が賢豊の政治力を恐れ、忠誠を疑ったことからとも言われるが真相は知り得ない。この事件により、六角家周辺の国人衆、家臣たちはことごとく離反していき、一種のクーデター状況に陥り、六角父子は一時城を追われるほどだった。

ほどなく六角家重臣であった蒲生定《さだ》秀《ひで》・賢秀《かたひで》父子の仲立ちで復帰を果たすが、同10年、領主の専横《せんおう》を大きく制約する、当時は他に類を見ない極めて特異な分国法「六角氏式目」を有力家臣が作成し、六角父子は家臣団からこれに連署を迫られ

足利義輝
（東京大学史料編纂所蔵）
義輝は11歳で13代将軍に就任。弟に義昭がいる。

六角義賢 略歴

大永元年	1521	六角定頼を父として出生。
天文21年	1552	定頼が没し家督を継ぐ。
弘治3年	1557	家督を嫡男義弼（義治）に継がせる。
永禄元年	1558	足利義輝を擁して、三好長慶と戦う。
永禄2年	1559	浅井方の近江肥田城を攻めるが失敗。
永禄3年	1560	近江野良田の戦いで浅井長政に大敗する。
永禄6年	1563	「観音寺騒動」で一時城を追われる。
永禄10年	1567	分国法「六角氏式目」に家臣団から連署を迫られる。
永禄11年	1568	足利義昭を奉じて上洛する織田信長の協力要請を蹴って、三好三人衆らと結んで抗戦するが敗れ、甲賀に逃れる。
慶長3年	1598	3月14日、京宇治田原で没する。

観音寺城跡
（滋賀県安土城郭調査研究所提供）
近江八幡市。比高320mの繖山山頂付近にある六角氏の本拠城。全山に多数の石垣が使用された巨大城郭であった。

た。これによって、当主の義弼は弟の義《よし》定《さだ》に家督を譲らざるを得なかった。

以後、六角氏の権威は大きく揺らぎはじめ、統制を失った六角氏の軍勢は、このころ北近江で勢力を伸ばして来た浅井氏に比して、戦力を大きく落とすことになった。

織田信長の協力要請を拒否

永禄11年、織田信長は、足利義昭《よしあき》を奉じて上洛する。南近江に経路をとったため、その途中の六角氏の観音寺城に、あらかじめ協力を要請して近江に進んだ。だが義賢父子はこの協力要請を拒絶して三好三人衆らと結んで徹底抗戦を試みる。しかし、大軍を擁する織田軍に対する劣勢はやがて明らかなものとなり、父子ともども観音寺城を捨て、義賢は甲賀に逃れ、義弼は甲斐に武田氏を頼る。

以後、三好三人衆や浅井氏と結んで散発的な抗戦を試みるが功を奏さず、近江の名門六角氏は凋落《ちょうらく》して滅亡の道を辿らざるを得なかった。

義賢は放浪の末、京の宇治田原《うじたわら》に至り、慶長3（1598）年3月14日、失意のうちに没したという。

（服部　崇）

戦国大名

松永久秀

【大和】 まつなが　ひさひで

生　永正5（1508）年
没　天正5（1577）年

戦国一の大「ヒール」

松永久秀
（『絵本石山軍記』）

三好一族に取り入る

官職名の松永弾正《だんじょう》で知られる。下克上の典型、乱世の梟雄《きょうゆう》といわれる武将だが、その出自ははっきりしていない。山城西岡《にしおか》の商人の出、あるいは四国の出身など諸説あるが確定的なものはない。はっきりしてくるのは、管領細川晴元《はるもと》の執事であった三好長慶《ながよし》に仕えはじめた天文11（1542）年ころからで、こののち長慶は主の細川晴元、将軍足利義晴《よしはる》を京から追い、足利義輝《よしてる》を将軍に据えて実権を握っていく。久秀はこの一連の動きに際して功があり、やがて家宰的な存在として頭角を現わしてくる。

こうして三好氏の中核に食い込んで力を蓄えた久秀は、永禄2（1559）年、大和に入って信貴山城《しぎさんじょう》、多聞山城《たもんやまじょう》を築き、これを拠点に大和の平定を試み、北大和方面に勢力を保った。やがて長慶嫡男の義興《よしおき》を毒殺（異説あり）、同7年には安《あ》宅冬康《たぎふゆやす》を讒《ざん》して長慶に誅殺させるなどして、統治意欲を失った長慶に取って代わって、大きな力を持つに至る。さらに長慶が失意のうちに没した後の同8年5月、三好三人衆（三好長逸《ながやす》・三好宗渭《そうい》・岩成《いわなり》友通《ともみち》）とともに、将軍足利義輝を弑逆《しぎゃく》し、一時は畿内の掌握に成功する。だが、間もなく三人衆は長慶の後継者として長慶養嗣子の義継《よしつぐ》を押し立て、久秀と三人衆の対立は露わなものとなっていった。次いで三人衆は筒井《つつい》順慶《じゅんけい》と同盟を結ぶ。他方、同10年、久秀は三人衆から義継を離反させ、これを擁立するなど、双方の確執は深まるばかりとなった。

東大寺大仏殿を炎上させる

以後、久秀と三人衆・筒井勢力との抗争は絶え間なく続き、久秀は多聞山城に拠って徹底抗戦を構えた。そして同10年、三人衆が奈良に出陣してくると、その陣の置かれた東大寺を急襲して放火、これによって、大仏は毀損《きそん》され、大仏殿は炎上して灰燼《かいじん》に帰す。だが、この東大寺襲撃は三人衆への決定打とはならず、三人衆の勢力を削ぐことにはならなかった。ちなみに、この後、大仏が修復されるのは124年後の元禄4（1691）年、大仏殿が再建されたのは、さらに、その18年後のことになる。

信長への接近と二度の謀反

その後も変わらず三人衆との相克が続くが、この状況の打開を求めて織田信長らの有力武将との接近をはかる。永禄11

東大寺（放送大学附属図書館蔵）
永禄10（1567）年、三好・松永の戦いの兵火により、大仏殿を含む東大寺の主要堂塔は焼失した。

松永久秀 略歴

永正５年	1508	このころ出生か。
天文11年	1542	このころから三好長慶に仕える。
永禄２年	1559	大和に入って、信貴山城、多聞城を築く。
永禄７年	1564	安宅冬康を讒して長慶に誅殺させる。
永禄８年	1565	三好三人衆とともに、将軍足利義輝を弑逆。畿内を掌握する。
永禄10年	1567	三人衆と対立し、三人衆から長慶養嗣子義継を離反させ擁立。三人衆の陣の置かれた東大寺を急襲して放火。
永禄11年	1568	信長臣下に入り、「付藻茄子」を献上。
天正元年	1573	武田信玄の西上を知り、信長に反旗を翻す。信玄の死で降伏。多聞城を没収されることで許される。
天正５年	1577	本願寺攻めの陣を突如撤収して信貴山城に籠城。織田信長の大軍に信貴山城を包囲されて籠城。天守に火をかけ、「平蜘蛛」をたたき割って自刃。

信貴山城跡
（平群町教育委員会提供）
比高340mの信貴山に築いた松永氏の山城。信貴山は大和と河内を結ぶ要衝の地であった。

年9月、信長が足利義昭《よしあき》を奉じて上洛して第15代将軍に据えると、いち早くその臣下に入り、名茶器「付藻《つくも》茄子《なす》」（茶入）を献上して臣従を誓った。以後は信長傘下で山城守に補任され、朝倉義景《よしかげ》攻めなどに加わった。だが天正元（1573）年、武田信玄の西上を知ると、突如として信長に反旗を翻《ひるがえ》す。既に信長と絶縁した義昭を押し立てて信長包囲網を画策するが、信玄の死で頓挫。この謀反は同年に降伏して多聞山城を没収されることでいったんは許された。

この後石山本願寺攻めなどに参陣するが、天正5年になると突如本願寺攻めの陣を撤収して信貴山城に籠城し、またも信長に背く。

信長嫡男信忠《のぶただ》を総大将とした大軍が信貴山城を包囲。猛攻を受け、落城寸前の城内に籠る久秀に、所蔵の名物茶釜「平《ひら》蜘蛛《ぐも》」を差し出すことを条件に、助命と降伏勧告がなされたが久秀はこれを拒否。天守に火をかけ、「平蜘蛛」をたたき割って自刃した。一説には、「平蜘蛛」と自らを鎖で結び、大量の爆薬で「平蜘蛛」もろとも爆死したともいう。その子久通《ひさみち》は京の六条河原で処刑された。（服部　崇）

戦国大名

九鬼《くき》嘉隆《よしたか》

【志摩】

九鬼水軍を率いた最後の「海賊」武将

生 天文11（1542）年
没 慶長5（1600）年

九鬼嘉隆（東京大学史料編纂所蔵）

熊野水軍に発する血筋

織田信長、豊臣秀吉の傘下にあって九鬼水軍を率い、数々の戦の勝利に貢献した異能の将である。

九鬼氏の出自は熊野水軍に発するといわれ、代々紀伊牟婁郡九鬼浦に根拠を置いたため九鬼氏と称したという。

貞治年間（１３６２～６８）頃になると、紀州から志摩の地に進出。古くから海の難所として知られる志摩半島の東南端、大王崎《だいおうざき》の一端に位置する波切の地に波切城《なきりじょう》を築いて根拠地とした。

さらに室町時代になると、九鬼嘉隆の祖父、九鬼泰隆《やすたか》が伊勢国司北畠氏の配下となり、岩倉《いわくら》（現鳥羽市）に田城城《たしろじょう》を築くことを許され、新たな居城とした。

泰隆の子定隆《さだたか》は家督を継ぐと、その2男である嘉隆を分家して旧領の波切城に入れ、田城城は惣領家を継いだ嫡男浄隆《きよたか》が守った。

周辺土豪との戦い

このころ志摩の地は九鬼氏を含んで「志摩地頭十三人衆」と呼ばれる豪族が割拠する地でもあった。永禄3（１５６０）年、九鬼一族の勢力拡大をおそれる一揆が組織され、九鬼氏追い落としのため田城城を襲撃する。この戦いの中で浄隆が病没して子の澄隆《すみたか》が相続すると、嘉隆は澄隆を助けて戦いを継続するが、戦況が悪化して城を脱出。この後奮戦の末、城を回復している。

永禄12年になると、田城城脱出時に面識を得たと思われる織田信長臣下の滝川《たきがわ》一益《かずます》を通じて信長に臣従、信長が伊勢に侵攻し、国司北畠氏を大河内城《おかわちじょう》に攻めた戦いにも水軍を率いて参加する。北畠氏の居城を落とし、さらに周辺の土豪をも攻略、実質的に志摩一帯を九鬼氏の支配下に置いた。

以後も「九鬼水軍」として織田軍の一翼を担い、天正２（１５７４）年の伊勢長島一向一揆鎮圧戦、同6年の石山本願寺攻め・木津川口《きづがわぐち》の戦いなどにその存在を示していく。この石山本願寺攻めでは「鉄甲船」と呼ばれる大型装甲軍船7隻（うち6隻が九鬼嘉隆建造、一隻が滝川一益建造）を用いている。これは信長の命で建造され、幅7間（約13メートル）、長さ12間（約22メートル）の巨大な船で、鉄の装甲が施されていたという。強力な村上水軍を擁した毛利・本願寺勢だったが、この「鉄甲船」によって一蹴されてしまう。

鳥羽城跡
文禄3(1594)年に九鬼嘉隆が築城。以後九鬼水軍の本拠地となった。

九鬼嘉隆 略歴

天文11年	1542	九鬼定隆を父として紀伊国九鬼に出生。
永禄3年	1560	田城城が一揆勢に襲撃され、甥の澄隆を助けて奮戦するが落城。その後、奮戦の末、城を回復。
永禄12年	1569	信長臣下となり、信長の各戦に従軍。この頃志摩一帯を支配下に置く。
天正2年	1574	水軍を率いて、伊勢長島一向一揆鎮圧戦に参加、戦果を挙げる。以後、石山本願寺攻めでの木津川口の戦いなどに存在を示す。
天正6年	1578	信長から鉄甲船6隻の建造を命じられる。
文禄元年	1592	文禄の役に参陣。渡海して国内連合水軍を指揮。奮戦するが名将李舜臣に敗れる。
慶長2年	1597	子の守隆に家督を継がせ、隠居。
慶長5年	1600	関ヶ原の戦いでは、父子が東西に分かれる。西軍敗戦後、鳥羽湾答志島に渡り、10月12日答志島で自刃。

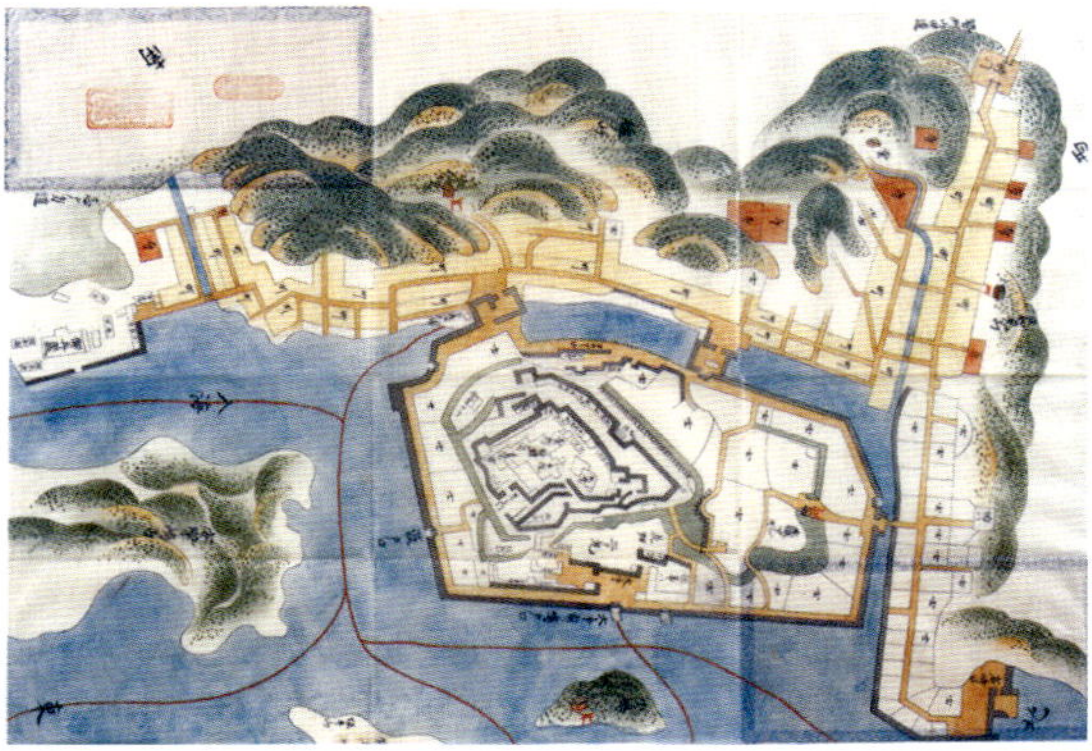

「鳥羽城図 諸国当城之図」
大手門が海側に突出して築かれ、この大手波戸水門が出入り口となっていた。鳥羽湾を眼下に一望でき、その姿は「浮城」「水城」と呼ばれた。

この一戦で水軍の将として名を高めた嘉隆は、志摩、伊勢2国、3万5千石を領し、その後鳥羽城《とばじょう》を築いた。

秀吉の時代に入っても「九鬼水軍」を率いて各所に戦い、文禄の役では渡海して、国内の有力水軍を糾合した連合水軍を指揮して奮戦する。しかし李氏朝鮮の名将李舜臣《りしゅんしん》の海を知り尽くした緻密な作戦と「亀甲船《きっこうせん》」と呼ばれる軍船に太刀打ちできず、散々な結果に終わった。

関ヶ原の戦いでは父子が東西に

慶長5(1600)年、関ヶ原の戦いでは、嫡子守隆《もりたか》は東軍に、嘉隆は西軍に属して、表面的には骨肉相食む形となった。嘉隆は既に守隆に譲っていた鳥羽城を奪取して父子の戦いとなるが、西軍敗戦の報を受けると、嘉隆は鳥羽湾内の答志島《とうしじま》に渡り、和具《わぐ》の洞仙庵《とうせんあん》に籠って、10月12日自刃する。守隆は家康に助命を嘆願。これが容れられ赦免状が裁可されたが、嘉隆が絶命したのは到着直前のことだったという。

首級が伏見に送られて首実検が行なわれたため、答志島には、胴体のみを葬った胴塚と、首実検後に戻った首級を葬った首塚が残されている。

（服部　崇）

長宗我部元親【土佐】

ちょうそかべ　もとちか

◉生　天文8（1539）年　◉没　慶長4（1599）年

平井上総（花園大学准教授）

土台を築いた国親

長宗我部家は、土佐国の国人領主の一人として出発し、元親の代に土佐一国を支配して、やがて四国全体に勢力を広げた。その後は豊臣秀吉に敗れて土佐一国の国主となり、盛親《もりちか》の代に関ヶ原の戦いによって国を失ったため、大名としては生き残れなかった。ただ、この家が戦国時代の四国を代表する大名であることに異論はないであろう。

長宗我部家の確実な足跡としては、後醍醐《ごだいご》天皇の建武政権が始まる時期である元弘3（1333）年、長宗我部新左衛門（信能《のぶよし》）が足利尊氏の命令を受けている。その後、土佐国の守護をつとめた細川京兆《ほそかわけいちょう》家の家臣として寺奉行を勤めていた。

応仁・文明の乱の際は、長宗我部信濃守（文兼《ふみかね》）が東軍の細川勝元《かつもと》に属し、土佐国内で軍事行動をしていた。その後、戦国時代に入ると、細川京兆家が分裂して畿内で争うようになり、その余波を受けて土佐国内の細川家臣の間でも対立が生じていく。長宗我部兼序《かねつぐ》（元秀《もとひで》とも）は敵対する大平家や本山《もとやま》家によって攻められ、居城岡豊《おこう》城の落城とともに死亡した。これによって、長宗我部家はいったん滅亡する。この事件は、永正6（1509）年頃の出来事とされてきたが、国親《くにちか》の年齢（永禄3〈1560〉年に

長宗我部元親（東京大学史料編纂所蔵）

46歳で死亡）からみて、大永元（1521）年頃とみたほうがよさそうである。

兼序の子千王丸（のちの国親）は、岡豊城落城の際に脱出し、土佐一条《いちじょう》家によって保護されたという。一条家は朝廷に仕える最上級の公家である摂関家のひとつであるが、応仁・文明の乱の際に一条教房《のりふさ》が土佐国幡多荘《はたのしょう》に疎開し、その子孫が土佐一条家として定着していた。戦国時代になると他の国人を攻撃し配下に入れるなど、ただの公家ではない、土佐国内でも有力な領主となった。のちに国親は、一条家の口利きで大平・吉良《きら》・本山家と和解し、岡豊城に戻ることができたとされている。

その後国親は、近隣の土豪を配下に入れたり、国分寺の金堂を息子元親と連名で再建したりすることで、土佐中央部で随一の勢力となっていた本山家と対抗できるほどに長宗我部家の勢力を回復させた。国親が行なっていた一条家との関係、武士の取り立てによる戦力の強化、寺社再興による正統性のアピールという戦略は、子の元親も引き継いでいく。

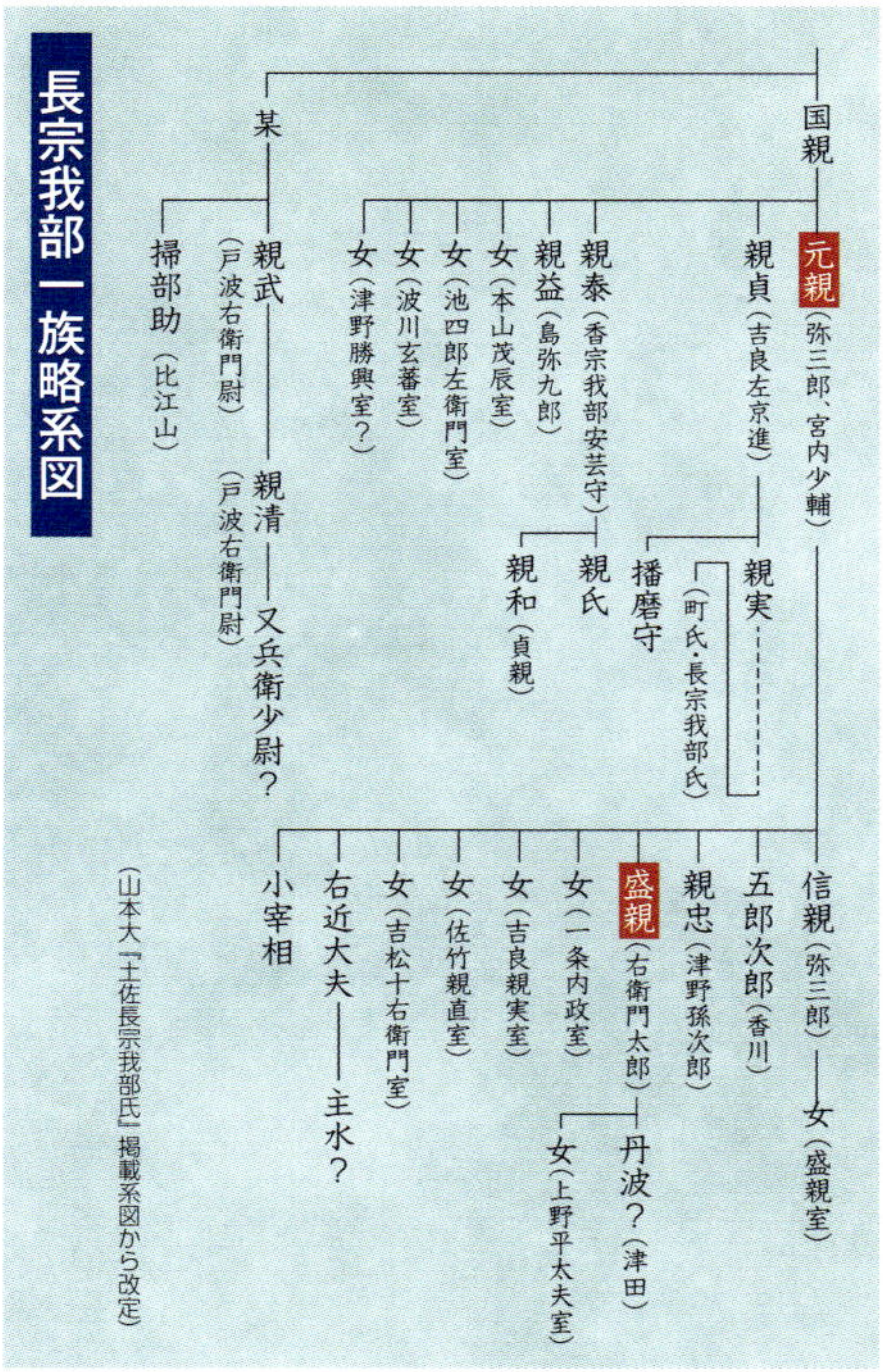

（山本大『土佐長宗我部氏』掲載系図から改定）

元親の土佐統一

永禄3（1560）年、国親は本山茂辰《しげとき》との長浜の戦いで勝利した直後に病死し、子の元親が長宗我部家を継いだ。この戦いで元親は初陣ながら自ら突撃して勝利を招き、また撤退する敵の様子をよく見抜いて潮江城《うしおえじょう》を手に入れる活躍をしたという。

当主となった元親は、本山茂辰を土佐国の中央部から追い落とし、さらに数年後には本山家を服属させた。この戦いでは一条兼定《かねさだ》と連携して本山家を挟撃《きょうげき》したが、一方で、一条家が行なう伊予方面への戦争に出兵を依頼されるなど、配慮を余儀なくなされたのも事実である。だが、本山家服属後、安芸国虎《あきくにとら》と戦っ

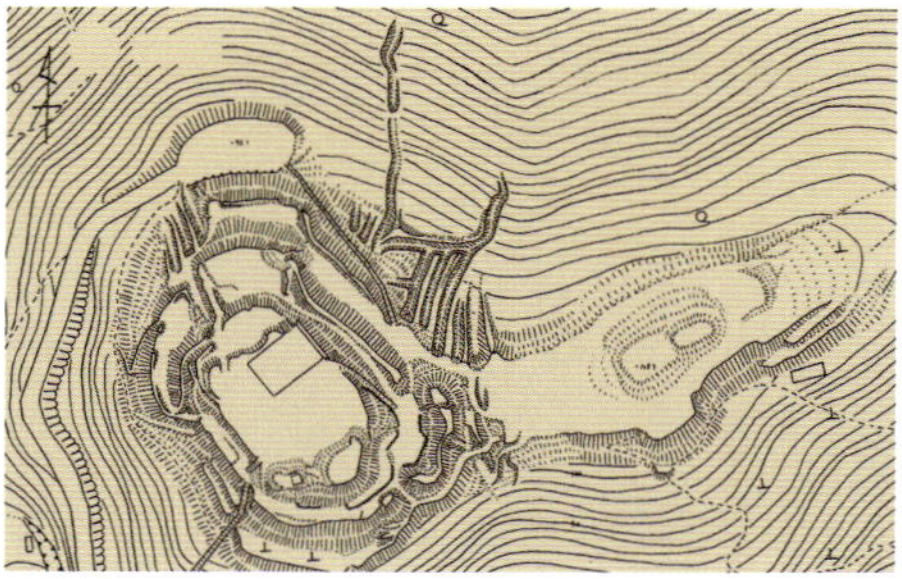

潮江城縄張図（大久保健司作図・中世城郭研究会）
約100mほどの山城で、城は長宗我部氏の支配に入った時に大きく改修されている。

戸ノ本古戦場跡（高知市）
永禄3（1560）年５月、元親が初陣を飾った場所。

長浜城（高知市）
比高50mの城。元親は永禄３（1560）年、本山氏の守る長浜において本山軍と戦い、自ら槍を持って奮戦。続く潮江城の戦いでも勝利した。

て滅ぼしたことで、元親は一条兼定と戦うことになった。どうも安芸家と土佐一条家は縁戚関係にあったらしい。結果として、元親は図らずも一条家の圧力から脱することになったのである。

この時期に元親は、土佐国の一宮である土佐神社の本殿を数年かけて再建している。父国親が国分寺金堂を再建したのと同様に、国内の重要な寺社を再建することで、世間に長宗我部家の正統性や力をアピールしたのであった。そして、この再建事業に、支配地域の武士たちを多数動員していることも重要である。領地を急拡大させつつあった元親の下には、父やそれ以前から仕えてきた譜代の家臣の他に、新たに加わった者も多くいた。そうした者を土佐神社造営という公的事業に動員することで、家臣団の一員として編成していったのである。

また、同じ時期に元親は、吉良家に親貞《ちかさだ》、香宗我《こうそか》部《べ》家に親泰《ちかやす》と、弟たちを他家の養子にしている。吉良家は本山家に滅ぼされた家であり、それを復活させることで旧吉良家臣や旧吉良領を取り込むという側面があったのだろう。香宗我部家は国親の頃から同盟を結んでいた国人であるが、親泰が跡を継ぐことで、

土佐神社拝殿（高知市一宮）
国重要文化財。元亀元（1570）年、長宗我部元親により再建された。

完全に長宗我部家側に取り込まれていく。

このほか、一条兼定と対立したのちには、一条家配下であった高岡郡の国人津野《つの》勝興《かつおき》・佐竹《さたけ》義直《よしなお》を味方とし、津野家に3男親忠《ちかただ》を養子として入れ、佐竹家には義直の甥親直《ちかなお》に娘を嫁がせるなど、それぞれ縁戚関係を結んでいる。養子・婚姻政策は戦国大名の常套手段である。元親もその手法によって自派の勢力を増やし、支配範囲を広げたのであった。

さて、元親は津野家・佐竹家を自派に寝返らせ、一条兼定に圧迫を加えていく。すると、その圧迫と、兼定に対する年来の不信感から、一条家臣たちが兼定

金茶糸威二枚胴具足
（高知県立歴史民俗資料館蔵）
香宗我部親泰所用の甲冑と伝わる。親泰の兄は長宗我部家を継いだ元親。

を出家・隠居させ、その子一条内政《うちまさ》を当主とする事件が起きた。さらに家臣たちは、元親の娘を内政の妻とし、元親に内政の後見を頼んだのである。

この政変は、京都の一条家本家の一条内基《うちもと》が土佐国に下向して指揮しており、いわば本家による分家への介入であった。ただ、当時の情勢や政変の結果からみて、長宗我部家が絡んでいなかったとは思えない。おそらく元親が一条家臣と結びついて起こしたのだろう。

隠居させられた兼定は、家臣によって豊後国の大《おお》友宗麟《ともそうりん》のもとに送られた。なぜ九州まで追放されたかというと、兼定の妻が宗麟の娘だったからである。こうした状況に兼定が納得するはずもなく、宗麟の力を借りて土佐帰還の戦争を起こした。兼定には長宗我部家に従っていた旧一条家臣も多く味方したため、一時は幡多郡の多くが兼定側に席巻される状況となった。そこで元親は出陣し、渡川《わたりがわ》（四万十川《しまんとがわ》）で一条勢と戦って破った（渡川の戦い）。これにより、政変に不満を持つ一条家臣は一掃されたとみられる。また、一条内政を長岡郡大津に移して、幡多郡を長宗我部家の支配下に入れる処理も行なった。こうして元親は、一条家を屈服・解体させ、土佐国全体を支配したのである。

四国進出の体制

土佐国を統一した長宗我部元親は、四国のうち残る3か国（阿波・讃岐《さぬき》・伊予）へも進出した。基本戦略としては、やはり現地の国人を味方につけていく方針である。

元親は土佐国統一の途中から、2人の弟を西（吉良親貞）と東（香宗我部親泰）の軍代としていた。軍代は、担当方面の軍事・外交を担当する、元親の分身のような存在である。たとえば親泰が阿波国の国人日和佐《ひわさ》肥前《ひぜん》守に送った起請文や、親貞が瀬戸内の村上《むらかみ》水軍の1人村上吉継《よしつぐ》に送った外交のための書状の写などが今でも残っている。親貞が病死した後は、家老の久武親信《ひさたけちかのぶ》（親信戦死後はその弟の親直《ちかなお》）が西の軍代を継いだ。讃岐国では有力国人の香川信景《かがわのぶかげ》を味方につけて次男の五郎次郎《ごろうじろう》を養子として送り込んだが、この香川家も讃岐方面の軍代であったという（長宗我部一族の国吉甚左衛門《くによしじんざえもん》を讃岐軍代とする史料もある）。一族や家老を中心に各方面を攻略させるのが当時の元親の基本方針であった。

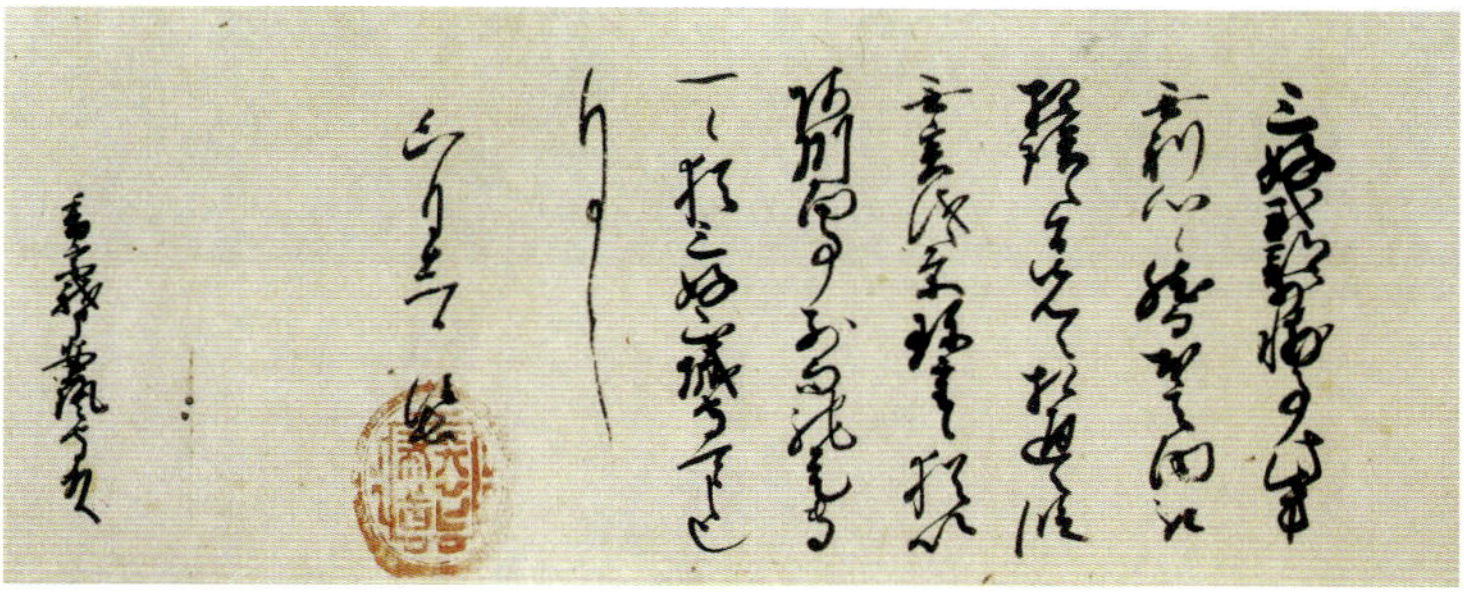

織田信長朱印状
（東京国立博物館）
信長から香宗我部親泰へ書かれた朱印状。

長宗我部元親初陣の像
（高知市・高知県提供）

長宗我部家臣というと、一領《いちりょう》具足《ぐそく》が有名である。普段は田を耕しながらいざ戦という時には槍を持って駆けつける在地武士であるという一般的理解のほか、屯田兵であるとか農民であるとか様々な言われ方をされているが、おそらく実態としては、身分が低く領地がかなり少ない、身一つで戦争に動員される在地武士であろうと思われる。こうした武士は他の大名家にも存在していたが、元親の場合は、この階層を特に多く編成して戦力とすることに特徴があった。こうした在地武士の大量取り立てが、長宗我部家が土佐から四国全域に進出できた理由の一つと言えるだろう。

なお、戦国時代には鉄砲が伝来し、戦場の主力兵器となったことがよく知られている。長宗我部家でも当然鉄砲を使用しており、毎月一度鉄砲揃いという訓練（あるいは閲兵式）をしていたという。「長宗我部家臣はみな鉄砲を持っており、射撃技術も優れているので、特定の者だけが鉄砲の者というわけではない」と元親が語ったと記す史料もある。自国内でも生産していたほか、土佐は太平洋に面し、南海路を通じて堺や薩摩国とも交流があったから、他国からも買い求めて鉄砲を多数持っていたのであろう。長宗我部勢の

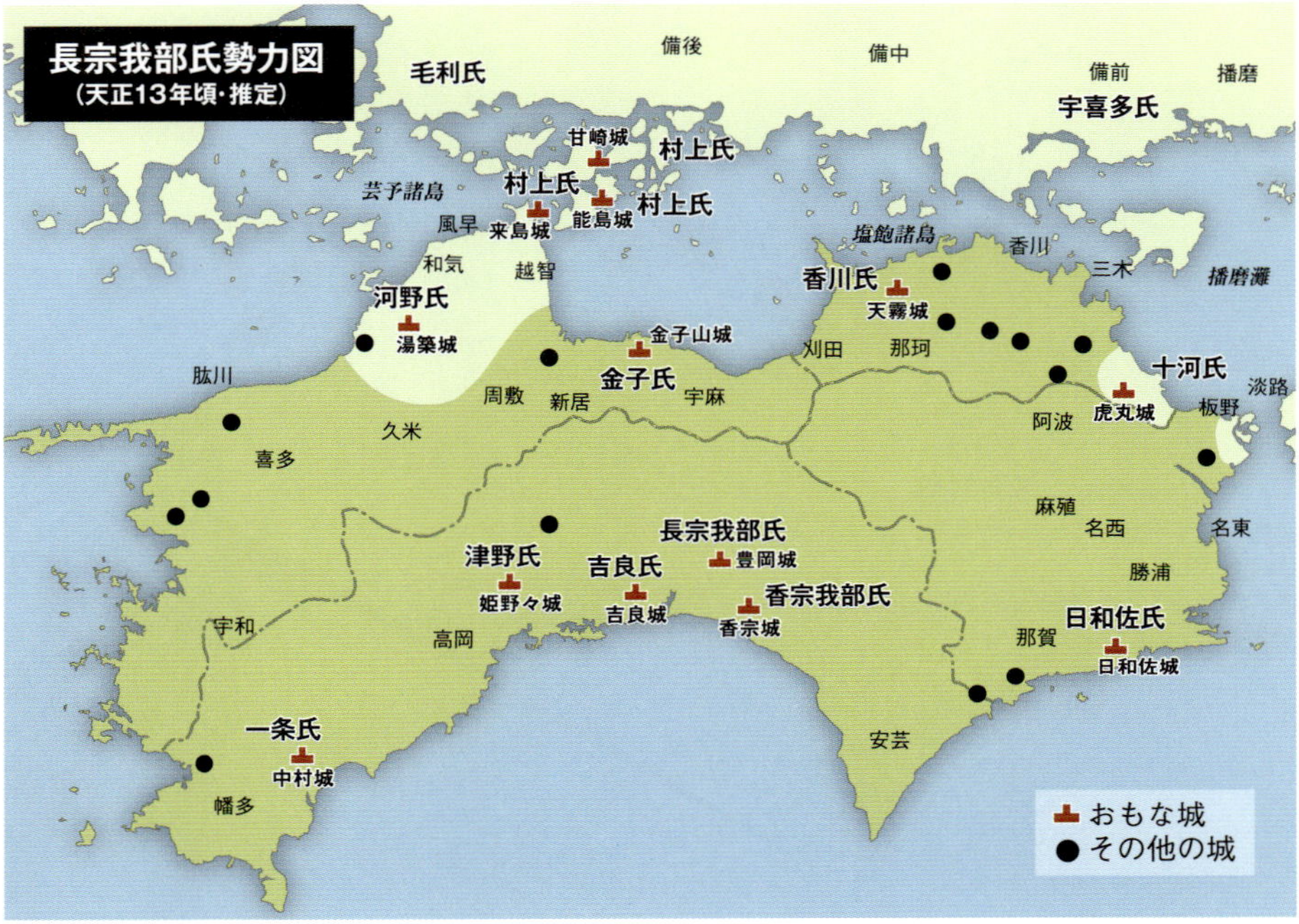

鉄砲は、のちに豊臣秀吉の命令で九州に出陣した際に、他の大名から頼りにされるほどであった。

戦国大名は、戦争で活躍した家臣に、知行地として田畠を与える。そのためには、指出《さしだし》や検地によって土地の情報を把握しておくことが重要であった。元親もまた、土佐国内のほか、阿波や讃岐などの他国でも検地を実施している。戦国時代の四国で積極的な検地実施の形跡がみられるのは長宗我部家だけであり、それが四国随一の勢力へと躍進できた理由の一つだったと言えるだろう。

織田信長・豊臣秀吉との関係

長宗我部元親は他国に進出する中で、織田信長の政権と提携している。元親の妻の義兄石谷頼辰《いしがいよりとき》は明智光秀の家臣斎藤利三《さいとうとしみつ》と実の兄弟であり、その縁で元親は信長と結びついていた。天正6（1578）年には信長の「信」という字をもらって長男弥三郎を「信親《のぶちか》」と名乗らせており、その後の外交文書などで元親側が丁重な言葉遣いをしていることなどからみて、どうも元親と信長の提携は対等ではなく上下関係があったとみられる。元親は、四国における織田政権派の大名の代表格を自認することで、四国内の他の領主たちとの関係を取り結ぼうとしていたように思われる。こうした外交政策も、長宗我部家の四国進出に優位に働いていただろう。

だが、信長との関係は途中から悪化する。伊予方面では同じ織田政権派であるはずの西園寺家と戦い、信長の奉行が西園寺側を支持するという事態が生じているし、織田政権と本願寺の和睦の余波で大坂からの浪人が阿波国勝瑞城《しょうずいじょう》に籠もり、元親の阿波国攻略が難航するという状況も訪れ、元親は信長への疑問を持ち始めた。両者の関係は、信長が元親から阿波国などを取り上げようとしたことで決定的に悪化する。四国攻略をめぐって両者の方針にすれ違いがあった上に、どうも信長に対して讒言《ざんげん》する者がいたらしい。

元親はこの命令を拒否しようとしたが、明智光秀や斎藤利三が懸命に説得し、さらに四国攻撃軍が編成されたことで、方針を転換し恭順しようとした。ところが、恭順の書状を書いた11日後、光秀が信長を殺害する本能寺の変が起こったことで、はからずも元親は窮地を脱する。斎藤利三が長宗我部家を救うために光秀に謀反《むほん》を急がせたと記す史料もあるが、実態は謎である。

その後の織田政権では、明智光秀を討った羽柴秀吉（豊臣秀吉）が大きな存在感を示すようになる。元親は賤ヶ岳の戦いでは柴田勝家・織田信孝《のぶたか》、小牧・長久手の戦いでは徳川家康・織田信雄《のぶかつ》といったように、秀吉と対抗する勢力と結びながら、四国統一寸前まで領地を拡大した。その過程で元親は、伊予国の長宗我部派の国人を支援するため、同国守護の河《こう》野通直《のみちなお》を攻撃する。ところがこれがきっかけとなり、中国地方の毛利輝元（通直にとって母の従兄弟であり、妻の叔父でもある）との対立を招いてしまう。

家康・信雄と秀吉の和睦によって長宗我部家は孤立したため、小牧・長久手の戦い後に元親は秀吉に人質を出して降伏しようとする。だが、伊予国領有を主張する毛利家側の主張を受け入れた秀吉が人質を返還した上で四国に出兵し、元親はその大軍に抗せず1か月ほどで降伏する。結局長宗我部家は、四国の統一を目前にしながらも、土佐一国のみの大名として存続を許されたのであった。

伝長宗我部元親の墓（高知市）
慶長４（1599）年５月、伏見の邸で死去した。

伝長宗我部信親の墓（高知市）
天正14（1586）年、戸次川の合戦で討死した信親の墓という。

紅糸威二枚胴具足
（高知市・雪蹊寺蔵）
胴中央に日輪を置いた長宗我部信親所用と伝わる甲冑。知勇兼備の勇将として知られた信親は、味方の敗走を助けるために島津軍の猛攻を一手に引き受け奮戦、戦死した。

長宗我部元親 略歴

天文８年	1539	土佐国岡豊城主、長宗我部国親の長男として誕生。母本山氏。
永禄３年	1560	長浜の戦いで初陣。父、国親の死により、家督を相続する。
永禄６年	1563	美濃国の斎藤利三の娘と結婚。朝倉城を攻略。
永禄12年	1569	安芸城を包囲し安芸家を滅亡させる。一条家から蓮池城を攻略。
天正２年	1574	土佐国中村の一条兼定を、大友宗麟の豊後国へ追放。
天正３年	1575	一条兼定に勝利し、土佐国一国を平定。
天正10年	1582	信長から讃岐国・阿波国を要求されるが断る。中富川の戦で、十河存保に勝利し、阿波国を配下に。
天正11年	1583	引田の戦で十河存保の援軍、仙石秀久に勝利。
天正13年	1585	伊予国も攻略し四国全土をほぼ支配下に。豊臣秀吉の四国攻めに敗北し降伏、土佐国一国だけを安堵される。
天正14年	1586	秀吉の九州攻めに従軍。戸次川の戦で嫡子信親が戦死。
天正18年	1590	秀吉の小田原城攻めに、水軍を率いて従軍。
文禄元年	1592	２度に渡る朝鮮への侵攻(文禄の役・慶長の役)に参陣。
慶長４年	1599	伏見で病死。

長宗我部元親初陣の像
(高知市)
突盔形兜を身に着けた初陣の像。

十二間黒漆塗
突盔形筋兜
(高知市・土佐神社蔵)
伝長宗我部元親所用の兜。元親初陣の兜として土佐一宮に奉納されたものと伝えられる。

毛利元就【安芸】

もうり　もとなり

◉生　明応6（1497）年　◉没　元亀2（1571）年

秋山伸隆（県立広島大学名誉教授）

戦国時代の列島各地には数多くの戦国大名が誕生したが、1世紀にわたる戦乱を経て近世大名として生き残った家はそれほど多くはない。安芸国の国人領主から身を起こして一代で中国地方の覇者となった毛利元就は、どのようにして毛利家を存続させたのだろうか。ここでは、後継者の育成と後継者に残す「遺産」の形成という二つの視点から検討する。

このような考察を可能にするのは、質量ともに一級の毛利氏関係の古文書である。江戸時代に萩藩が藩中諸家の古文書の写を収録した「閥閲録」（山口県文書館編『萩藩閥閲録』）だけでも1万3千通を越えており、そのうち毛利氏関係文書はおそらく1万通を下らないだろう。戦国大名の家分けで刊行されている『戦国遺文』（東京堂出版）で比較すると、後北条・武田・佐々木六角・今川氏などがそれぞれ数千通単位であるから、毛利氏関係は一桁多いことは容易に想像できる。元就・隆元《たかもと》・輝元《てるもと》の毛利家3代の発給文書を見ると、判物より書状が占める割合が多く、なかには自筆書状も含まれている。書状は、月日のみで年が記載されないため年次の推定が難しく、当事者間の共通了解事項が省略されるため内容を理解することが困難である場合が多い。しかし、毛利家文書には、元就が隆元や輝元とやり取りした往復書状がセットで残っている場合がある。これらの自筆書状には、

毛利元就（東京大学史料編纂所蔵）

他見を許さず、読んだら差出人に返すという約束の下、内密の本音が語られているので彼らの心の内に迫っていくことができるのである。

国人領主から戦国大名へ

毛利元就は、明応6（1497）年、安芸国の国人領主毛利弘元《ひろもと》の次男として生まれたが、兄興元《おきもと》とその子幸松丸が相次いで亡くなったため、大永3（1523）年8月、27歳で毛利家の家督を相続することになった。当時の毛利家は大内氏《おおうち》と尼子氏《あまご》という中国地方の2大勢力の狭間に置かれていたが、元就は大永5年に尼子方から大内氏の陣営に復帰し、天文9～10（1540～41）年の郡山《こおりやま》合戦では、陶《すえ》隆房《たかふさ》（晴賢《はるかた》）が指揮する大内氏の援軍や宍戸・天野・竹原小早川《こばやかわ》氏などの国衆（国人領主）の協力を得て尼子軍を撃退して武名を高めた。

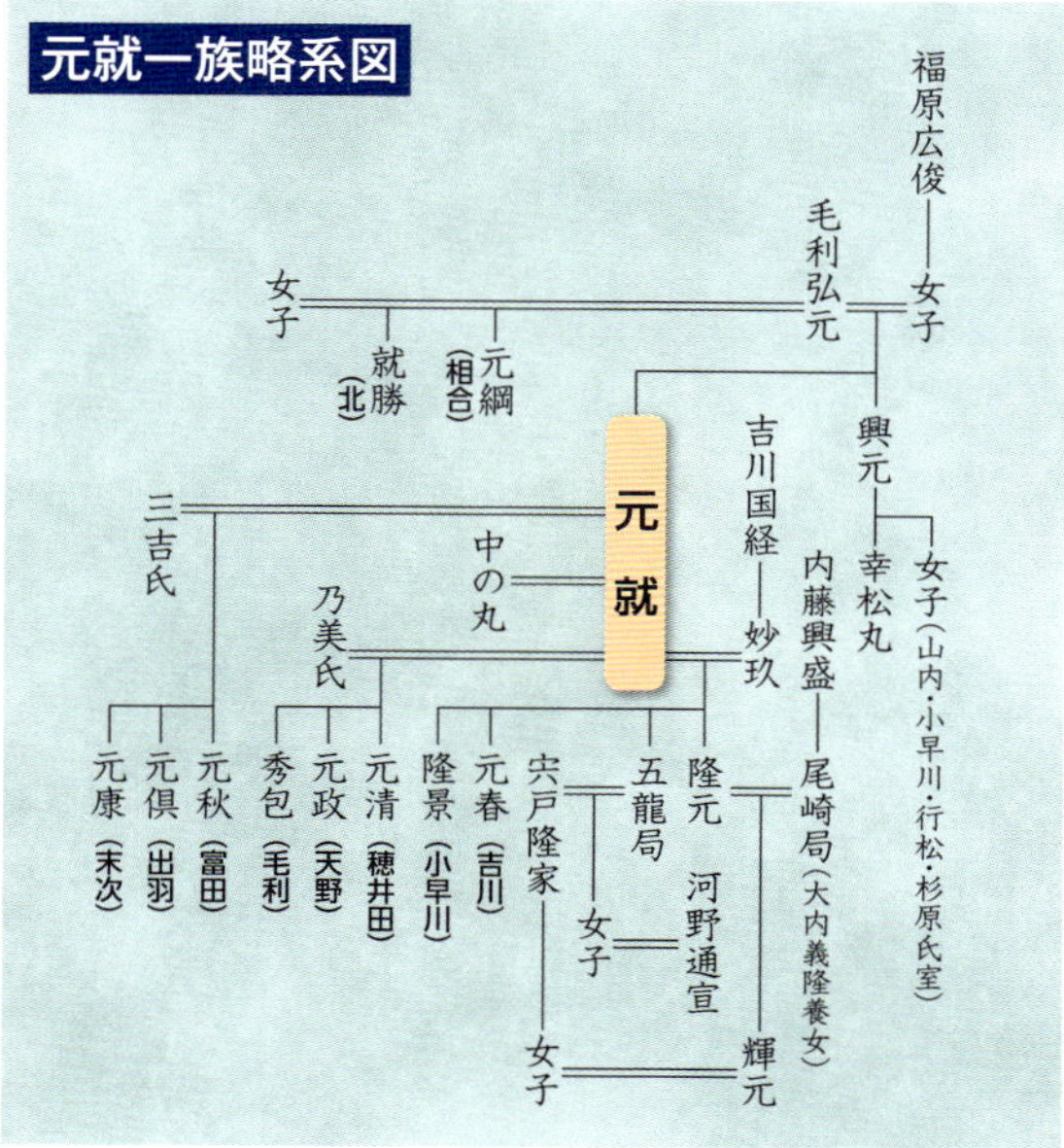

この間、元就を支えたのは、「執権」志道広良《しじひろよし》、元就の母親の実家である福原広俊《ふくばらひろとし》、そして家中の最大勢力井上衆《いのうえ》を率いる井上元兼《もとかね》であった。井上氏は、毛利家の譜代家臣ではないが、元就の父弘元の時代から次第に勢力を拡大していった。のちに元就は、自分は兄興元の死去以来40年間、井上衆の横暴に我慢を続けてきたと述懐している。元就家督相続の流れを決定づけたのが井上元兼の支持であったため、元就は井上衆の意向を無視できなかったからである。天文19（1550）年7月、元就は井上元兼とその一族を討滅し、元就への服従を誓う家臣238名の連署起請文を提出させた。井上衆の討滅によって、元就は家中に対する支配権を確立することができた。

天文19年には吉川《きっかわ》家を相続した次男元春《もとはる》が吉川家の本拠に入部し、竹原小早川家を相続していた3男隆景《たかかげ》が本家の沼田小早川家も相続した。元春と隆景を毛利家の両翼として安芸・備後・石見国の国衆（国人領主）との結びつきを強め、毛利氏が戦国大名として発展していく基盤が形成された。

転機は直ぐに訪れた。翌天文20年、大内氏の重臣陶隆房が主君の大内義隆《おおうちよしたか》を倒した。事前に陶のクーデター計画に同意していた元就は、8月20日、陶の厳島《いつくしま》占領の動きに呼応して広島湾頭に出兵、翌年には陶が擁立した大内義長《よしなが》から占領地の大部分を安堵された。これを境にして安芸・備後両国に対する大内氏の支配は大きく後退し、芸備両国は事実上毛利氏の勢力圏となった。

天文23年5月12日、元就はそれまで協調関係にあった陶と手を切って再び広島湾頭に出兵、その日の内に金山・己斐《こい》・草津（広島市）、桜尾（廿日市市）の諸城を接収して厳島まで占領した。毛利氏は後にこれを「防芸引分《ぼうげいひきわけ》」（大内・陶と毛利の断交）と称しているが、挙兵当時は自ら「現形」（裏切り）と認めていた。

元就は翌弘治元（1555）年10月1日未明の厳島合戦で陶晴賢を破り、弘治3年4月には大内義長を滅ぼして、安芸・備後・周防・長門の4か国と石見国の一部を支配する戦国大名へと成長した。家督相続から34年、元就61歳である。

隆元の家督相続と毛利両川体制

元就の長男隆元は、元就が家督を相続した大永3（1523）年に誕生した。天文6（1537）年12月には人質として山口に赴き、大内義隆の加冠により元服して少輔太郎隆元と名乗った。隆元15歳のときである。山口で約4年間暮らした隆元は大内文化の影響を受け、さまざまな知識や教養を身に付け、天文10年夏ごろ吉田に帰国した。

元就が隆元に家督を譲ったのは、天文15（1546）年から16年と推定されている。元就・隆元が連署した文書を見ると、12年3月から15年4月までは、元就が日付の下、隆元が奥に署判しているが、16年6月29日に初めて隆元が日付の下、元就が奥の連署宛行状が現れる。仮に相続が天文15年のこととすれば、元就50歳、隆元24歳であり、戦国大名の家督譲与・

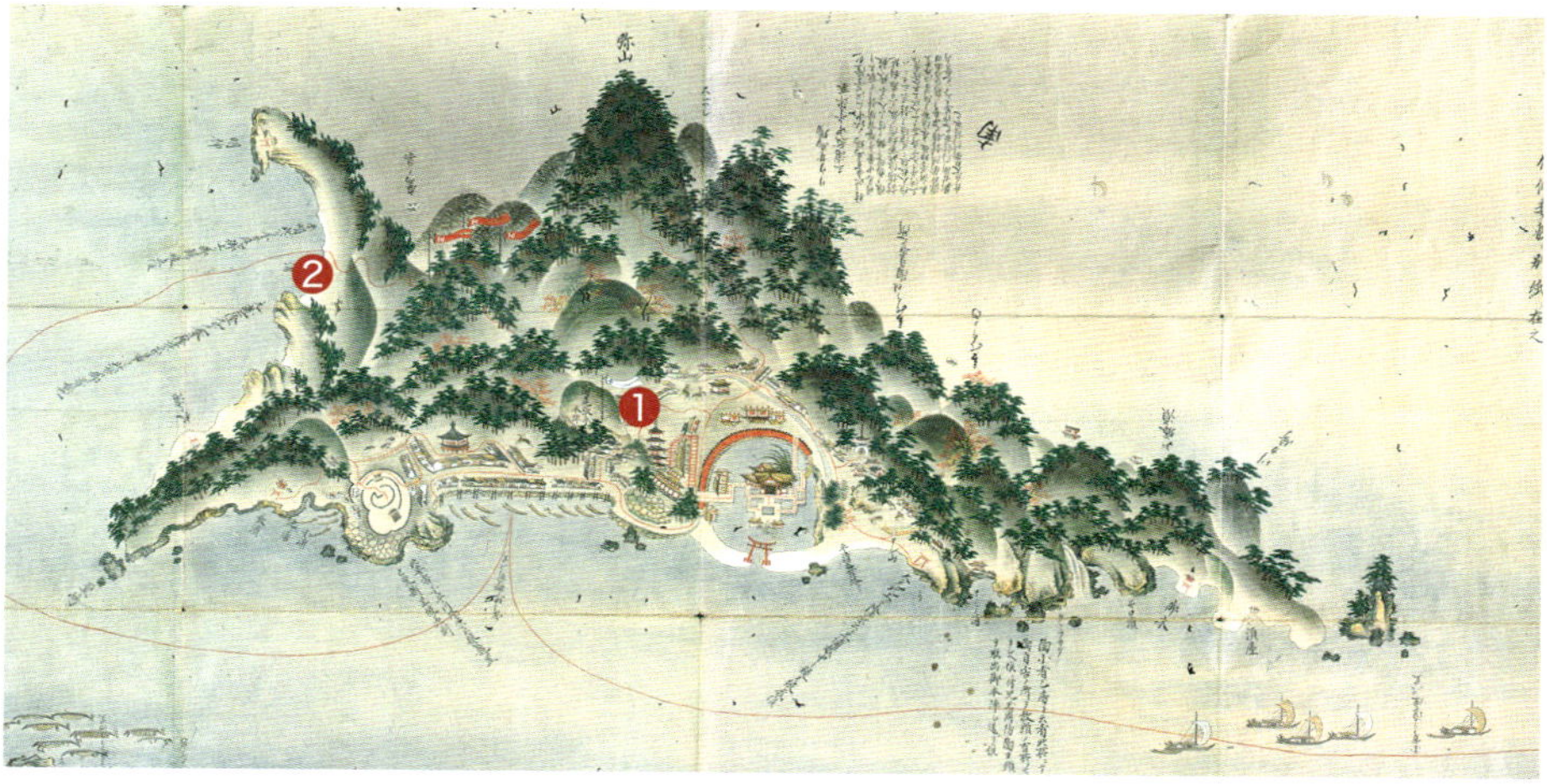

「芸州厳島御一戦之図」(山口県文書館蔵)
毛利元就と陶晴賢との厳島合戦を描いた絵図。厳島塔の岡に陣を構える陶軍❶に、深夜毛利軍が包が浦に上陸❷。峠を越えて背後から陶軍を急襲し、総大将の陶晴賢は自刃、陶軍は壊滅した。

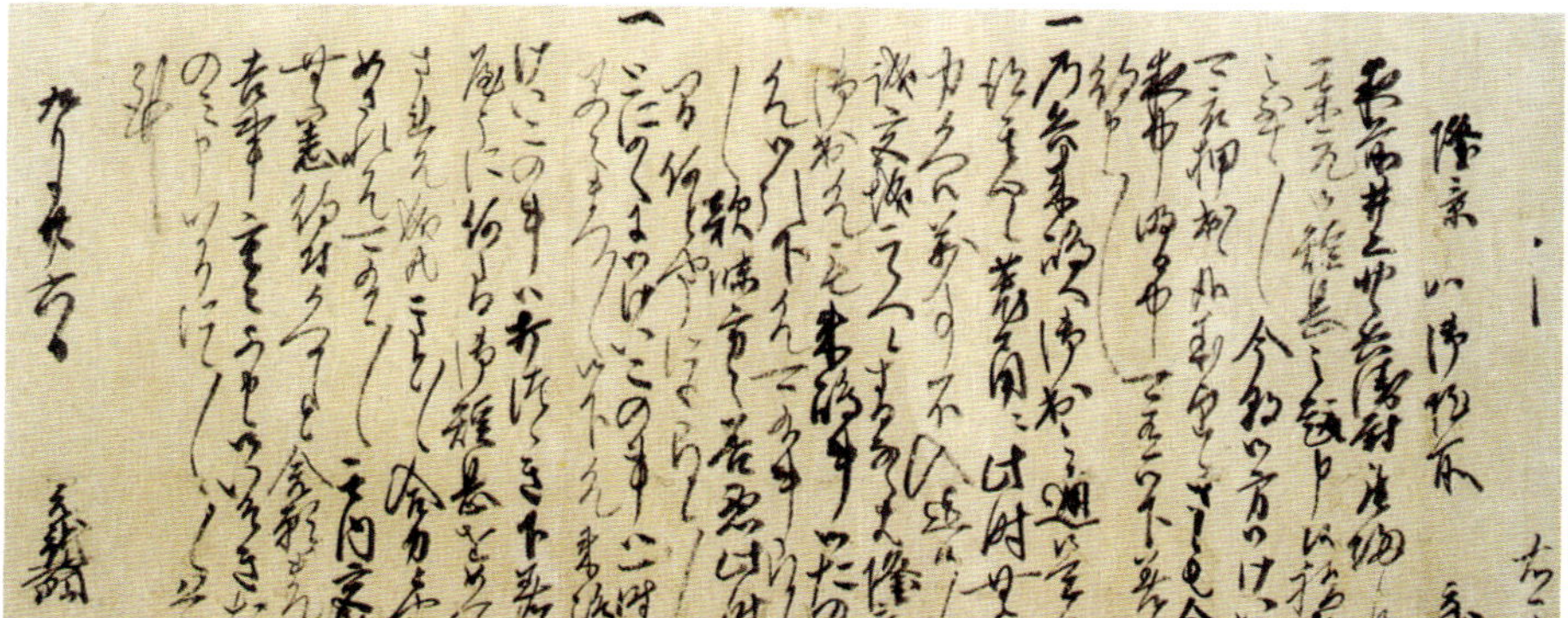

毛利元就自筆書状(防府市・毛利博物館蔵)
10月朔日の厳島合戦直前の元就の書状。元就は、来島衆の来援が実現するよう交渉することを小早川隆景に指示している(『毛利家文書』)。

吉川元春［1530～86］
（東京大学史料編纂所蔵）

小早川隆景［1533～97］
（東京大学史料編纂所蔵）

毛利隆元［1523～63］
（防府市・毛利博物館蔵）

相続の年齢としては、標準的なものであろう。この時期に元就が家督譲与を決断したのは、3男隆景が既に竹原小早川家を相続し、次男元春にも吉川家を相続させる計画が表面化したため、隆元を後継者として正式に位置付け、元就の後見の下で育成する目的があったと思われる。

当主となった隆元は「殿様」と呼ばれ、天文17（1548）年6月には家臣に対する感状を単独で発給するようになり、同19年の井上衆の闕所《けっしょ》地《ち》を家臣に分配する宛行状も隆元単独の署判である。隆元を補佐する奉行人は赤川元保《あかがわもとやす》・国司《くにし》元相《もとすけ》・粟屋元親《あわやもとちか》の3人で、いずれも有力譜代家臣の出身である。

一方、家督を譲った元就は、「大殿」「上様」と呼ばれるようになる。元就は広島湾頭の「佐東」（佐東郡）を中心とする「隠居分」約2千5百貫を知行していた。さらに周防・長門平定後は、陶氏の本拠地であった周防国都濃郡富田・冨海などが元就領となっている。元就はこれらの「隠居分」を基盤として、独自の家臣団を維持し続けた。元就側近の桂元忠《かつらもとただ》・児玉就忠《こだまなりただ》が、赤川・国司・粟屋とともに「五人奉行」となって毛利家当主としての隆元を補佐するとともに、政務に元就の意向を反映させた。隠居とは言っても、政務から引退したわけではなく、独自の所領と軍事力（家臣）を保持し、隆元を後見しながら家中の内外ににらみを利かせたのである。元就によれば、「佐東」は元就の死後も毛利家の「隠居分」として確保し、幸鶴丸（輝元）が家督を相続したら隆元が「隠居分」と軍事力を保持することが大切だと説いている。隠居した当主が、後継者（次の当主）を後見することによって毛利家の存続を図る体制を構想していたのである。

元就は大内氏を滅ぼした後の弘治3（1557）年8月頃、政務から一切手を引いて「蟄居」したいと

吉田郡山城空撮（安芸高田市）
比高190mの山頂に築かれた山城。当初は郡山の南東の尾根の先端に築かれた小規模な城であったが、元就により郡山全体に拡張され、さらに輝元が整備増強していたが、天正19（1591）年に居城を広島に移したことにより衰退した。

「吉田郡山御城下古図」（山口文書館蔵）
江戸時代中期に描かれた吉田郡山城と城下。

隆元に伝えた。驚いた隆元は、元就が引退するなら、自分も家督を幸鶴丸に譲るなどと言って反対するが、元就が後見を続けることと吉川元春・小早川隆景が毛利家の運営に参画することを条件に、毛利家の当主としての責任を果たしていくことを決意する。元就もこれに応えて同年11月25日、三子教訓状と呼ばれる長文の自筆書状を認めて、毛利・吉川・小早川3家の協力の重要性を説いた。いわゆる「毛利両川体制」の成立である。

ところが、隆元は永禄6（1563）年8月4日、41歳で急死する。何者かによる毒殺かと疑われるほど突然の死であった。隆元の死後、彼が前年12月に元就の「身体堅固寿命延長」を祈り、その難は自分が身代わりとなって引き受けると祈願した自筆願文が厳島神社から届けられた。また隆元が帰依していた禅僧竺雲恵心《じくうんえしん》からも、「名将の子には必ず不運の者が生まれる」「国家を保つため、力の及ぶ限り努力したい」などと記した隆元の自筆書状も届けられた。元就は改めて隆元の心情に触れ、感涙を堪えたという。

隆元の長男幸鶴丸はまだ11歳、元就は既に67歳に達していた。隆景によれば、隆元に先立たれた元就はすっかり落胆し、自分も後を追う、出家法師となって漂泊する、などと言って隆景を困らせたが、隆元の弔いのためにもう一度気力を振り絞って、領国の維持と輝元の訓育にあたることになる。幸鶴丸は永禄7（1564）年2月に元服して輝元と称するが、12歳になったばかりである。元就と連署して宛行状・感状などを発給するようになるのは、永禄9年8月以降のことである。その後も元就・輝元連署状は、元就の死の直前まで継続されている。後に輝元は、13歳のときから元就が亡くなるまで側に仕え、時には元就から厳しく「御折檻」を受けたと述懐している。

元就は、毛利家を存続させるために、隆元亡き後の「毛利両川体制」を再構築することを考えた。元就は、元春・隆景に親類衆福原貞俊《さだとし》・口羽《くちば》通良《みちよし》を加えた「御四人」を、毛利氏の事実上の最高指導部として位置付け、彼らに輝元を補佐させることにした。

永禄9年、元就は4年間に及ぶ富田城包囲戦の末、宿敵尼子氏を降して山陰地方をほぼ支配下に収めた。家督相続から約50年で中国地方の大半を支配する戦国大名へと成長させた元就は、元亀2

「月山古城図」（城安寺蔵・安来市教育委員会提供）
比高160mの月山富田城を江戸後期に描いた想像図。

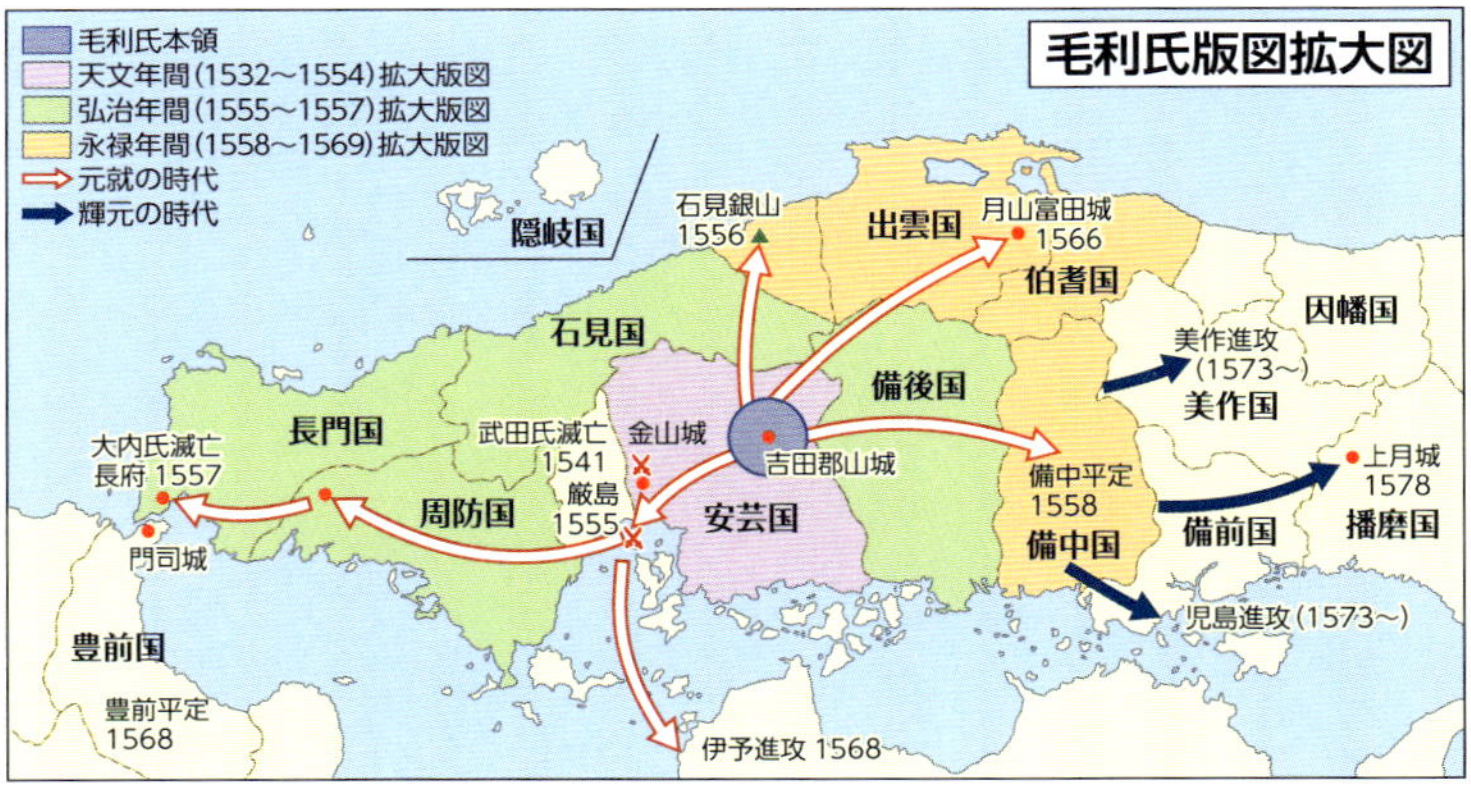

（1571）年6月14日、75歳でその生涯を閉じた。

元就の「遺産」

元就が輝元のために残した「遺産」の第一は、やはり石見銀山（以下、銀山という）であろう。毛利氏が銀山を本格的に領有するようになるのは、永禄5（1562）年のことであるが、隆元の死後、元就は銀山と温泉津《ゆのつ》に自分の家臣を派遣して自ら支配した。銀山経営の責任者には、輝元の代になっても元就家臣の平佐就之《ひらさなりゆき》と林就長《はやしなりなが》が就任している。さらに元就は「温泉銀山」（温泉津と銀山）からの収入は、すべて戦争遂行のための財源とすると定めた。もし銀山に異変があれば毛利氏の戦争遂行は不可能になるという輝元のことばは、決して大げさな表現ではない。

石見銀山坑道（島根県大田市・島根県観光協会提供）
正徳5（1715）年に開発された坑道。

石見銀山入口（島根県大田市・島根県観光協会提供）

長期化・大規模化した戦国の合戦の勝敗を左右するのは、「人数」（兵力）、「兵粮」（兵糧）、「玉薬」（弾薬）であるが、それらを調達するための原資が銀であった。豊臣期における銀山からの収入は、毛利氏の「御蔵入」（直轄領）11万石余の2倍以上と推定される。

「遺産」の第2は、元就が登用した人材である。元就が集めた人材の特徴は、系譜（出自）や家格に関係なく、元就によってその能力を見出されたことである。元就の奉行人児玉就忠は毛利家の譜代家臣ではなく、竹仁郷（東広島市）の地頭児玉氏の出身である。就忠は17～18歳のころから元就に奉公し、数年にわたって元就に調練されたというから、家督相続以前から仕えていたのであろう。就忠の弟児玉就方《なりかた》、井上就重《いのうえなりしげ》らも同じであろう。林就長は、肥後国菊池氏一族の出身であるが、浪人として安芸国に来て元就の家臣となった。実務的な能力に優れており、輝元の代では銀山・温泉津の支配、羽柴秀吉との領国境界交渉、惣国検地の奉行などの重要な用務を次々担当した。

堀立直正《ほたてなおまさ》もユニークな人物である。直正は、もとは太田川河口近くで商人・運輸業者として活動していたらしい。元就に見出され、天文23（1554）年の「防芸引分」の際は、元就から直接指示を受け、金山城を接収した後、己斐《こい》城に攻め入り、廿日市・宮島の町人たちを毛利方に引き入れることに成功するなど大活躍した。防長攻略にあたっても、弘治2（1556）年11月に赤間関《あかまがせき》の鍋《なべ》城を攻略して、大内義長が九州へ逃亡することを未然に防いだ。輝元の代まで赤間関の代官を務め、度々米銭や資材を調達している。大庭賢兼《おおばかたかね》は大内氏の家臣であった。大内氏滅亡後、奉行人としての知識と経験と文化的な素養

村上水軍旗
（今治市・村上水軍博物館蔵）
瀬戸内海で活躍した村上水軍の旗。

の高さを評価され、元就に重用され、輝元にも信頼されている。輝元の権力を支えた側近たちの多くは、父隆元から引き継いだ譜代家臣ではなく、祖父元就が登用し、「遺産」として遺してくれた人材であった。

「遺産」の第3は軍事力、とくに鉄砲衆と警固衆である。毛利氏が鉄砲を実戦で使用したことが最初に確認できるのは、弘治3（1557）年の須々万沼《すずまぬま》城（周南市）攻めのときのことである。鉄砲の射手は「鉄砲放《はなし》」と呼ばれているが、その一人飛落小次郎《とびおちこじろう》は、もとは元就に仕える中間で「とび落」と呼ばれていた。飛ぶ鳥を射落とす弓の名手の意であろう。その素質を見抜いた元就は彼を鉄砲の射手とした。「とび落」は戦功によって侍の身分を与えられて、飛落小次郎、後には宇多田藤右衛門尉《うただとうえもんのじょう》と名乗っている。元就は早くから鉄砲の重要性に注目し、中間・小者に鉄砲の射手としての集団的訓練を積ませたのであろう。「鉄砲放」の中間は、元就の晩年には「鉄砲衆」として組織化された。

毛利氏直属の警固衆は「川内《かわのうち》警固衆」とか「佐東衆」と呼ばれている。その中心は、元就が隠居領として支配していた「佐東」（太田川下流域）の武田氏旧臣や地侍たちである。その指揮官児玉就方も元就の家臣であった。つまり「川内警固衆」は、隆元の指揮下にはなく、元就が自ら育成し掌握していたのである。これに小早川隆景支配下の警固衆、更には能《の》島《しま》・来島《くるしま》・因島《いんのしま》村上氏を加えた毛利水軍は強力であった。

鉄砲衆と警固衆は、毛利氏が織田政権と戦っていく上でも重要な役割を果たした。軍事力を支える財源としての石見銀山とあわせて、輝元は元就が残してくれた「遺産」を頼りに戦いを続けることができたのである。

陣羽織

（今治市・村上水軍博物館蔵）
伝村上武吉・景親着用の陣羽織。

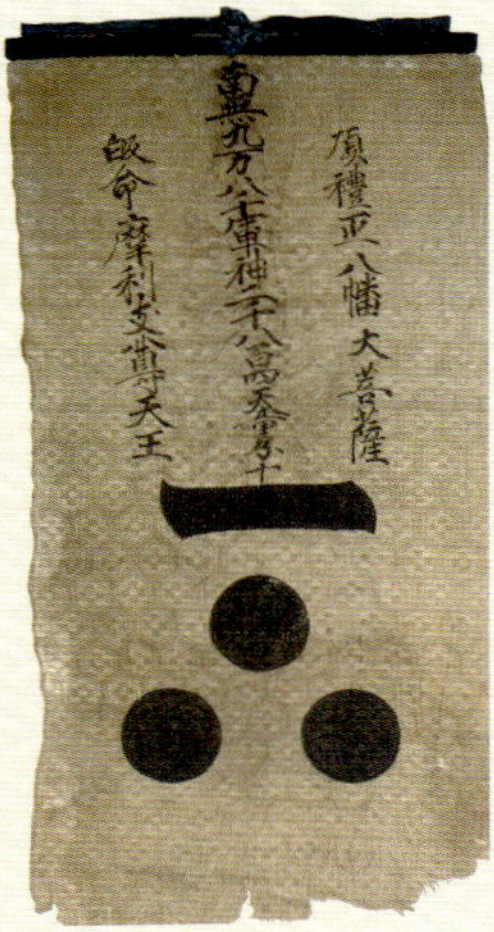

軍幟

（防府市・毛利博物館蔵）
室町時代
縦94.6×横43.5cm
元就所用と伝えられる軍旗。本来は縦長の幟であったと思われる。亀甲繋文の輪子地の帛布は、厳島神社の神衣を頂いたものと伝えられる。

色々威腹巻　兜・喉輪付

（防府市・毛利博物館蔵）

元就所用の甲冑。胴・草摺と大袖を紅・白・紫の色糸で威し、精巧で華麗な鎧である。兜は黒漆塗阿古陀形二十八間総覆輪の筋兜。室町時代末期の作。国重要文化財。

毛利元就 略歴

明応６年	1497	安芸国吉田郡山城主毛利弘元の２子として誕生。母は福原広俊の娘。
明応９年	1500	父が隠居し兄興元が家督を継ぐ。元就、多治比猿掛城に入る。
永正３年	1506	父死去で多治比猿掛城主に。家臣の井上中務丞から所領を横領される。
永正13年	1516	兄興元が死没し、子の幸松丸が家督を継ぐ。元就は幸松丸を後見する。
永正14.年	1517	武田元繁に攻められるが、元就の初陣で、敵の熊谷元直に勝利する。
大永３年	1523	鏡山城の攻防戦で勝利。幸松丸が死没。元就が家督を継ぐ。
天文９年	1540	尼子晴久に吉田郡山城を攻められるが、陶隆房（晴賢）の救援で撃退。
天文12年	1543	大内義隆に従い月山富田城の尼子晴久を攻めるが敗退。
弘治元年	1555	陶晴賢との厳島の戦で勝利。その後、大内領へ侵攻。（防長経略）
弘治３年	1557	大内義長を滅ぼす。
永禄２年	1559	備中国を支配下に。門司城の戦で大友家に大勝。
永禄５年	1562	石見国の石見銀山を支配。
永禄６年	1563	嫡男、毛利隆元が死没。隆元の嫡男、輝元に家督を継がせる。
永禄９年	1566	月山富田城を攻め尼子義久に勝利する。
元亀２年	1571	吉田郡山城で死没。

白紫緋糸段威腹巻（因島水軍城蔵・尾道市役所提供）
室町時代末期の腹巻と思われ、因島村上家９代新蔵人吉充が小早川隆景より拝領したと伝えられる。県指定重要文化財。

「元就公足利家より御拝領之御鎧直垂之図」
（国立国会図書館蔵）

毛利元就墓（安芸高田市）
元就の孫の輝元によって菩提寺洞春寺が建立され境内に墓が立てられた。

戦国大名

大内義隆《おおうち よしたか》 【周防】

名門守護から戦国大名に変身した文人武将

生 永正4（1507）年
没 天文20（1551）年

大内義隆
（東京大学史料編纂所蔵）

父を凌ぐ7か国の守護に

父は周防《すおう》・長門・豊前・筑前・安芸・石見6か国の守護、幕府管領代もつとめた大内義興《よしおき》。

永正15（1518）年の元服から4年後、大永2（1522）年のあたりから、父義興に従って出雲の尼子《あまご》氏、また当時尼子氏傘下にあった安芸の毛利元就と戦う。だが当時は目立った戦果をあげてはいない。

享禄元（1528）年、義興の死去にともない家督を相続すると、備後を加えて7か国の守護となる。

天文元（1532）年からは、大陸・朝鮮半島との交易の拠点である北九州の制圧を狙《ねら》って、筑前少弐資元《しょうにすけもと》・冬尚《ふゆひさ》父子、豊後大友義鑑《よしあき》らと戦い、同4年に至って将軍足利義晴《あしかがよしはる》の仲介で大友義鑑と和睦、翌天文5年には、朝廷への金銭を寄進しての猟官運動が功を奏したのか、高位の公家の称号である太宰大弐《だざいだいに》を授与される。同年肥前多久《たく》城を攻め、少弐資元を自害させ、さらにその子の冬尚を肥前勢福寺《せいふくじ》城に降した。こうして少弐氏を滅亡に導き、北九州沿岸部の制圧に成功。これによって、明・朝鮮との独占的な交易を容易にした。

天文9年になると、当時既に大内氏側に寝返っていた毛利元就《もうりもとなり》の安芸吉田《よしだ》郡《こおり》山《やま》城を、尼子晴久《はるひさ》が大軍を動かして攻囲すると、義隆は重臣の陶晴賢《すえはるかた》らを援軍として差し向け、自らも出陣する。約5か月の攻防ののち、尼子軍は出雲に敗走。これを機に尼子氏に属した安芸守護家の武田氏、厳島神主家友田氏などを攻め、安芸を大内氏の領国化していく。

天文11年には、さらに長年の宿敵尼子氏を討つべく、大挙して長駆、出雲月山《がっさん》富田《とだ》城《じょう》下に大軍で攻め込む。だが、難攻不落の堅城を誇るこの城の攻略は長期化する。兵站《へいたん》線は延び切り、糧食の補給もままならず、遠征軍は壊滅状態に陥って翌年12月に撤退、山口に戻った。この戦いでは、撤退戦のさなかに養嗣子の晴持《はるもち》を失ってもいる。

文人趣味に傾倒

義隆はこの頃から、もともと強かった文人志向を強め、武人としての面が後退していく。このためか、古参の重臣陶晴賢らの武断派との間に隙が生じ始める。

イエズス会の宣教師フランシスコ・ザビエルに2度目の引見をし、キリスト教の普及を許した年でもある天文20年8月、陶

大内館跡（山口市）
室町時代の周防の守護職大内氏の居館跡（龍福寺内）。約200年間西国の政治、経済の中心地として繁栄した。

大内義隆 略歴

永正4年	1507	大内義興の長男として出生。
永正15年	1518	このころ元服。
大永2年	1522	尼子氏、毛利元就と戦う。
大永5年	1525	元就が尼子氏傘下から大内氏側へ。
享禄元年	1528	家督を相続、7か国の守護となる。
天文元年	1532	北九州の制圧を狙って、少弐氏、大友氏らと戦う。
天文4年	1535	大友氏と和睦。
天文5年	1536	太宰大弐を授与される。少弐氏を滅亡に導き、北九州沿岸部を制圧。
天文9年	1540	尼子氏が毛利元就を安芸吉田郡山城に囲むと出陣。
天文10年	1541	吉田郡山城から尼子軍を敗走させる。安芸を領国化。
天文11年	1542	出雲月山富田城下に攻め込む。
天文12年	1543	敗走して山口に戻る。養嗣子晴持を失う。
天文20年	1551	「大寧寺の変」を起こした陶晴賢に追われ、長門深川の大寧寺で自刃。

国宝 瑠璃光寺五重塔（山口市）
大内25代義弘がこの地に香積寺を建立（のちに瑠璃光寺を移築）。義弘死後、弟の盛見が義弘の菩提を弔うために五重塔を造営した。落慶は嘉吉2（1442）年。室町中期の秀逸の建造物と評されている。

晴賢は重臣たちを巻き込んで、後年「大《たい》寧《ねい》寺《じ》の変」と呼ばれる反乱を起こす。義隆は山口を追われて仙崎から、さらに長門深川《ふかわ》の大寧寺に逃れ、この寺内で自刃して果てた。

名門の滅亡

陶晴賢は大内氏の実権を握り、大友氏から大内氏に入った義長《よしなが》（晴英）を傀儡《かいらい》とした。だが弘治元（1555）年、厳《いつ》島《しま》の戦いで陶晴賢を敗死させた毛利元就は、さらに同3年、山口に攻め込み（防長経略）、周防高嶺《こうのみね》城、長門且山《かつやま》城を落とし、義長は功山《こうざん》寺《じ》に追い詰められ、ここで自害するしかなかった。

こうして中国地方の覇王《はおう》として中央政界にも影響力を保ち、山口に「西国の京」を現出した名門大内氏はあっけなく滅亡する。

義隆の功績には、戦国武将としてのもののほか、山口の地に学芸の礎を築いたこと、明・朝鮮との独占交易によって、「一《いっ》切経《さいきょう》」ほか各種文物を山口にもたらしたことなども挙げられる。武人としては義隆の「弱点」でもあった文化面への関心が大きな貢献をしたともいえる。（服部　崇）

戦国大名

陶 晴賢（隆房）

【周防】すえ　はるかた（たかふさ）

生 大永元（1521）年
没 弘治元（1555）年

主君を自害に追い込む謀臣中の謀臣

陶 晴賢の墓
（廿日市洞雲寺）

月山富田城攻略に失敗

陶家は大内《おおうち》氏の支族で、代々大内氏の重臣筆頭をつとめて来た家系。父は大内義興《よしおき》、義隆《よしたか》に仕えた周防《すおう》守護代の陶興房《おきふさ》。母は右田弘詮《みぎたひろあき》の娘。幼名五郎、初名は隆房。晴賢は後年の名である。

天文8（1539）年家督を相続すると、父と同じく周防守護代をつとめる。翌天文9年、出雲の尼子晴久《あまごはるひさ》が安芸の国境を越えて、かつて尼子傘下にあって、その後大内側に投じた毛利氏の居城安芸吉田郡山城を攻囲すると、大内義隆の命で大軍を率いてこれに対抗、およそ5か月の攻城戦ののち、尼子氏を撃退、敗走させる。この後も尼子氏との戦いは続き、隆房は兵を率いて従軍する。

天文11年の尼子氏の拠る月山富田城《がっさんとだじょう》を攻囲した出雲への遠征戦では、世に聞えた難攻不落の堅城の攻略にてこずって包囲戦が長期化し、加えて兵站線《へいたんせん》が延びて兵糧の不足も招き、大内軍兵士の士気は下がるばかりとなった。結局軍勢は壊滅状態の様相を呈して、大きな被害を被った末に、主君義隆ともども山口に撤退せざるを得なかった。

文弱に流れる主君大内義隆

義隆は退却中に養嗣子晴持《はるもち》が溺死する出来事もあってか、この戦以後、軍事・政治面から目をそらし始める。元々持ち合わせていた文人色を強め、京の公家文化に浸りきる。領主として領国経営、拡大に関心を示さない主君義隆を苦々しい思いで見ていた隆房は、諫言《かんげん》もするが、やがて対立の様相を見せる。同時に義隆側近の文治派相良武任《さがらたけとう》らとの間の溝も深まっていった。

隆房は居城の周防富田若山城《とんだわかやまじょう》に引きこもり、徐々に義隆打倒の計画を現実化し、密かに武断派の重臣、国人衆らを糾合《きゅうごう》して反義隆の包囲網を組織する。こうして天文20年、ついに「大寧寺《たいねいじ》の変」と呼ばれるクーデターを決行、義隆の館を襲撃して山口から追い、長門深川《ふかわ》の大寧寺で自害に追い込んでいくことになる。

毛利元就の台頭に苦しむ

主君大内義隆に背いて奪った実権を確実にするため、隆房は翌21年、豊後の大友宗麟（義鎮《よししげ》）の弟、晴英《はるひで》（義長《よしなが》）を大内家の家督に据え、自らも偏諱《へんき》を受ける形で隆房から晴賢となった。もちろん、晴英は大内家の名目上の当主に過ぎず、領国経営の実質はすべて晴賢の独占すると

富田若山城（周防市）
比高200mに築かれた陶氏歴代の山城。城址には石垣や土塁、堀切、畝状竪堀群がわずかに残っている。

陶晴賢 略歴

大永元年	1521	周防守護代陶興房の子として生まれる。
天文８年	1539	家督を相続。周防守護代をつとめる。
天文９年	1540	毛利氏の安芸吉田郡山城を攻囲。５か月後敗退。
天文11年	1542	尼子氏の月山富田城を攻囲。
天文12年	1543	戦いが長引き、大内義隆ともども山口に撤退。
天文20年	1551	クーデター（大寧寺の変）を決行。義隆を自害に追い込む。
天文21年	1552	大友家から入った義長が大内家相続。隆房は偏諱を受け、晴賢と改名。
天文22年	1553	吉見氏、毛利氏決起の鎮圧に苦しむ。
弘治元年	1555	厳島の戦いで毛利元就軍の夜襲戦法に敗れ、10月1日自刃。

「芸州厳島御一戦之図」（山口県文書館蔵）
陶軍は厳島の塔の岡付近に本陣を構えて毛利軍に備えたが、背後の山側より毛利軍に急襲された。

ころとなった。

だが、天文22年、23年と石見吉見氏、安芸毛利氏が相次いで決起するとこの鎮圧に苦しむ。毛利元就《もうりもとなり》が反晴賢として旗幟《きし》を鮮明にして広島湾周辺部に侵攻して占領すると、石見吉見氏と一時停戦の約定を結び、一挙に打開を求めて、弘治元（1555）年9月下旬、2万の大軍を率いて安芸に侵入、厳島を占領して、塔の岡に布陣した。

だが、狭い島内で大軍を操るのは困難を極め、この戦術の拙劣《せつれつ》さも相俟って、10月1日夜、謀略に長けた毛利元就軍の巧みな夜襲戦法と、毛利軍に組み入れられた村上水軍の働きに大内水軍が対応できずに敗れる。晴賢は逃れる途中、退路を断たれたことを悟って、島の西岸大江の浦で自刃する。

晴賢の死後、居城周防富田若山城を守っていた晴賢の嫡男長房《ながふさ》は、晴賢に謀殺された杉重矩《すぎしげのり》の子杉重輔《しげすけ》に城を攻め落とされ、自害した。この3年後には毛利元就が大内義長を長門且山城《かつやまじょう》に攻めて、逃れた義長を長門長福院《ちょうふくいん》（功山寺《こうざんじ》）に追い込んで自害させ、大内家と陶家は完全に滅亡する。

（服部　崇）

戦国大名

尼子経久

【出雲】 あまご つねひさ

一時は山陰・山陽8か国に君臨

生 長禄2（1458）年
没 天文10（1541）年

尼子経久
（東京大学史料編纂所蔵）

居城を追われるが奇襲作戦で復活

　父は近江守護で出雲守護も兼ねる名門京極《きょうごく》家の家臣で、出雲守護代をつとめる尼子清定《きよさだ》。

　文明10（1478）年、家督を継ぎ月《がっ》山《さん》富《と》田《だ》城《じょう》に入る。父清定の代から守護代ではあったが、経久の代から実質的な所領を拡大し、交易上重要な港である美保関《みほのせき》を手中にする。だが、ここからあがる関銭を独占、寺社領を支配するなど、本来守護を通じての幕府の収入、支配を横領したとして、京極氏によって同16年守護代職を解かれて追放、流浪の身となった。各地を巡るうち、経久は旧臣の山中勝重《やまなかかつしげ》と出会う。この邂逅《かいこう》によって一族の助力を得て富田城奪還が現実化した。

　これが文明18年に決行された、百数十人の寡兵をもって元旦の隙を狙い、敵陣を急襲した奇襲作戦である。元旦の祝いの席に千寿万歳《せんずまんざい》の芸人らを送り込み、祝いの舞や芸を披露させて、ゆるみ切った祝宴の隙をついて、前日に忍び込ませておいたわずかな数の兵で急襲。城兵7百人余りを討ち取り、経久に代わって守護代に据えられていた塩谷掃部介《えんやかもんのすけ》を逐ったのだ。こうして2年ぶりに富田城を回復する事が出来た。

　以後出雲各所で戦い、敵対勢力の国人衆を籠絡、出雲での地位を確固たるものにして、「十一か国の大主」と呼ばれるほどの存在に成り上がっていった。

　永正5（1508）年には、多年にわたる宿敵、周防の大内義興《よしおき》が、大内氏を頼った前将軍足利義尹《あしかがよしただ》（義稙《よしたね》）を奉じて上洛し、義尹を再び将軍の地位に就け、足利義澄《よしずみ》と細川澄元《すみもと》を京から追放、義興は管領代として10年近く在京する。

晴久の代で尼子氏の最盛期を築く

　この義興の山陰・山陽での不在期間の間隙を突いて、経久はそれまで大内氏の影響下にあった山陰各地に精力的に勢力を拡大、隠岐、因幡、石見、伯耆を手にした。

　永正14年になって、義興はようやく周防に戻り、安芸に進攻。以後、両者の戦いは継続する。この一連の戦いでは、当時尼子方にいた毛利氏の働きで大内氏に勝利をおさめ、経久は順調に領国の拡大を推し進める。しかし、同15年、嫡男政久《まさひさ》が出雲磨石城《とぎしじょう》攻め出陣中に戦死、さらに家内では3男興久《おきひさ》が領地問題を巡って反旗を翻した末自刃するなどの内憂も発し、一方、尼子氏傘下にあった毛利氏が、元

花ノ壇復元建物
（安来市教育委員会提供）
指揮官級が居住したと思われる復元建物。

尼子経久 略歴

長禄2年	1458	出雲守護代尼子清定を父として出生。
文明10年	1478	家督を継ぎ月山富田城に入る。
文明16年	1484	京極氏によって守護代職を解かれて追放。
文明18年	1486	富田城を奪還。
永正5年	1508	在京中の大内義隆の間隙を突き、このころから山陰に勢力を拡大する。
永正15年	1518	嫡男政久が戦死。3男興久が反旗を翻した末自刃。
大永7年	1527	毛利勢・大内勢を相手に戦いを継続する。
天文6年	1537	孫の晴久に家督を譲り隠退。
天文9年	1540	晴久が毛利氏吉田郡山城を攻め大敗する。
天文10年	1541	病没。行年84。

月山富田城跡全景
(安来市教育委員会提供)
比高160mの急峻な月山山上に築かれた尼子氏の本拠城。広大な城で、戦国時代屈指の要害城として名高かった。

就の代となって大内側に走る。

この状況下、経久は天文6（1537）年、孫の晴久《はるひさ》に家督を譲り隠退、4年後病没するが、その前年、晴久は毛利元就《もうりもとなり》が拠る安芸吉田《よしだ》郡山《こおりやま》城を大軍で攻囲。元就は尼子3万の大軍勢の攻撃によく堪えて、戦況を膠着《こうちゃく》状況に持ち込み、翌年尼子軍を破った。

経久の死後も大内勢との抗争は絶えず、一方、家中の騒動もあったが、同21年、晴久は将軍から出雲、隠岐、伯耆、因幡、美作、備前、備中、備後と、計8か国の守護に任ぜられた。

こうして晴久の代で尼子氏の最盛期を迎える。しかし、その時期は長くは続かなかった。尼子氏の傘下で力量を蓄えた末、大内氏側に寝返った毛利元就の存在は大きく、その戦の天分を十二分に発揮して戦う元就に尼子勢は各地で撃破される。その後、毛利氏の優勢はさらに明らかなものとなり、尼子氏は山陰・山陽の覇者の座を毛利氏に明け渡す。尼子氏を継いだ次代義久《よしひさ》は永禄9（1566）年尼子氏の拠点、月山富田城を毛利勢に攻められて落城。こうして尼子氏は滅亡への道を辿《たど》っていく。（服部　崇）

鉄砲と長篠の戦い

平山　優

長篠合戦のイメージ

天正3（1575）年5月21日、三河国長篠《ながしの》において、甲斐《かい》国の戦国大名武田勝頼と、織田信長・徳川家康連合軍が激突し、武田の大敗で幕を閉じたのが長篠の戦いだ。この合戦が日本史上著名なのは、織田・徳川連合軍が大量の鉄砲を装備し、騎馬戦術を得意とする武田軍を撃破した、その革新的戦法が評価されているからであり、旧戦術の武田軍と新戦術の織田信長を象徴する出来事とみなされているためである。このことは、小・中・高校の歴史教育でも必ず取り上げられ、今も定説として扱われている。

そこでは、信長が①南蛮貿易を背景に、鉄砲の輸入を推進しつつ、②近江国国友村や和泉国堺などでも鉄砲の生産を命じた、③その努力もあって3千挺に及ぶ鉄砲装備を実現し、④鉄砲足軽による鉄砲隊を組織した、⑤それだけでなく「三段撃ち」と呼ばれる銃兵の3列編成とその交代射撃を考案し、⑥玉込めに時間がかかるという当時の鉄砲にとって致命的な弱点を補い、⑦間断なき連射を実現した、⑧それにより騎馬戦術を得意とする武田軍を撃破した、と説明される。またその素材として、近世前期に描かれた『長篠合戦図屏風』が合戦の模様の説明に利用され、織田・徳川軍の馬防柵と鉄砲衆の射撃場面、打ち倒される武田軍将兵たちの対比は、戦国史を転回させ、鉄砲の集団運用に道を開いた画期的事件を印象づけるものである。学校の歴史教育で、長篠合戦と鉄砲の関わりは、大筋でこのように繰り返し語られ続け、信長の革新的イメージを生徒たちにすり込み続けているといえるだろう。だが、戦国史研究の進展は、このイメージを覆しつつある。

本稿では、長篠で激突した武田勝頼と織田信長と

「長篠合戦図屏風」部分（犬山城白帝文庫蔵）
徳川軍（鳥居元忠・徳川家康長男松平信康）らの鉄砲隊を描いた場面。

いう東西を代表する戦国大名の、鉄砲装備の実態を軸にまとめてみたい。実をいえば、織田信長が東国を代表する戦国大名と、まともに激突したのは、桶狭間合戦で今川義元を撃破して以来のことであり、尾張・美濃・近江を中心に畿内に及ぶ広大な領国を擁し、大軍を組織して戦場に臨んだという意味で、初めての戦場であった。いっぽう、武田氏も西国に基盤を置く戦国大名との対戦は初めてのことであった。この合戦は、実のところ、東と西の激突という側面が強かったといえるのだ。そう考える理由を、以下述べていくことにしよう。

織田信長の鉄砲装備

織田信長は、鉄砲の重要性を誰よりもよく認識し、その大量装備を推進したといわれる。『信長公記《しんちょうこうき》』（以下、『公記』）によると、信長は、鉄砲の名手橋本《はしもと》一巴《いっぱ》を召し抱え、彼の指導により鉄砲の射撃に長じるようになり、天文23（1554）年1月の村木城攻めでは自ら射手として活躍したという。橋本は、「二つ玉」（散弾）の技法を会得しており、これは織田軍鉄砲隊に浸透していた可能性が高い。『公記』を

「長篠合戦図屏風」（犬山城白帝文庫蔵）
天正３（1575）年５月の織田信長・徳川家康連合軍と武田勝頼軍との間で戦われた三河設楽原での合戦を描いている。鉄砲隊と騎馬隊との戦闘方式の違いを描き出している。

稲富流火縄銃（中川克夫氏蔵・新城市設楽原歴史資料館寄託）
「長篠合戦図屏風」に描かれる火縄銃のその特徴から稲富流の火縄銃と考えられる。

馬防柵（愛知県新城市）
天正３（1575）年の設楽原の戦いに
用いられた馬防柵を再現している。

種子島銃（新城市設楽原歴史資料館蔵）

ひもとくと、織田軍は上洛を契機に鉄砲装備が充実するようになっており、使用が活発となる。永禄12（1569）年の伊勢国北畠氏攻略戦では、信長の馬廻衆の中に「弓・鉄砲衆」が確認される。これは旗本鉄砲隊が編成されていたことを示している。また信長は、天文23年から永禄12年の間に、弓と鉄砲を分離し、鉄砲隊を単独で編成したらしい。この他に、天正2（1574）年と同6年には、大鉄砲（大筒）の導入が見られ、敵城の塀、櫓などの破壊に使用されている。

このように『公記』を読むと、信長の鉄砲装備の充実が京都および畿内制圧を画期に進展している様子が窺《うかが》われる。このような鉄砲装備を支えたと従来から着目されている場所として、和泉国堺と近江国国友村がある。しかし注意すべきは、国友村である。同村の鍛冶職人が、鉄砲を製造していたことは間違いなく、永禄4年に越前の朝倉義景《あさくらよしかげ》が「鉄砲壱挺国友丸筒」を出羽国檜山《ひやま》城主下国愛季《しものくにちかすえ》に贈っており、すでに村名がブランドとなるほどの鉄砲を製造していたことは疑いない。だが、国友村が織田信長の注文を受けて鉄砲の大量生産を行った事実は確実な史料では

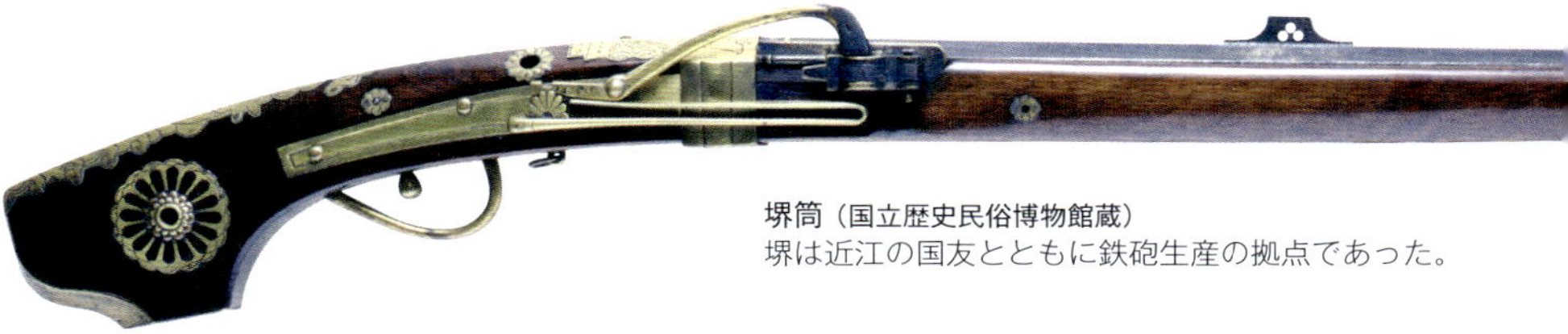

堺筒（国立歴史民俗博物館蔵）
堺は近江の国友とともに鉄砲生産の拠点であった。

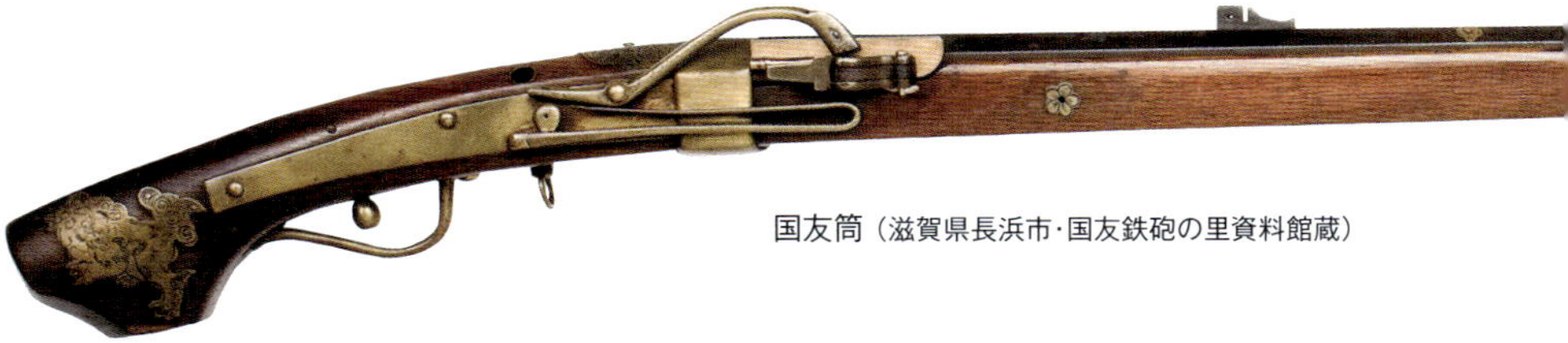

国友筒（滋賀県長浜市・国友鉄砲の里資料館蔵）

確認できず、しかも国友村は、信長の宿敵浅井《あざい》長政《ながまさ》の支配下にあった。そのため、もし信長が国友村に鉄砲を発注できるとすれば、天正元年9月の浅井氏滅亡後のことだろう。確実な文書で、織田氏と国友村との関係が明らかになるのは、天正2年8月である。

　次に堺について述べよう。堺が鉄砲製造の場であったことは事実であるが、それ以上に南蛮貿易の基地として海外からの物資流入の窓口であったことが大きい。堺の商人千宗易《せんそうえき》は、長篠合戦直後の天正3年8月、信長の越前出陣に際し鉄砲玉千発を贈っており、その財力ばかりか物資の調達力も注目される。また、信長自身も天正元年3月、武田信玄の遠江・三河・東美濃侵攻と、浅井・朝倉連合軍の攻勢という危機に直面した際、鉄砲、玉薬、兵粮の大量調達を細川《ほそかわ》藤孝《ふじたか》と荒木《あらき》村重《むらしげ》に命じている。この時信長は、金子百枚、2百枚でこれらを調達できれば安いものだと述べていた。この時、細川・荒木両名は山城に在陣しているので、調達先は京都か堺であろう。信長は大規模な合戦を想定し、大量の鉄砲、玉薬、兵粮調達を多額の金で購入しようとしていたわけだが、その緊急要請に即座に応じられる京都や堺を始めとする畿内

の物流こそが、信長の鉄砲調達を支えていたのだろう。

この他に、信長自身が鉄砲鍛冶に知行を与えて雇用し、安土城下に住まわせていたことを示す史料もあり、膝下での鉄砲製造にも余念がなかったようだ。

武田氏の鉄砲装備

鉄砲の導入に不熱心といわれる武田氏だが、実際のところ、東国戦国大名で鉄砲の導入と鉄砲衆編成が最も早く確認される。武田氏の鉄砲衆が登場する初見は、弘治元（1555）年の第2次川中島合戦においてである。『勝山記《かつやまき》』によると、武田信玄は上杉から離反《りはん》し、信濃善光寺近くの旭山城に籠城した信濃国衆で善光寺別当栗田《くりた》鶴寿《かくじ》を支援すべく援軍を派遣した。それは「武田ノ晴信人数ヲ三千人、サケハリヲイル程ノ弓ヲ八百丁、テツハウヲ三百カラ御入レ候」であったといい、弓・鉄砲ともに、吊り下げた針にも命中させられるほどの名手を揃えたという。

こうした東国有数の鉄砲は、武田氏など東国戦国大名の多くは交易で入手したと推定される。既述のように、事例は少ないものの、織田氏は鉄砲鍛冶を雇用し、国産に着手していた様子が窺われるが、残念なことに管見《かんけん》の限り武田氏などにはその事例が見当たらない。鉄砲製造のための技術移転が、東国では困難だった可能性がある。

また、畿内から距離がある中部山岳地帯を領国とする武田氏にとって、交易を通じて鉄砲を入手することもなかなか困難であったようだ。武田氏は、領国の譜代や国衆らに「知行役之鉄砲」の確保を繰り返し指示していた。それでも、鉄砲不足を補うことは難しかったらしい。

ところが、意外なことに、武田氏が東国大名の中で、いち早く多数の鉄砲衆を編成できたのも、領国

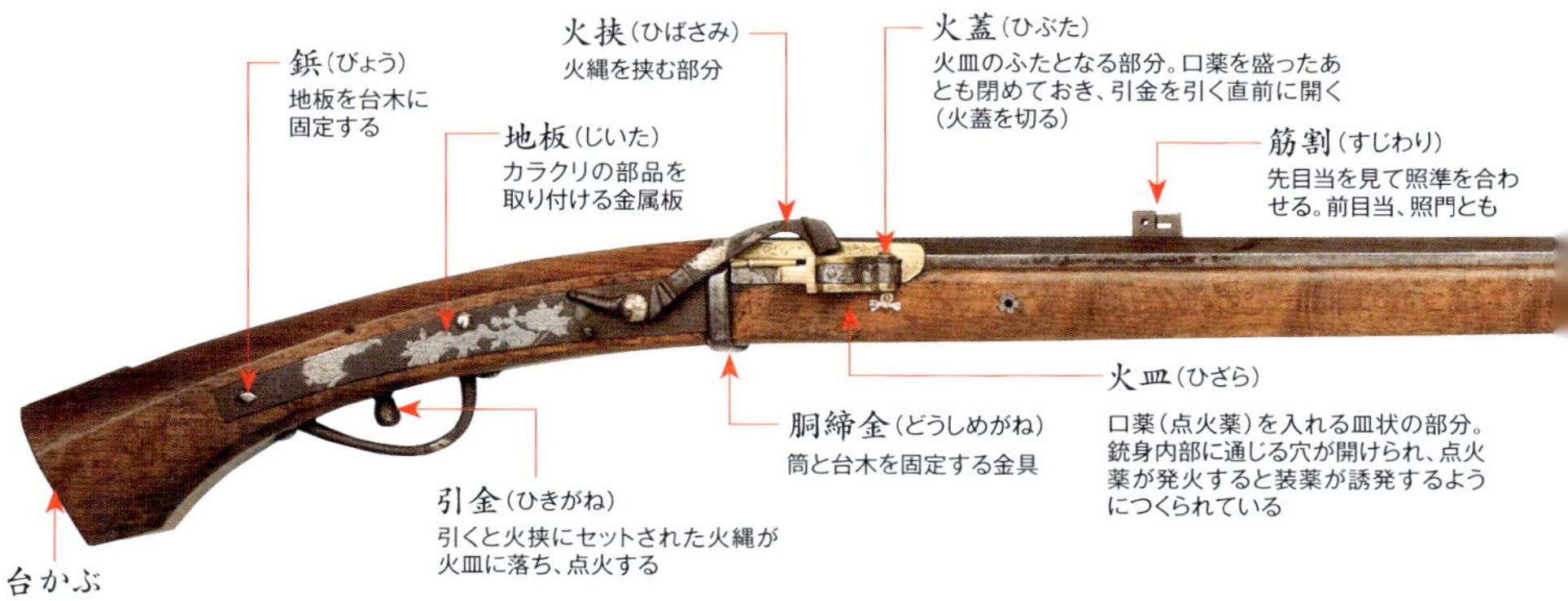

が中部山岳地帯であったがゆえという事情もあったらしい。それは、この地域で鉄砲を早くから入手し、活用していたのが、猟師だったからだ。『甲陽軍鑑』などによると、甲斐・信濃では猟師が鉄砲を独自に入手し、鳥獣を撃っていたといい、村上《むらかみ》義清《よしきよ》をはじめとする信濃の大名や国衆らは、彼らを動員し、鉄砲衆として合戦に投入していたという。この逸話は事実で、上杉謙信とその軍勢は、天正元（1573）年4月、越中から帰国する途上、信越国境の糸魚川付近で銃声を聞き、兵卒らが「信玄がやってきた」と恐怖し騒いだという。そこで謙信が、冷静に調べさせたところ、「狩人之鉄砲」（猟師の鉄砲）だったことが判明し全軍を落ち着かせた、との文書が残っている。

　また天正2年4月、徳川家康は武田方の国衆天野藤秀を討つべく、彼の本領である遠江国犬居谷に侵攻した。ところが、徳川軍は山岳地帯で天野方のゲリラ戦で手痛い打撃を喰らい敗退している。その際に神出鬼没の働きを見せたのが、鉄砲と弓矢を駆使し、山々や木々の間を移動する猟師たちであった。この他に、村々には鉄砲を所持している百姓（「在所之鉄砲」）も少なくなく、その中には軍役衆（在村被官になっていない者もいたことから、彼らに諸役免除（諸公事免除）や借銭免除（負債の破棄）の特権と引き替えに参陣するよう、その説得に躍起になっていた。

　だが、武田氏や麾下の譜代、国衆たちは、猟師や村の鉄砲に依拠するだけでなく、自らその確保に必死だった。武田氏は、伊勢商人などから兵粮や鉄砲を大船で購入していたし、駿河商人らに、敵地の商人と勢力圏の境目で交易を行う「半手商売」を奨励していた。その対象は、敵に乱取りされた捕虜（生捕人）の買い戻しと、鉄砲と鉄の取引であった。もしこれが成功すれば、武田氏から2、3百疋の夫馬を差し遣わすことを約束している。この多量の夫馬は、鉄砲と鉄運搬のために武田氏が用意するものなのか、それともそれらの購入の対価として相手に引き渡すのかは定かでないが、武田氏が大量の鉄砲と鉄の仕入れを、敵地の商人を通じて実施していた事実は重要である。

鉄砲衆の編成方法

かくも入手方法に格差を伴いながらも、織田・武田両氏はそれぞれ鉄砲衆（鉄砲隊）を編成した。ところが鉄砲隊の編成方法について、信長は鉄砲の大量注文により旗本鉄砲隊を充実させたが、武田氏は旗本鉄砲隊の編成をせず、少数の狙撃手という使用法を採用した、というのが通説であった。しかし、武田氏にも信玄本陣には多数の旗本鉄砲隊が存在していたことが証明されており、旗本鉄砲隊の有無や充実度で、両氏の差異を説明することはもはや出来なくなっている。

しかも、信長の鉄砲の大量注文による装備という説については、そもそもそれを示す史料が提示されておらず、イメージに過ぎないのだ。この通説は、長篠古戦場から出土した鉄砲玉の分析により完全に否定できる。もし信長が大量に鉄砲を注文生産させていたとするならば、銃口の規格は一定のはずである。しかし現在、出土した鉄砲玉の直径は一定せず、9・8ミリから14・9ミリに及ぶ。これは鉄砲の大量注文による装備という説に、重大な疑念を投げかける事実であろう。では、この鉄砲の口径の大きさのバラツキは何を意味するのだろうか。

実は長篠合戦直前、織田信長は領国下の家臣や国衆に対し、鉄砲と鉄砲足軽を信長のもとに派遣するよう要請している。これは、諸々の軍勢から鉄砲兵だけを引き抜き、独自に鉄砲隊を編成するという方法で「諸手のぬき鉄砲」「諸手抜之鉄砲」と呼ばれた。物主（寄親、部隊長、一手役）が率いる一軍を、当時は「一手」と呼んでいたので、諸手とは諸部隊という意味である。信長は、自身の旗本鉄砲兵に、参陣していた各部隊から提出させた鉄砲兵、さらに領国各地の国衆らから鉄砲兵を派遣させ、これを鉄砲隊として臨時編成していたのだ。

実は、武田氏の鉄砲隊編成もまったく同様で、信玄も国衆に鉄砲兵の派遣を要請した書状が残されている。また、山梨県内の城館（武田氏館跡、武田城下町遺跡、長峰砦跡）から発見された鉄砲玉も、口径10～13ミリに及び、口径が一定しないことといい、それが織田氏の鉄砲と遜色《そんしょく》ないことといい、武田氏の鉄砲装備と編成方法は、信長軍のそれとまったく同一だったと推定できるだろう。

鉄砲装備の格差

織田も武田も、鉄砲入手方法に多少の違いはあるものの、ほぼ交易に依拠するという点で共通していた。ただ畿内の物流を掌握していた信長と、そうでない武田氏とで格差があったことだけは確実である。

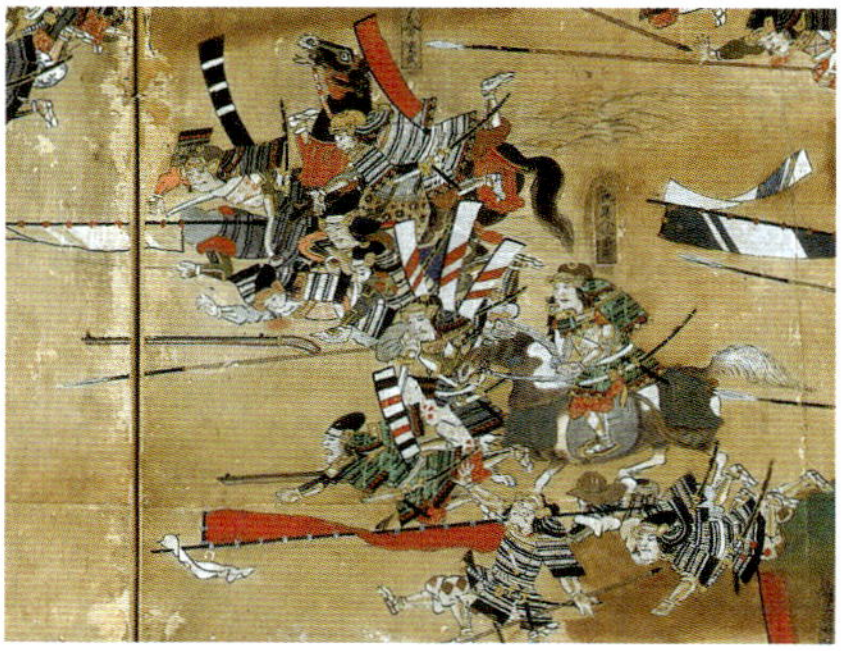

武田軍の鉄砲（犬山城白帝文庫蔵）
「長篠合戦図屏風」部分。横田十郎兵衛と望月重氏らの武田軍騎馬の前で鉄砲を持つ兵が描かれている。

しかし両者にとって最も大きかった違いは、鉄砲運用に不可欠の火薬（玉薬）と弾丸（鉛）の確保である。とりわけ、火薬はその原料である硝石が輸入に依存していたことから、鉄砲運用にとってその確保は死活問題だった。武田氏は、商人に様々な商業特権を与え、硝石の確保を指示し、独自にその入手に努めており、合戦時には大将陣（武田本陣）から各部隊に玉薬を供給していた。だがそれにも限界があり、武田氏は家臣らに独自に玉薬を入手するよう指示していたものの、なかなか実現できなかったようだ。

いっぽう管見の限り、織田方が玉薬や弾丸の確保に行き詰まっていた様子は窺われない。この点で、南蛮貿易を掌握する信長の余裕が垣間見える。だが、九州の大友宗麟も、硝石を大量に確保すべく、イエズス会を通じて輸出を要請しており、ストック確保のために奔走している様子が窺われる。

また、弾丸の確保も織田と武田では大きな格差があったようだ。長篠古戦場から発見された弾丸は、別府大学による成分分析が実施されており、その結果、ほとんどが鉛で、さらにその一部は鉛同位体比からタイのソントー鉱山から採掘されたものであることが確定された。これは東南アジアを貿易拠点に、日本への輸出を実施していた南蛮貿易によってもたらされたものであることがわかるだろう。

「武道藝術秘傳圖會」
（国立国会図書館蔵）
甲冑に胴丸に陣笠をかぶった足軽鉄砲隊の様子が描かれている。

いっぽう、武田氏や北条氏の史料を見ていくと、「黒金玉」（鉄玉）や青銅の玉についての記述が散見され、鉛玉はほとんど管見されない。武田氏は、弾丸の確保に悩み、ついに銅銭のうち、悪銭を鋳《い》つぶし鉄砲玉への転用に踏み切っている。武田氏は、甲斐国富士御室神社の神主に「鉄砲玉の御用に候、悪銭これあるまま納らるるべく候、黄金なりとも郡内棟別なりとも、望み次第に下し置かるるべきものなり」と指示し、上納してくれればその補償として、黄金でも都《つ》留郡《るぐん》の棟別銭《むねべつせん》でも与えると述べている。実は、この記述は考古資料から証明されているのだ。山梨県都留郡長峰砦跡（上野原加藤氏の城跡）の堀底から出土した鉄砲玉は、青銅製の銅玉であった。しかも成分分析の結果、その銅は、青銅古銭類の配合比に近いこと、すなわち中国の渡来銭と成分がほぼ同じであったことが確認された。これは銅玉が銅銭を鋳つぶして製造された可能性を示し、武田氏が富士御室神社の神主に、鉄砲玉に鋳直すので悪銭を上納するよう求めた記録と一致する。文書を見る限り、鋳つぶされたのは銅銭だけではない。北条氏の場合、寺社に梵鐘《ぼんしょう》の供出を依頼し、弾丸への転用を行おうとしていた。これらの事例は、東国では鉛の入手が困難であったことを物語る。当時、鉛は日本国内では品薄であったといわれる。その理由は、石見銀山などおもに西日本で銀の採掘が最盛期を迎えており、その精錬に鉛が大量に必要であった。そこで国産鉛の多くはこちらに振り向けられ、鉄砲の弾丸の消費動向と競合していた。その不足を補うべく、南蛮貿易を通じて東南アジア産、中国産、朝鮮産が持ち込まれたのである。ここでも、鉄砲関連の物資は西高東低であったことが知られる。

東西の格差がもたらしたもの

では、こうした東西の格差は、長篠合戦に象徴される、織田（西日本の大名）と武田（東日本の大名）

との戦いに、如何なる影響を与えたか。武田信玄・勝頼は、武田軍が鉄砲と弓の装備や命中率に問題があることを認識し、その克服を目指して足軽の訓練を度々命じていた。当時の合戦は、まず鉄砲の撃ち合い（「鉄砲競合」）から始まり、次第に距離を詰めていき、弓衆が参戦する（「矢戦」）。その後、長柄による打物戦が始まるわけで、騎馬衆の突撃は双方の隊列の乱れを判断してからというのが原則であった。そのため、どうしても鉄砲や弓兵の損耗率が高く、その補充が常に喫緊《きっきん》の課題となっていた。しかし弓はともかく、鉄砲には多くの問題があった。

長篠合戦後、武田勝頼は家臣に対し、鉄砲1挺につき3百発分の玉薬と弾丸の支度を義務づけた。こうした数量指定は、それまでの武田氏の軍役規定にはなかったことである。このことは、長篠合戦の戦訓によるものと推定される。武田氏にとって衝撃だったのは、尽きることなく織田・徳川軍の鉄砲が射撃を続けていた事実であったようだ。武田方の鉄砲は、数量の問題もあったが、早々に玉薬と弾丸が尽き、沈黙してしまったのであろう。

このことは、織田と武田の鉄砲兵の熟練度にも直結する問題であった。武田氏は、鉄砲の命中率が悪いことを自覚しており、家臣らに足軽の訓練をしばしば厳命していた。だがそれはなかなか克服されなかった。なぜならば、家臣らにとっても、鉄砲兵を訓練するためには、入手困難で貴重な玉薬と弾丸を消費しなければならない。いっぽうで、実戦に備えて、大量のストックを確保しなければならない。武田氏は、このジレンマに陥っていたのである。しかし、織田方には、物資不足という懸念がほとんどなかった。

つまり、長篠合戦とは、東西の格差にもとづく諸問題が露呈した出来事だったといえるだろう。この合戦は「新戦法対旧戦法」ではなく、西と東の戦いであった。双方の物流の差が、軍事物資確保の格差、さらには軍事訓練の格差となって現れ、東国を代表する戦国大名武田氏は、畿内を押さえる織田信長に敗れ去ったのである。これ以後、信長は、広大な領国から大量の軍勢を動員するとともに、豊富な軍事物資を用いて戦いに望んだ。まさに、物量のものをいわせる戦争の時代に突入したのである。それは、元亀・天正争乱を境に、合戦の常態になっていったのであり、長篠合戦はその画期となった事件と評価できるだろう。

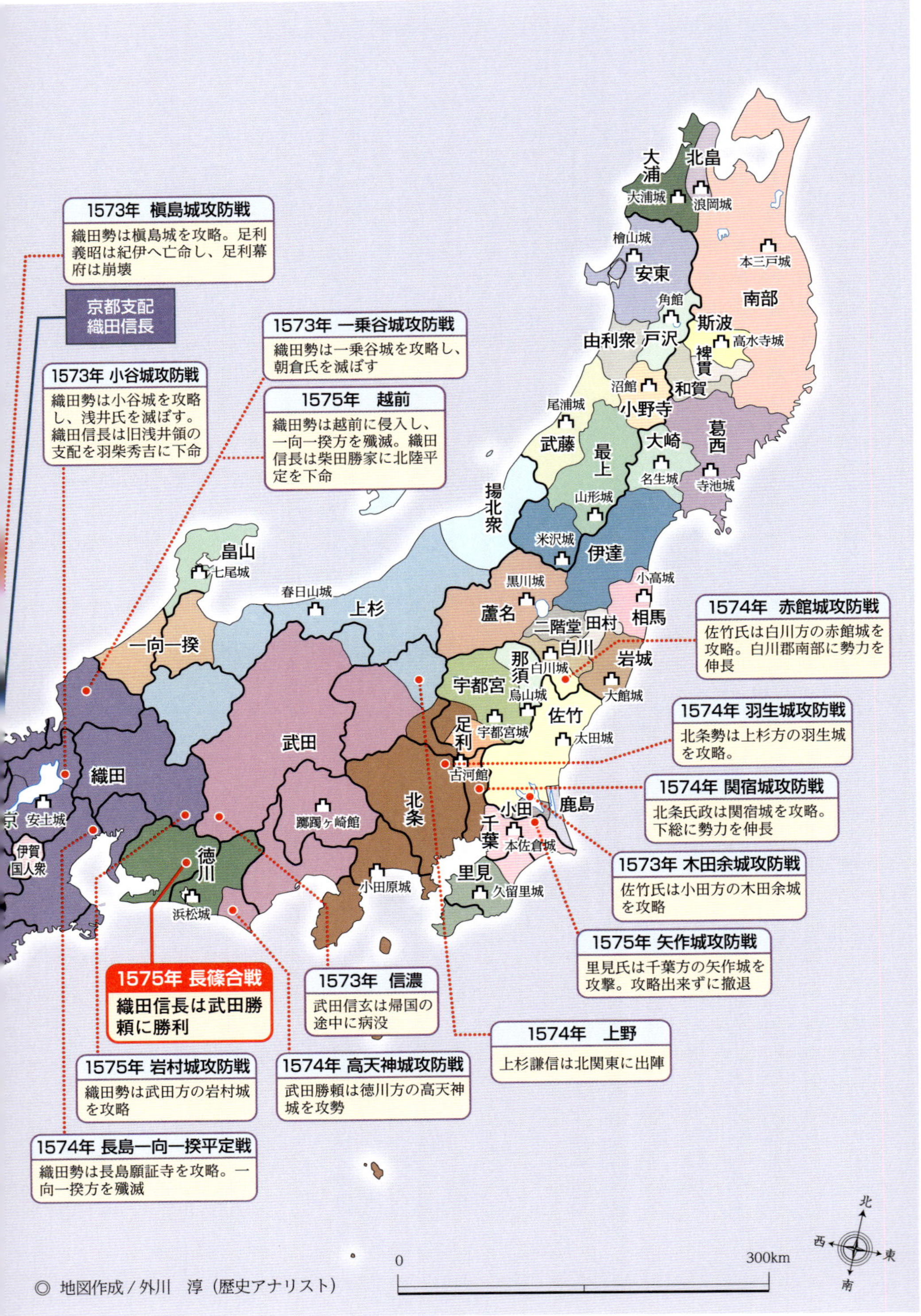

◎ 地図作成／外川 淳（歴史アナリスト）

戦国大名勢力変遷地図［2］

1573〜75年

長篠の戦い――反織田包囲網の解体

1573年、織田信長は武田信玄の病死を知ると、反織田同盟への反転攻勢を開始。足利義昭を追放して室町幕府を終幕へと導くとともに、宿敵の朝倉氏と浅井氏を滅亡へと追い込んだ。1575年、信長は長篠の戦いに勝利する。これにより、武田勝頼のトップとしての権威を失墜させ、7年後には武田氏を滅亡させている。四国では、長宗我部元親が土佐統一の勢いに乗じ、勢力圏を拡大させるなど、地方の覇者たちの動きは活発化する流れにあった。

（外川　淳）

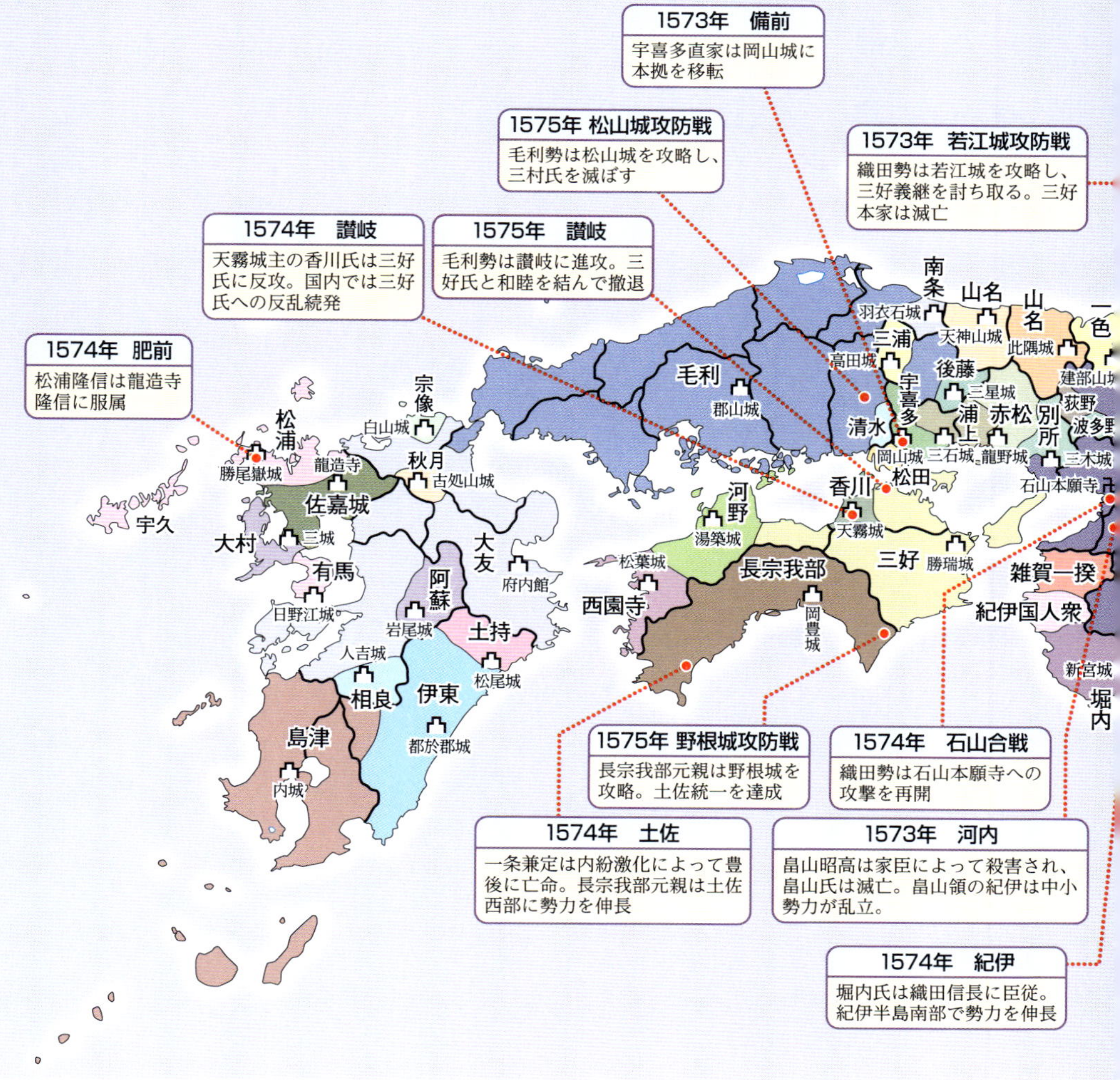

Part 3

争乱から天下人へ

『賤ヶ岳合戦図屏風』（岐阜市歴史博物館蔵）

豊臣秀吉【大坂】

とよとみ　ひでよし

◉生　天文6（1537）年　◉没　慶長3（1598）年

平井上総（花園大学准教授）

信長のもとでの秀吉

豊臣秀吉は、織田信長の家臣として出世し、信長死後に天下を統一したことで知られている。まずは織田家臣時代の事績から見ていこう。

秀吉は最初木下藤吉郎秀吉と名乗っていた。信長と同じ尾張国の出身であり、親が織田家の足軽だったとか、賤民《せんみん》の生まれだったなどと、出自については様々な説がある。いずれにせよ、かなり低い身分から織田信長に仕え、信長の躍進とともに重用されていく。なお、このころ秀吉が墨俣城《すのまたじょう》を一夜にして築いたという逸話が有名であるが、これは江戸時代に創作された話とされている。

永禄11（1568）年、信長は足利義昭《あしかがよしあき》を京都に連れて行き、室町幕府を復活させる。秀吉はその上洛戦の中ですでに軍事指揮官の一人として活躍している。そして信長の命令で京都に置かれ、丹羽長秀《にわながひで》や明智光秀《あけちみつひで》らとともに訴訟対応などの行政実務を果たす一方、伊勢や越前・近江などの戦いに参戦し、浅《あざ》井《い》長政《ながまさ》への押さえとして近江国横山城の定番《じょうばん》となるなど、行政と軍事の両面で活躍していた。

秀吉は外交・調略も得意であり、浅井方から家臣を引き抜き弱体化させていく。天正元（1573）年に浅井家を滅ぼした信長は、秀吉に旧浅井領を与

豊臣秀吉
（東京大学史料
編纂所蔵）

姉川の戦い戦況図
元亀元（1570）年6月21日、織田信長軍が虎御前山に着陣。小谷城への力攻めを断念して小谷城の南方9キロに位置にある横山城にねらいを定める。その動きに合わせて浅井軍が小谷城を出て追撃。横山城攻めが開始された頃に徳川家康軍が合流。浅井軍にも朝倉軍が合流した。そして28日、姉川付近で激闘となり、織田・徳川軍の勝利となった。戦後、横山城の浅井軍は降伏、木下秀吉が城主となる。

長浜城（加藤理文撮影）
浅井氏滅亡後、信長は木下秀吉に北近江を任せ、小谷城を与えたが、秀吉は今浜の地に新城・長浜城を築城した。琵琶湖の水を引き入れた3重の堀で囲まれ、本丸の中央部に天守が築かれていた。

小谷城跡遠望（滋賀県長浜市・長浜市役所提供）
天正元（1573）年7月、織田信長は3万の軍を率い、再び浅井小谷城を攻める。9月1日、浅井長政の自害で浅井氏が滅ぶ。

鳥取城遠望（細田隆博撮影）
右遠方の山は秀吉が本陣を置いた太閤ヶ平。

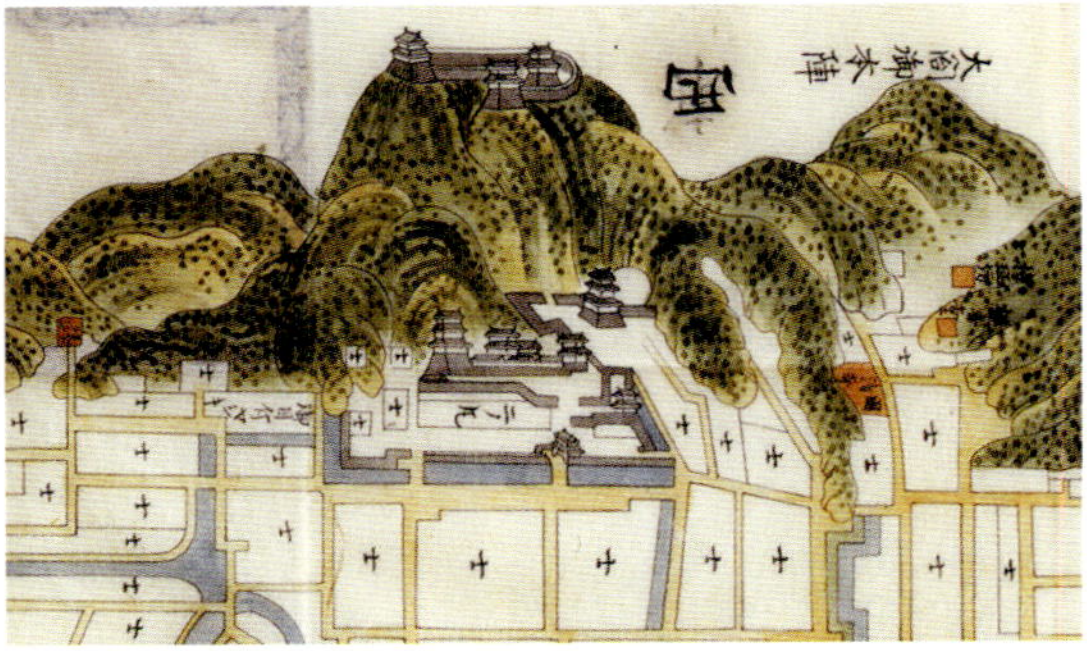

「鳥取城図　諸国当城之図」（広島市立中央図書館浅野文庫蔵）
山城・鳥取城の右奥の山頂に、天正９（1581）年の鳥取城攻めの際の秀吉の本陣が「太閤御本陣」と記されている。

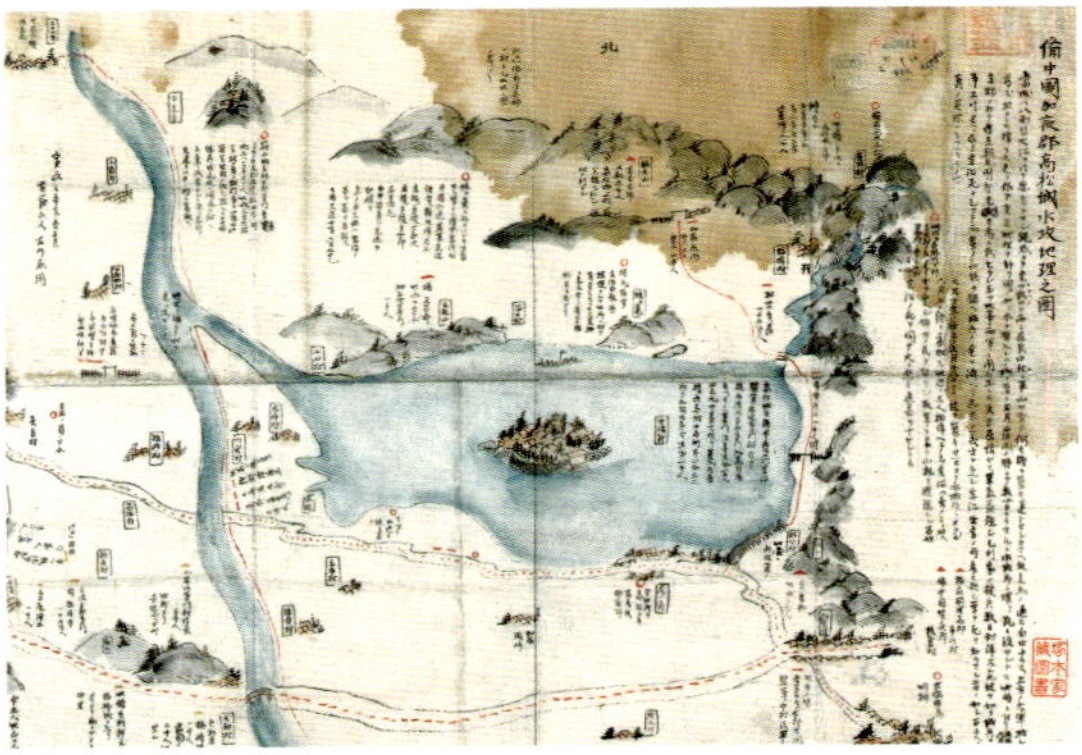

「備中国加夜郡高松城水攻地理之図」（岡山県立図書館蔵）
天正 10（1582）年、羽柴秀吉が高松城を水攻めにした際の状況を描いている。寛政４（1792)年の作図。

山崎の戦い戦況図
本能寺の変後の天正 10（1582）年６月 13 日、羽柴秀吉軍は天王山に羽柴秀長・黒田孝高隊の別動隊、山裾に秀吉本隊が陣を置く。一方の明智光秀軍は円明寺川沿いに戦線を展開。午後４時、戦端が開かれ、一進一退の攻防が続くが日没には秀吉軍の勝利となる。

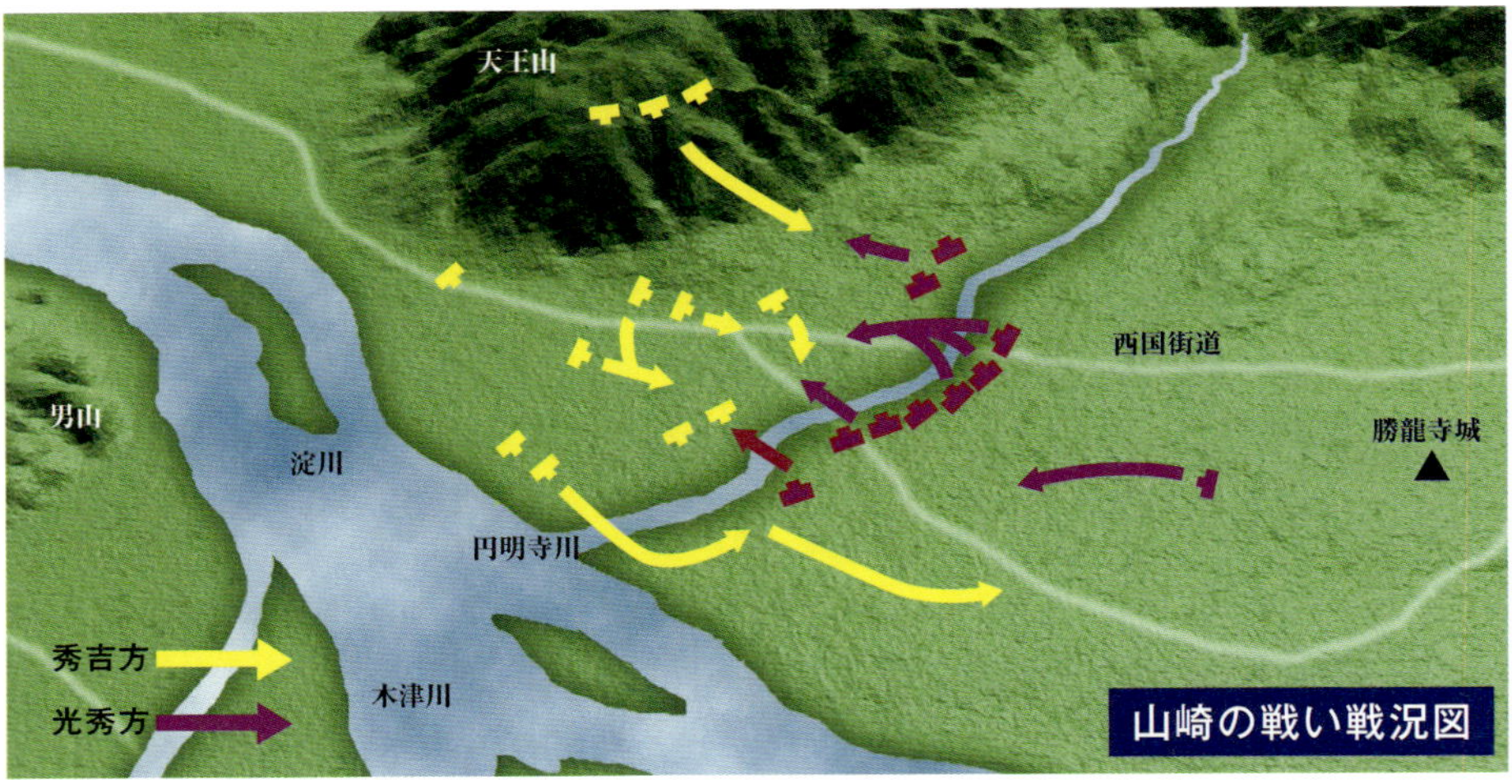

えて大名とした。これによって秀吉は織田政権有数の重臣となった。この前後の時期から秀吉は「羽柴」という苗字を名乗るが、これは織田家の重臣柴田勝家と丹羽長秀から一字ずつもらったもので、彼の処世術であったとされている。秀吉は居城として長浜城を築き、指出《さしだし》を徴収するなど、本格的に領地を経営する一方、信長の命令で各国に転戦していった。

天正5年からは中国地方の攻略担当として播磨《はりま》国に入国して、毛利輝元との戦いを繰り広げた。播磨国の三木城や因幡国の鳥取城への兵糧攻め作戦がよく知られているほか、備前国の大名宇喜多直家《うきたなおいえ》や村上水軍などの引き抜き工作も進めた。なお、宇喜多直家の服属を無断で進めたことが信長には気に入らなかったらしく、安土へ報告に行った秀吉は叱責されて播磨に追い返されている（のちに赦免）。

天正10年、秀吉は備中国高松城を堤防で囲んで水攻めにするとともに、信長の来援を要請した。いよいよ毛利家との最終決戦となるかと思われたが、中国へ向かう途中の京都で、信長は重臣の明智光秀によって殺害された（本能寺の変）。

織田政権からの自立

本能寺の変の連絡を受けた秀吉は、すぐさま毛利輝元と和睦して上方に引き返し、明智光秀を破った（山崎の戦い）。秀吉のほか柴田勝家・丹羽長秀・池田恒興《いけだつねおき》の計四名の宿老を中心に議論した結果、信

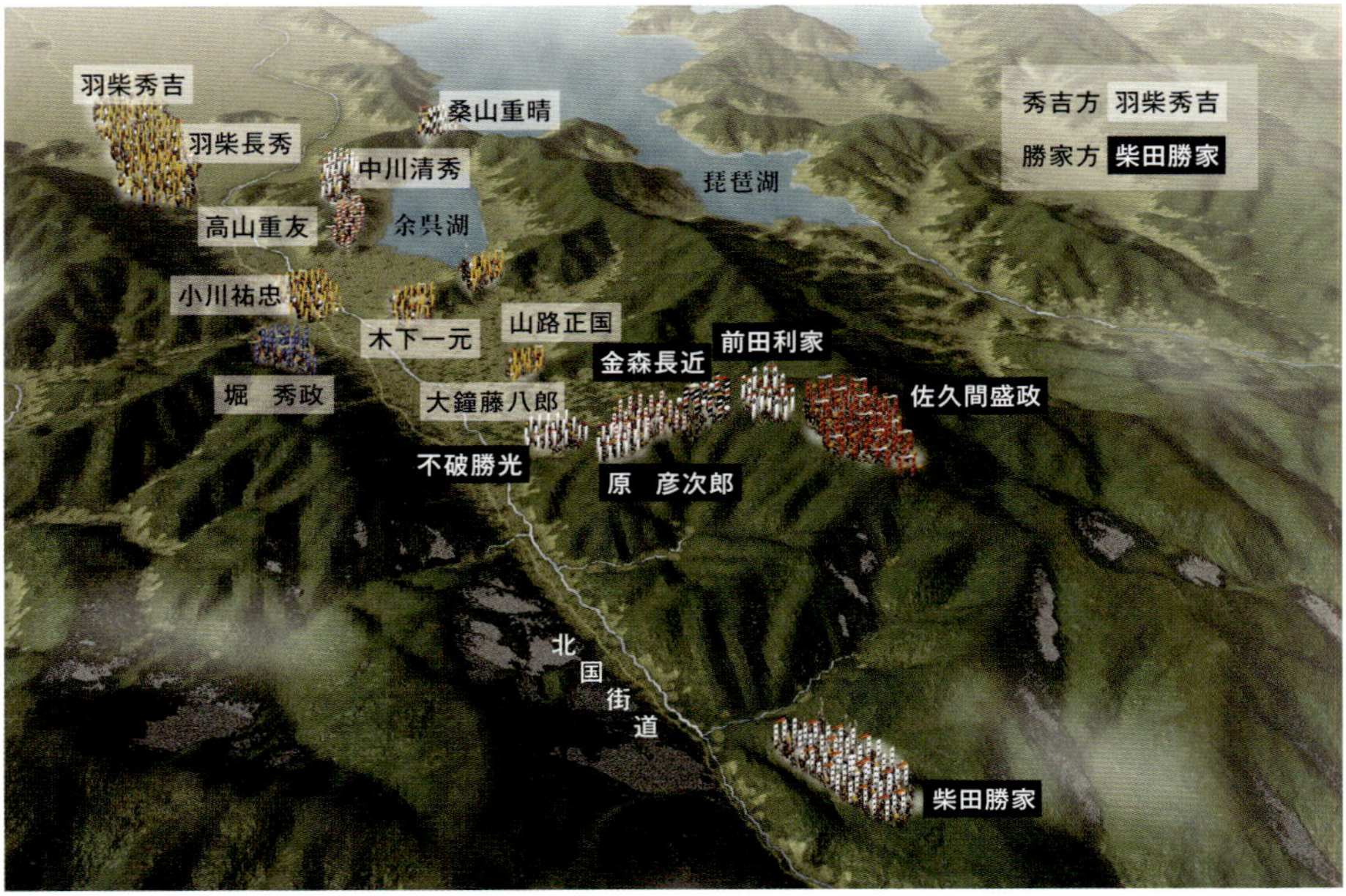

賤ヶ岳の戦い戦況図
天正 11（1583）年 4 月、琵琶湖の北、余呉湖に近い賤ヶ岳付近で織田軍団を二分する戦いが行われた。この地は 400m 前後の丘陵が点在する地帯で、両軍はそれぞれ丘陵に陣城を築き布陣。1 か月ほどの対峙後、開戦となり秀吉軍が勝利する。

長の嫡孫三法師《さんぼうし》（秀信《ひでのぶ》）が織田家の当主になった（清洲会議）。ところが秀吉に反発する織田信孝《のぶたか》（信長の3男）が三法師を安土に移住させなかったため、秀吉は長秀・恒興と相談し、織田信雄《のぶかつ》（信長の2男）を織田家の家督代行として擁立した。

　こうして織田政権の内部で信雄・秀吉派と信孝・勝家派の派閥抗争が起こり、天正11（1583）年の賤ヶ岳の戦いへと展開していく。この時期には、秀吉は上杉景勝ら東国の大名と結び、一方の勝家は足利義昭のほか長宗我部元親《ちょうそかべもとちか》ら西国の大名と結ぶなど、織田政権の枠を超える大規模な戦乱の様相が生じていた。4月、柴田勢の佐久間盛政《さくまもりまさ》が動いて羽柴勢の中川清秀《なかがわきよひで》を討つと、岐阜城の信孝を包囲していた秀吉は急遽軍を引き返して反撃し、柴田勢を破った。これによって勝家と信孝を切腹に追い込み、秀吉は織田政権内の政敵を滅ぼすことに成功したのである。

　勝家を滅ぼした秀吉は、織田政権の宿老の立場から脱却する動きを示し始める。たとえば、織田信雄が京都奉行（所司代）に任命した前田玄以《まえだげんい》（三法師の傅役《もりやく》）を、秀吉は自分の家臣のように扱っている。また、同僚の織田家臣に対し、秀吉が自分名義で土

「賤ヶ岳合戦図屏風」部分（岐阜市歴史博物館蔵）

地を与えた。さらに、自分の居城である大坂城の城下町に、朝廷を移転するという計画も立てていたらしい（秀吉が流した偽情報という説もある）。こうした秀吉に、丹羽長秀・池田恒興をはじめ、織田家臣の多くが靡《なび》いていった。さらに秀吉は、信雄の家老たちにも調略の手を伸ばして、政権の乗っ取りを進めていく。

一方、この年10月に秀吉は、織田政権の同盟者である徳川家康に、関東の無事（関東大名たちの和睦）がどうなったのかと尋ね、九州の日向鷹を贈っている。当時家康は関東の大名たちに和睦を斡旋《あっせん》して関東を治めようとしていたが、秀吉はそれに介入するとともに、自分は九州の大名ともつながりがあるのだと誇示したのだろう。これもまた、織田政権の宿老からは逸脱気味の外交である。

秀吉の行動に危機感を抱いた織田信雄と徳川家康は同盟し、尾張国で秀吉と対陣した（小牧・長久手の戦い）。この戦いは天正12年3月から11月と長期にわたった上に、信雄・家康側が長宗我部元親や雑賀《さいか》衆、秀吉が上杉景勝と結び、北陸・信濃・四国・南近畿など各地で戦いが起こった。ただ、尾張・美濃・

伊勢の主戦場では、4月に秀吉側の別働隊が長久手で大敗した以外は、各国での小競り合いが続いた。直接対決を避け続けた秀吉は、信雄の伊勢の領地に兵を送り圧迫を加える。これによって和睦が成立し、11月に信雄が秀吉に人質（実子あるいは妹）を提出した。家康も軍を引き、秀吉に人質（2男義伊《ぎい》。のちの結城秀康《ゆうきひでやす》）を提出する。結局、小牧・長久手の戦いは、秀吉側の戦略勝ちで終わったのである。

翌天正13年2月、織田信雄は上洛し、朝廷から権大納言に任じられた。そのすぐ後、秀吉は内大臣に昇進し、信雄より上位の身分となった。すでに実力面では秀吉の政権が織田家を凌《しの》いでいたが、朝廷の官位という基準からも信雄の上に立つことで、織田政権を克服した新政権の樹立を確定させたのであった。

関白豊臣秀吉と全国統合

織田政権を克服した秀吉は、その年のうちに関白となる。征夷大将軍になるため足利義昭に養子入りしようとして断られたために秀吉は関白を選んだという話が知られているが、近年の研究によるとこれは江戸時代に創作された話で、実際は朝廷から将軍就任

大坂城下図（古藤祐介作図）
天正11（1583）年8月、秀吉の大坂城築城が開始された。同13年頃には本丸が完成、同16年には二の丸、そして慶長3（1598）年、大坂城を大きく取り囲む三の丸と総構が完成している。

秀吉大坂城天守模型（大阪城天守閣蔵）
五重の望楼型天守は、秀吉が関白となる天正13（1585）年に完成した。

を勧められたものの自分から断っていたらしい。関白になったいきさつは、摂関家の近衛《このえ》信尹《のぶただ》と二条昭実《にじょうあきざね》の間で関白就任をめぐる相論が起きたため、両家の争いを止める名目で秀吉が横から介入し、近衛家の猶子として関白になった、というものであった。日本の歴史上、藤原摂関家（五摂家）以外で関白となったのは、秀吉と甥の秀次だけである。また、同年に朝廷から「豊臣」という新たな姓を授かった。こうして関白豊臣秀吉が誕生したのである。

それから秀吉は全国の大名を従属させたり滅ぼしたりして日本を統合するのだが、そこでは天皇の叡慮《えいりょ》と停戦・国分《くにわけ》がキーワードとなっている。まず叡慮、すなわち天皇の意思について、秀吉はこの年10月に九州の大名に叡慮を理由に停戦を命じ、天正15年5月

金銀小札色々絲威（妙法院蔵）
豊臣秀吉所用の甲冑と伝えられる。

「御所参内・聚楽第行幸図屏風」左隻（小林英好氏蔵・上越市立総合博物館提供）
天正16（1588）年、豊臣秀吉が京都の聚楽第に後陽成天皇を迎えた様子が描かれている。屏風中央に秀吉が乗った牛車を描いている。

に島津義久《しまづよしひさ》が降伏した際に天皇命令への違反により攻めたと述べている。天正17年に北条氏直に宣戦布告する際には、勅命（天皇の命令）に背く者は罰を加えると宣言している。敵対者を討つ大義名分として、天皇の補佐役である関白の地位をうまく利用していることがよくわかるだろう。

もう一つの停戦・国分については、九州向けに命じているほか、東日本の大名に「惣無事」という言葉で命じている。戦争を止めた上で、その原因となっている大名間の領土争いを秀吉の手で解決する（各地の領主を秀吉が定める）、というのが国分であった。島津義久は停戦したものの国分案を受け入れずに戦闘を再開したために、秀吉から攻撃された。北条氏直も、国分を破り真田昌幸《さなだまさゆき》の上野国名胡桃城《なぐるみじょう》を攻めたために攻撃を受けたのである。

実際のところ、停戦命令は全国一斉ではなく、争っている大名たちに個別に命じていたようで、停戦後の国分にも恣意的《しいてき》な点が多かったから、秀吉は公平な停戦・国分をしていなかった。叡慮も、当時の天皇（正親町《おおぎまち》天皇・後陽成《ごようぜい》天皇）が本当に命じたのではなく、秀吉の独断であった可能性が高い。したがって秀吉は他の大名たちに介入し従属させるために、自分の都合のいいようにこれらを利用していたともいえる。ただ、かつての織田政権をしのぐ圧倒的な軍事力を背景にしながら、叡慮と停戦という、権威面と公共面で抵抗しづらい概念を押しつけて従属を迫っていくというや

り方は、単純に戦争を仕掛けたり従属を促したりするよりも効率のよいものであったと言える。

こうして秀吉は天正18年に関東の北条家を滅ぼし、同年奥羽の大名も服属させて、日本全国を統合した（ただし同年に奥羽で起きた大規模な一揆を鎮圧するのは翌年）。その後、天正20年からは朝鮮への侵略を開始していく。なお、天下を統一してから急に明・朝鮮を攻めると言い出したかのような誤解がされることもあるが、ずっと前から秀吉は中国（明）への進出を公言している。島津義久が降伏した天正15年からは朝鮮への外交を開始しており、「日本が明を攻撃する際には協力するように」という秀吉の無茶な要求を朝鮮側が断ったために、侵略が始まるのである。日本・朝鮮・明を大きく疲弊させたこの戦争は、途中和睦・再出兵をはさんで、慶長3（１５９８）年の秀吉の病死をもって終結したのであった。

大名の統制

秀吉の配下の大名の顔ぶれを見ると、ずっと仕えてきた家臣は一部だけであり、同僚だった織田家臣（前田利家など）や、服属した戦国大名（徳川家康など）

伝淀殿（茶々）［1567 ～ 1615］
（奈良県立美術館蔵）
浅井長政と織田信長の妹・市の３姉妹の長女。秀吉の側室となり、慶長20（1615）年５月、大坂城落城時に秀頼とともに自害。

石田三成［1560 ～ 1600］
（東京大学史料編纂所蔵）
秀吉に見出され五奉行の１人となる。関ヶ原の戦いで敗れる。

が多かった。こうした大名たちをおとなしく従属させるために、秀吉はさまざまな手を尽くしている。

まず、大坂城や聚楽第、伏見城などの豪華な城郭建築がある。天守閣や石垣を備えた巨大な城は、彼が仕えていた織田信長の安土城が有名であるが、秀吉はそれを超える城を築くことで自らの権力を誇示し、見る者の抵抗心を削いだのである。これらの城は軍事目的の施設としても堅牢であったが、それ以上に、人に見せて威圧するための施設といった要素が強かった。

徳川家康のほか、上杉景勝や毛利輝元など、秀吉に下った大名は上洛して秀吉に会うことで従属が確定される。彼らが上洛した際、秀吉が大坂城の天守閣内部を自ら案内していた（少なくとも景勝と輝元には見せている）。秀吉は彼らを歓待するとともに、やはり自らの城の強大さを見せつけたのであろう。同じような使われ方をしたものに金の茶室がある。その名の通り黄金に輝く茶室であり、解体して持ち運べるようになっていたらしい。天皇の御所に運んで見せているし、大坂では上杉景勝の上洛時にこの茶室で茶会を行なっている。秀吉自身の趣味もあるだろうが、

豊臣秀吉 略歴

天文6年	1537	尾張国の足軽、木下弥右衛門の子として生まれる。
天文23年	1554	尾張国・織田信長に仕える。組頭、足軽大将と次々に出世。
永禄4年	1561	ねね(北政所・高台院)と結婚。
永禄10年	1567	稲葉山城攻めで活躍。竹中半兵衛を軍師に迎える。
天正元年	1573	小谷城の戦で貢献。北近江の大名になる。
天正8年	1580	別所長治を自害させ、播磨国を平定。姫路城を居城にする。
天正10年	1582	備中高松城水攻めの中、本能寺の変を知り中国大返しを行う。
天正11年	1583	大坂城を築城し、居城とする。
天正12年	1584	小牧・長久手の戦では徳川家康と織田信雄と和睦。
天正16年	1588	聚楽第に後陽成天皇の行幸を仰ぐ。刀狩令を出す。
天正18年	1590	北条氏降伏。徳川家康を関東に移封。
天正19年	1591	千利休を切腹させる。名護屋城築城。
文禄元年	1592	朝鮮へ侵攻(文禄の役・慶長の役)。伏見城築城。
文禄2年	1593	側室の淀殿が、拾(豊臣秀頼)を生む。
慶長3年	1598	醍醐寺で花見開催。五大老、五奉行制を敷く。伏見城で死没。

これもやはり財力を見せつけるためのパフォーマンスの要素をみることができる。

天皇権威を大名統制に利用した事例として、天正16(1588)年の聚楽第行幸がある。これは当時秀吉が居城としていた京都の聚楽第に後陽成天皇を招いたイベントであり、天皇と秀吉のほか、公家や大名たちも参加させた長大な列を形成し、京都の街中を行進させている。この行列は、見物する京都の民衆や、行進する大名自身に、秀吉の権力を認識させることになっただろう。また、この行幸にあたり、秀吉は大名たちを朝廷の官職に任官させているが、これは織田信雄の場合と同様、関白秀吉と大名たちとの上下関係をはっきり示す効果があった。そして、行幸に参加した家康や信雄ら大名たちに天皇への奉仕を誓う起請文を書かせたが、その中に「関白殿のおっしゃることには背きません」という言葉を入れておいた。この場合の関白殿とは当然秀吉のことである。

こうした手段を用い、秀吉は大名を自らのもとに従属させていった。だが、彼が幼い息子秀頼を残して病死したことで、豊臣政権は崩壊への道を辿《たど》っていくのであった。

色々威二枚胴具足（名古屋市秀吉清正記念館蔵）
豊臣秀吉所用。兜は変わり兜に白いヤクの毛を垂らしている。

綴織鳥獣文陣羽織（高台寺蔵）
ペルシャ製の生地を用いて陣羽織に仕立てたもので、秀吉所用と伝えられる。

豊臣秀吉（名古屋市秀吉清正記念館蔵）
甲冑を着た秀吉を描いたものである。

銀伊予札白糸威胴丸具足
（仙台市博物館蔵）
天正18（1590）年7月、奥州仕置のために東国へ向かった豊臣秀吉を、伊達政宗は宇都宮で出迎えた。その際に秀吉から拝領した具足である。

馬蘭後立付兜（大阪城天守閣蔵）
黒漆塗の唐冠形の兜鉢に、馬蘭の葉を模した29枚の薄板を後立に付けた兜。秀吉所用の兜として有名である。

戦国大名

大友宗麟《おおとも そうりん》（義鎮《よししげ》）【豊後】

生 享禄3（1530）年
没 天正15（1587）年

キリシタン王国を夢見た北九州の覇王

大友宗麟
（瑞峯院蔵）

一時は九州6国に君臨

豊後に於ける大友氏は鎌倉時代初期、豊後守護として入国した大友能直《よしなお》を直接の祖とする。有力な戦国大名として現れるのは20代義鑑《よしあき》、21代義鎮（宗麟）の時代からとなる。

天文19（1550）年、父義鑑が、後室の子塩市丸を義鎮に代えて後継に立てようと画策。これをめぐって起きたお家騒動「二階崩れの変」が生起して家内を二分。義鎮を推す一派は塩市丸を殺害し、主君義鑑を襲う。この騒動で父義鑑は傷を負い、これがもとで死去。こうして義鎮が家督を相続することとなった。

翌20年、義鎮は、イエズス会宣教師として周防《すおう》を再訪したフランシスコ・ザビエルを招き、その布教を許可、教会の建設などとともに、その活動、関連施設を保護した。キリスト教への関心とともにポルトガルなどとの貿易にも積極的に乗り出し、領内の港は活況を呈したという。後年の天正10（1582）年には大村氏、有馬氏とともに、名高い「天正少年使節団」をローマに派遣してもいる。

この年、天文20年には周防大内氏の重臣陶隆房《すえたかふさ》（晴賢《はるかた》）が主君大内義隆に背いて自刃に追い込み、大内家の実権を奪取する。隆房はさらに傀儡《かいらい》の擁立を目論み、義鎮に働きかける。義鎮はこれに乗って、大内家に縁のある弟晴英《はるひで》を送り込み、大内義長《よしなが》として当主を継がせ、この事で周防・長門方面への影響力を強める事に成功した。弘治元（1555）年になると隆房が厳島の戦いで敗死。3年後、義長も毛利氏に攻められて自害し、大内氏は滅びる。しかし義鎮は毛利勢との抗争を継続し、博多を中心とした北九州の版図を保った。義鎮はさらに肥後にも手を伸ばし、勢力拡大に邁進する。

以後も、毛利氏、龍造寺《りゅうぞうじ》氏との抗争が相次ぐが、毛利元就《もとなり》の死で毛利勢は撤退し、永禄2（1559）年九州9か国中6か国の守護に補任され、元亀元（1570）年には北九州の毛利勢を一掃、こうして大友氏は最盛期を迎えた。

「鬼島津」に圧倒され、滅亡の危機も

天正4（1576）年には長子の義統《よしむね》を豊後府内に置き、自らは臼杵《うすき》の丹生島《にゅうじま》城に移るという二頭制をしく。だが、この複雑な統治形態が後々禍根《かこん》を招くことにもなった。

天正5（1577）年、島津氏が日向伊東氏を駆逐、北上の意志を示すと、その翌年、宗麟は島津軍と直接対峙する。しかし、数の上では遥かに劣勢の島津軍に耳川《みみかわ》で屈辱の大敗を喫してしまう。この大敗北によって領国内では反乱が頻発。大友氏衰退の一因となった戦である。

天正12年から、島津勢は龍造寺隆信《たかのぶ》、肥後阿蘇氏を屠って進撃、大友領を窺《うかが》う。同14年、宗麟は自ら大坂城に豊臣秀吉を訪ね、援軍を要請する。同年12月秀吉の

大友宗麟 略歴

享禄3年	1530	大友義鑑の長男として豊後府内に出生。
天文19年	1550	父義鑑が「二階崩れの変」で死去し、家督を相続。
天文20年	1551	弟晴英を大内家に送り、大内義長として当主を継がせる。フランシスコ・ザビエルを招き、布教を許可。
弘治2年	1556	豊前、筑前に侵攻。
永禄2年	1559	九州9か国中6か国の守護に補任される。
元亀元年	1570	今山の戦いで龍造寺勢に敗れる。博多の戦いでは北九州の毛利勢を一掃。
天正4年	1576	長子義統を豊後府内に置き、臼杵の丹生島城に移る。
天正6年	1578	島津軍に耳川で屈辱の大敗を喫する。
天正10年	1582	大村氏、有馬氏とともに、天正少年使節団をローマに派遣。
天正14年	1586	大坂城に豊臣秀吉を訪ね、援軍を要請する。島津軍と戸次川で対峙するが、援軍の四国勢と共に敗走。豊後府内を奪われる。
天正15年	1587	九州征伐軍本隊が上陸し、島津軍が降伏して危機を脱出。5月23日病没。

差し向けた仙石秀久《せんごくひでひさ》、長宗我部《ちょうそかべ》元親《もとちか》、十河在保《そごうまさやす》らの四国からの援軍とともに戸次川《へつぎがわ》で対峙するが、結果は敗走を余儀なくされ、豊後府内をも奪われた。

翌年、九州征伐軍本隊が上陸すると、さしもの島津軍も秀吉の大軍勢にはかなわず降伏する。

こうして、大友氏滅亡の危機はからくも回避されることになった。嫡子、義統も秀吉から豊後一国を安堵されたが、九州は秀吉勢の統治下に置かれ、これ以降豊臣体制下での一大名として、辛くも命脈を繋ぐことになった。

天正15年5月23日、宗麟は病没。一時は九州6か国の覇王となったキリシタン大名。日向の地にキリシタン王国「無鹿《むしか》」建設を夢見たともいう。

（服部　崇）

二十二間筋兜と胴丸具足
（大分市・柞原八幡宮蔵）
大友家から奉納された甲冑。中世末期から近世初頭の甲冑の特徴を有した優品。

仏狼機砲（津久見市教育委員会蔵）
薩摩島津軍が丹生島城に攻撃してきたとき、この仏狼機砲の威力で撃退したと伝わる。

戦国大名

鍋島直茂

【肥前】なべしま　なおしげ

生 天文7（1538）年
没 元和4（1618）年

平和裡に主家を乗っ取った簒奪者

鍋島直茂
（鍋島報效会蔵）

龍造寺隆信は義理の兄弟

「肥前の熊」の異名をとり、大友氏、さらには島津氏と長年の抗争を繰り広げ、肥前・肥後に隠れもない勢力を張った龍《りゅう》造《ぞう》寺《じ》隆信《たかのぶ》とは義理の兄弟の間柄である。

龍造寺家の当主周家《ちかいえ》が少弐《しょうに》氏への謀反の嫌疑によって誅殺されたのち、周家の妻、隆信の母慶誾《けいぎん》が、家中の結束を図って、実力者であった直茂の父、重臣鍋島清房《きよふさ》と再婚したためである。こうして清房は隆信の義父として、その後見役をつとめることとなる。

直茂は早くから龍造寺隆信に仕え、龍造寺軍を率いて大友氏と度々戦った。その中でも元亀元（1570）年、大友宗《そう》麟《りん》が6万の大軍を発して肥前佐賀城を囲んだ戦いでは、大友軍が陣を張る今山《いまやま》に、寡兵をもって夜襲を仕掛けて大軍を敗走させている。

この「佐賀の桶狭間《おけはざま》」とも呼ばれる一戦での大胆、かつ巧みな用兵で武名を高め、この後、龍造寺家中に重きを成していく。

龍造寺家の実権を握る

天正12（1584）年、龍造寺隆信は島原沖田畷《おきたなわて》で島津・有馬連合軍に思いもかけぬ苦戦の末、追い詰められて自刃。家督を隆信嗣子の政家《まさいえ》が継ぐが、周囲からも戦国武将としての器量はないとみられたため、直茂はこの後見となり、龍造寺家の実権を握った。

同15年、秀吉の九州征伐が始まると、秀吉に誼《よしみ》を通じ、征伐軍の先陣を担った。戦後この功で龍造寺氏の所領が安堵されると共に、直茂にも東肥前に所領が与えられ、長崎の代官にも補任された。同18年、病弱を理由として政家が退隠すると、その子高房《たかふさ》が家督を相続する。しかし、まだ5歳と幼いため、引き続き直茂が龍造寺家の家政を実効支配し、肥前35万7千石の安堵を公認される。

文禄の役にも龍造寺軍を率いて参陣し、慶長の役にも子の勝茂《かつしげ》と共に従軍している。

関ヶ原の戦いでは、関ヶ原本戦には参加せず、肥前にあって戦った。しかし、直茂は東軍に、嫡男勝茂が西軍に投じて戦うという危機的状況が生じた。だが西軍が敗れると勝茂はすぐ東軍に寝返り、同じ西軍側、立花宗茂《たちばなむねしげ》の居城筑後柳河城を攻め落とした。これによって、戦後、勝茂の行動は不問に付され、からくも改易処分を免れた。

佐賀城鯱の門と続櫓（佐賀市）
鍋島直茂の本拠城。現存する鯱の門のほかに本丸御殿が復元されている。

鍋島直茂 略歴

天文7年	1538	鍋島清房長男として出生。
元亀元年	1570	今山の戦いで大友宗麟の大軍を夜襲によって敗走させる。
天正12年	1584	龍造寺隆信嗣子の政家が家督を継ぐと後見となる。
天正15年	1587	九州征伐で奮戦し、龍造寺氏の所領が安堵される。直茂にも東肥前に所領が与えられ、長崎の代官にも補任。
天正18年	1590	龍造寺高房が家督を相続すると、引き続き龍造寺家家政を実効支配し、肥前35万7000石の安堵を公認される。
文禄元年	1592	文禄の役に参陣。
慶長5年	1600	関ヶ原の戦いでは肥前で父子が東西に属して戦う。西軍が敗れると子の勝茂はすぐ東軍に寝返り、立花宗茂の筑後柳河城を攻め落とし、改易処分を免れる。
慶長12年	1607	嫡子勝茂が龍造寺家の家督を相続。
慶長15年	1610	隠居する。
元和4年	1618	6月3日病没する。

形式上の当主である高房は、慶長12（1607）年の22歳時、龍造寺氏の実権が戻されないことに不満を募らせ、錯乱して直茂の養女である妻を斬り殺すなどの乱行の末自害を遂げている。この事件が、後々の「鍋島の化け猫騒動」の伝説に繋がったともいう。

龍造寺氏の断絶

その後も直茂自身は龍造寺氏の家督を相続することはなかったが、高房とその父政家が相次いで世を去ったのち、直茂の嫡男勝茂が龍造寺家の家督を相続する。こうして勝茂が徳川体制下での佐賀鍋島藩初代となった。

勝茂は龍造寺を名乗らなかったため、ここに於いて肥前龍造寺家の家名は実質的に絶え、以後、鍋島家が代々家督を継いでいくことになった。平和裡に行われた主家の簒奪《さんだつ》である。

直茂は慶長15年に隠居したのち、その8年後の元和4（1618）年6月3日に没する。

以後、鍋島家は江戸期を通じて、代々佐賀鍋島藩主として佐賀の地に君臨することになる。

（服部 崇）

銀小札白糸威二枚胴具足
（佐賀市・祐徳博物館蔵）
直茂所用と伝える具足。兜は六十二間小星形・五段板錣。二枚胴は全体を銀箔押にしている。

島津義久【薩摩】

しまづ　よしひさ

●生　天文2（1533）年　●没　慶長16（1611）年

新名一仁（鹿児島大学非常勤講師）

島津義久は、天文2（１５３３）年2月9日、貴《たか》久《ひさ》の長男として、薩摩国伊作《いざく》（鹿児島県日置市吹上町）で生まれた。母は、薩摩の有力国衆入来院重聡《いりきいんしげさと》の娘雪窓である。義弘《よしひろ》（忠平・義珎、以下義弘で統一）歳久《としひさ》は同母弟、家久《いえひさ》は、雪窓夫人没後に生まれた異母弟で、世に知られる「島津四兄弟」とは、彼らのことである。

四兄弟の父貴久は、島津氏の有力御一家（庶子家）のひとつ島津相州家の出身で、大永7（１５２７）年、祖父忠良《ただよし》（日新斎《じっしんさい》）のクーデターにより守護家たる島津奥州家を継承したが、これは失敗に終わり、同じく御一家の島津薩州家との抗争に勝利した天文9（１５４０）年3月、ようやく菩提寺福昌寺《ふくしょうじ》から「三州太守」として認められている。このため、貴久の守護家継承はその正統性に難があり、貴久は生前に家督を譲って自らの系統が「三州太守」であることを確固たるものにしようと、永禄9（１５６６）年2月、義久に家督と三州太守を譲与している。

木崎原の戦いと大隅統一

義久には、島津氏の根本分国である薩隅日《さつぐうにち》3か国の統一という大きな目標が課されたが、父貴久が亡くなった時点では、薩摩統一が実現していたに過ぎず、大隅・日向では、伊東義祐《いとうよしすけ》・肝付兼続《きもつきかねつぐ》両氏を中心と

島津義久（東京藝術大学美術館蔵）

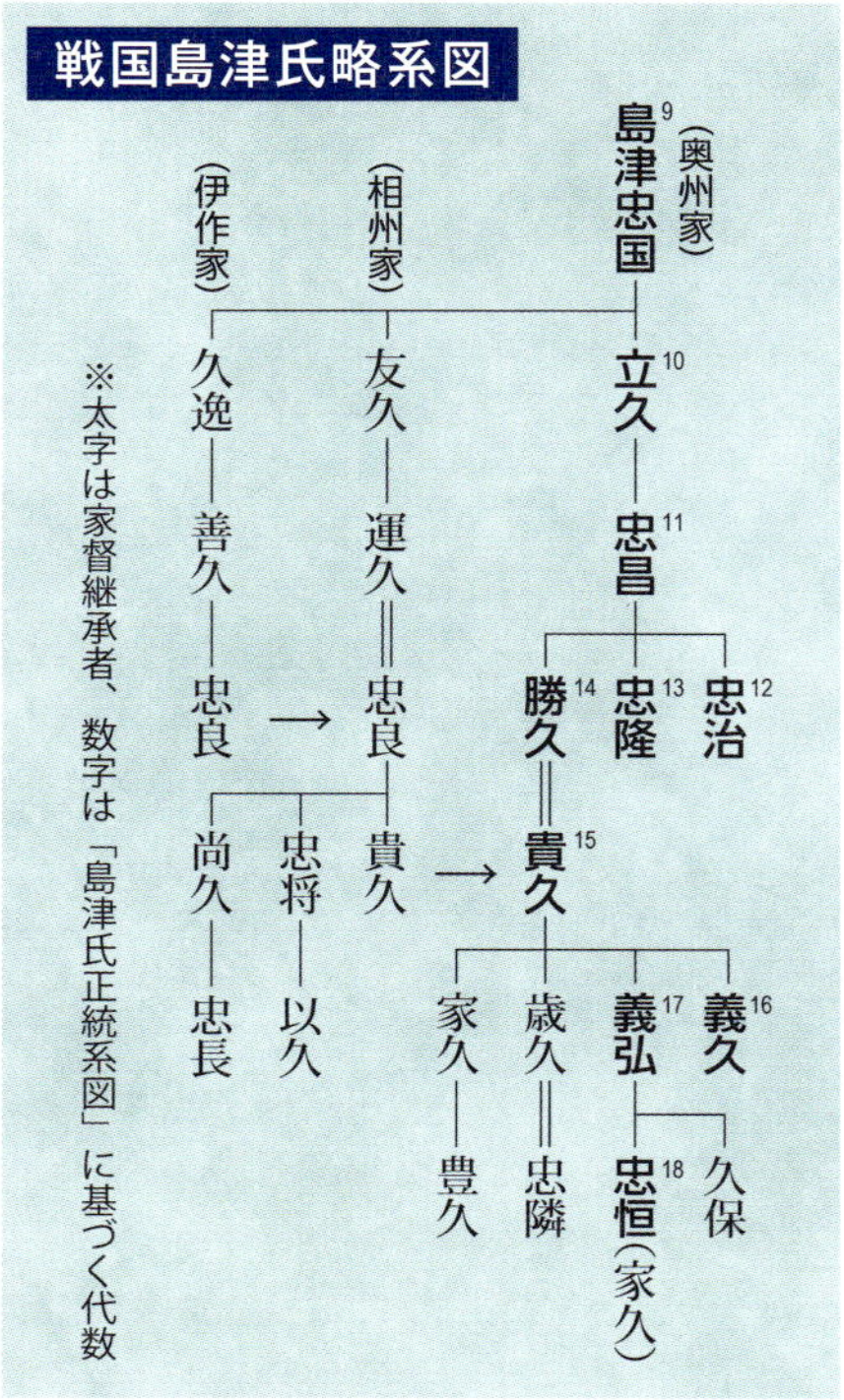

島津貴久 ［1514～1571］（尚古集成館蔵）
義久の父。早くから実戦で鉄砲を活用したり、ザビエルら宣教師を優遇したりした。

した反島津方勢力が、強固な同盟を結んでいた。

反島津同盟は、元亀2（1571）年11月、肝付・禰寝《ねじめ》・伊地知《いじち》3氏の水軍が、守護所鹿児島の襲撃を企むが、島津家久らがこれを撃退。翌元亀3年5月には、伊東勢が真幸院《まさきいん》西部に進攻するも、義弘がこれを撃破している（木崎原の戦い）。

すると、同年9月、島津勢は、反島津同盟の一角である伊地知領の下大隅（鹿児島県垂水市）に進攻して橋頭堡《きょうとうほ》を築くと、これに呼応して肝付領に進攻した庄内（都城盆地）の北郷時久《ほんごうときひさ》が、元亀4年正月、末吉住吉原の戦いで肝付勢を撃破。さらに、同年2月、島津義久は密使を、禰寝重長《しげたけ》のもとに送って単独講和を成立させ、反島津同盟の一角を切り崩す。天正2（1574）年2月、島津氏は肝付・伊地知両氏に和睦を勧告し、同年4月、両氏は所領を割譲して島津氏に降伏し、大隅統一が実現する。

伊東義祐没落と高城・耳川合戦

反島津同盟が崩壊すると、天正4（1576）年8月、島津義久は3人の弟らと共に大軍を率いて出陣し、伊東領西端の高原《たかはる》城（宮崎県高原町）を攻略。

「耳川合戦図屏風」（相国寺蔵）
天正6（1578）年 11 月の日向国小丸川、高城、耳川で行われた薩摩島津義久軍と豊後大友宗麟軍が戦った合戦を描いたもの。右に大友軍、左に島津軍を配置している。戦いは島津軍の圧倒的勝利に終わった。

翌天正5年12月、野尻（同市野尻町）、そして内山（宮崎市高岡町）の伊東氏家臣が寝返り、敗北を悟った伊東義祐は、一族とわずかな側近を連れて佐土原《さどはら》から退去し、大友宗麟を頼って豊後に落ち延びていった。これにより、日向国のうち耳川より南部全域が島津氏の支配下となったのである。

伊東義祐を保護した大友宗麟・義統《よしむね》父子は、南蛮貿易の中継基地である油津《あぶらつ》・外之浦《そとのうら》（日南市）の確保、そしてキリスト教的理想王国の建設を目指して、日向進攻を図る。天正6年9月、大友宗麟は5万ともいわれる大軍を率いて日向に進攻した。自身は縣《あがた》（延岡市）に本営を置き、本隊はさらに南下して、島津家久・山田有信《ありのぶ》らが籠もる新納院高城《にいろいんたかじょう》（宮崎県木城町）を包囲する。島津義久も、義弘・歳久らを率いて急遽出陣し、11月12日、小丸川を挟んで両軍は激突し、島津勢が大勝。大友勢は耳川以北まで敗走していった（高城・耳川合戦）。

この勝利により、島津義久は父祖以来の念願である、薩隅日3か国統一を成し遂げたのである。

大友・島津・龍造寺3氏鼎立と島津氏の肥後進攻

3か国統一を成し遂げたとはいえ、島津氏にとって大友氏は依然として軍事的脅威であり、義久はその再進攻を警戒していた。

義久は、天正6（1578）年12月、毛利輝元《もうりてるもと》やその庇護下にあった将軍足利義昭《あしかがよしあき》に書状を送り、「六ヶ国之族五万余騎」を誅伐したことを喧伝《けんでん》するとともに、毛利氏が豊前・筑前（福岡県）に出陣すれば、龍造寺《りゅうぞうじ》隆信《たかのぶ》と申し合わせて協力すると伝えている。毛利・龍造寺・島津3氏による大友氏包囲網の構築を提案したのである。

しかし、島津氏の思惑通りに龍造寺隆信は動かなかった。隆信は、高城・耳川での大友勢大敗を知ると、大友氏から自立して大友分国の筑後（福岡県南部）制圧に動き、肥後北部（熊本県北部）の国衆たちも、龍造寺氏に従属を求めるに至った。この頃から九州は、大友・島津・龍造寺の3氏が鼎立《ていりつ》する状況となったのである。

一方、肥後国衆の一部は、島津氏への従属を誓い、

龍造寺隆信[1529 ~ 1584]
（佐賀県立博物蔵）
肥前佐賀城主。のち肥前、筑前、筑後、豊前などを勢力下におき、島津、大友と並び九州の３強とも呼ばれるほどとなった。

その出陣を求めた。島津義久は、重臣達の求めに応じ、天正7年11月から翌年6月に番衆を隈本《くまもと》城（熊本市）に派遣し、肥後への介入が始まる。さらに、島津氏は、肥後南部の相良義陽《さがらよしひ》に軍事的圧力を加えようとし、天正8年8月、龍造寺隆信に相良氏領八代（八代市）への海上封鎖を求める。これに対し隆信は、海上封鎖を断るだけでなく、既に肥後はみずからの支配下であると宣言し、島津氏に肥後からの撤退を求めたのである。

同じ頃、畿内を平定した織田信長は、島津氏とも親しい近衛前久《このえさきひさ》に命じて、島津氏と大友氏の和睦仲介に当たらせた。島津義久は、龍造寺隆信の肥後進出もあってか、これを受諾し、天正9年8月に豊薩和平が成立した。

同年8月、島津義久は3人の弟とともに3万とも5万ともいわれる大軍で、相良氏の支城水俣城《みなまたじょう》（水俣市）を包囲し、相良義陽は島津氏に降服する。同年の響之原《ひびきのはら》の戦いで、相良義陽が戦死すると、義陽の嫡男忠房《ただふさ》には球磨郡《くまぐん》のみ安堵し、沿岸部の八代・芦北両郡を接収し、直轄化する。これにより肥後南部に橋頭堡を得た島津氏は、肥後からの龍造寺勢力

排除を図っていく。

龍造寺隆信との対決—沖田畷の戦い

島津氏の八代進出により、肥後国衆だけでなく、筑後や肥前の国衆にも島津氏に従属し、軍事的支援を求めるものがあらわれた。そのひとりが、キリシタン大名として知られる有馬鎮貴《ありましげたか》(久賢《ひさかた》・晴信《はるのぶ》)である。

天正12(1584)年3月、島津家久は、有馬氏支援のため3千程の兵を率いて島原半島に渡った。これに対し、龍造寺隆信は、みずから2万とも5万ともいわれる大軍を率いて救援に向かい、森岳(島原市)北側で両軍は対峙した。家久は、有馬勢とあわせて7千程の軍勢でこれを迎え撃ち、3月24日、島津勢

紺糸威桶側二枚胴具足
(佐賀県立博物蔵)
龍造寺隆信所用の甲冑。実戦的に軽量簡素で機敏な動作に適している甲冑。佐賀県指定重要文化財。

は、龍造寺勢の本陣を襲って隆信本人を討ち取り大勝した（沖田畷《おきたなわて》の戦い）。この勝利により、3氏鼎立の状況が崩れ、九州は島津氏一強の時代に突入する。

島津義久の命を受けた弟義弘らは、同年9月から10月にかけて、肥後北部（国中）の制圧を行う。これと同時並行で、筑前の秋月種実《あきづきたねざね》は、龍造寺隆信の嫡男政家《まさいえ》との和睦を島津氏に持ちかける。義久が和睦に積極的だったのに対し、義弘らは難色を示していたが、9月末に和睦を受け入れている。

大友氏との関係悪化と羽柴秀吉の四国進出

秋月種実は、父祖の代から大友氏と抗争を繰り広げており、龍造寺隆信と毛利氏の間を取り持ち、大友氏包囲網を築こうとしていた。隆信没後、島津氏との和睦を仲介したのも、大友氏包囲網構築の一環であった。

一方、島津義久は、大友氏との和睦（豊薩和平）を重視していたが、龍造寺政家が従属国衆となったことにより、龍造寺氏の安全保障を担う義務が生じた。沖田畷の戦い直後から、筑前の大友氏重臣戸次道雪《べっきどうせつ》と高橋紹運《じょううん》は、筑後に進攻しており、龍造寺政家は大友勢の排除を島津氏に求めたのである。同年10月、島津氏は、戸次・高橋両氏に対し、筑後からの撤退を求め、撤退しない場合、島津氏への敵対とみなすと通告した。しかし、大友勢はこれを無視して在陣を続けており、早くも豊後進攻やむなしの声があがっている。しかし、島津義久は早急な大友氏との手切れに反対している。

そして、天正13（1585）年2月、備後鞆の足利義昭と毛利輝元は、使者を島津義久のもとに派遣し、大友氏退治を求めた。足利義昭を盟主として、毛利・秋月・龍造寺・島津で大友氏包囲網を築こうとしたようである。これに対し義久は態度を保留し、依然として大友氏との手切れに慎重であったことがうかがえる。

なお、この年7月、羽柴秀吉は、長宗我部元親《ちょうそかべもとちか》を倒すべく、大軍を四国に派遣している。この動きを知った義久は、まもなく長宗我部氏は退治されるであろうと予見している。実際、8月に長宗我部元親は降服し、これ以降、秀吉が大友氏を支援しているとの風聞が流れ、足利義昭の大友氏攻撃要請ともあわせて、義久は難しい外交的判断を求められたのである。

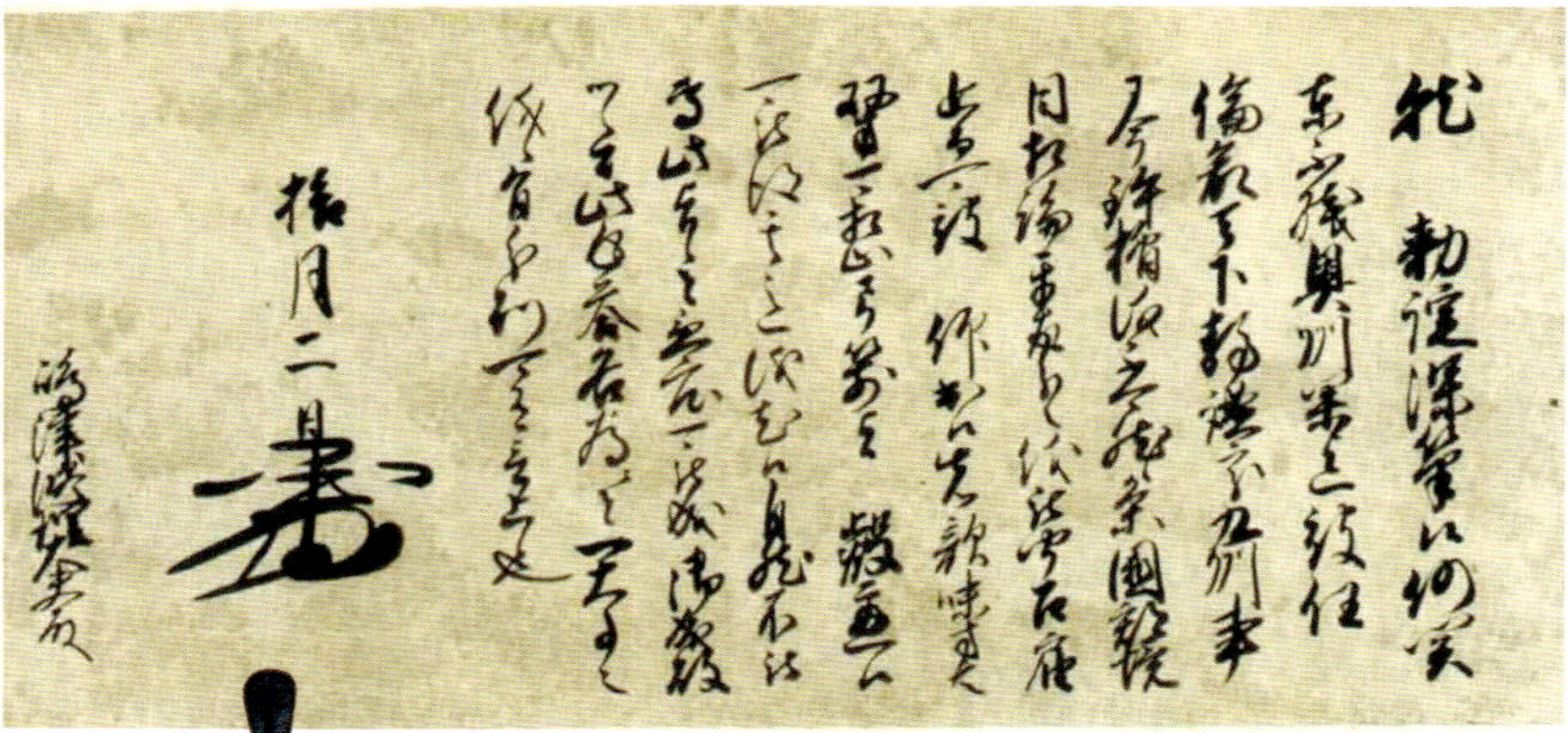

羽柴秀吉直状
（東京大学史料編纂所蔵）
天正 15（1587）年 10 月 2 日付「羽柴秀吉直状」。

島津義弘 ［1535 ～ 1619］
（尚古集成館蔵）
天正13（1585）年、兄義久から後継指名を受け、「名代」となる。天正 14 年、弟家久とともに豊後に進攻し、豊臣勢とも戦った。 島津家の当主になった事実は無いが、後年、18 代当主と認識されるようになった。

肥後・筑後制圧と「惣無事」発布

天正13（1585）年に入ると、島津義久は自らの体調悪化と後継者問題（義久には男子が誕生しなかった）から、弟義弘を次の家督後継者含みで「名代」とすることを打診した。義弘は固辞していたが4月にようやく受諾している。

同年閏8月、島津義弘は大軍を率いて肥後に出陣し、阿蘇《あそ》家当主惟光《これみつ》は降服する。その後接収した城からは、大友氏からの密書も見つかり、大友氏の島津氏への敵対は明らかとなった。島津家久は、これ以前から豊後進攻を主張しており、豊後南郡（大分県竹田市・豊後大野市・佐伯市）の国衆等の調略を推し進め、兄義久はその暴走を止めるのに苦心している。

また、筑後から撤退しない戸次・高橋両氏に対し、島津義弘ら肥後出陣衆は、同年9月、一部の軍勢と肥後国衆らを筑後に派遣し、大友方諸城を攻略した。大友宗麟・義統《よしむね》父子としては、この出陣を大友氏への宣戦布告と理解したようであり、これを秀吉に通報する。

島津義弘らは、大友氏の本国豊後への進攻は不可避と判断し、10月に10日間にわたって談合を行った。義久は一貫して開戦反対の立場であったが、家中は豊後進攻やむなしとの結論に至り、「神慮《しんりょ》」を問うことに決した。さらに、豊後南郡の入田《にゅうた》氏が島津方に寝返って挙兵の意向であることが伝えられ、豊後進攻がいったんは決まるのである。

一方、10月2日、羽柴秀吉は、島津義久・大友義統、そして恐らく毛利輝元に対しても、島津・大友両氏が戦闘状態にあることを憂慮し、所領紛争は秀吉が裁定することを伝え、まずは停戦するよう命じたのである。いわゆる「惣無事《そうぶじ》令」である。この命令は、遅くとも年内には島津義久のもとに伝わったとみられる。

島津家中には、関白秀吉を「由来無き仁」と見下し、その命令に従う必要は無いと主張するものもあり、豊後進攻の方針は覆《くつがえ》らなかった。翌天正14年正月には、鹿児島の護摩所《ごましょ》にて鬮《くじ》がひかれ、この年3月、日向・肥後両口から豊後に進攻することが決定したのである。

義久の豊後進攻回避にむけての努力

島津義久は秀吉の本心を計りかねたようであり、使者を毛利輝元に派遣し、いまだ大友氏包囲網は有効なのかを確認するとともに、大友氏の敵対により和平が破綻する可能性が高いことを知らせた。これに対し輝元は、天正14（1586）年正月、義久に返信を送り、既に毛利氏が秀吉の停戦命令を受諾し、秀吉から義久に「助言」するよう命じられたことを伝えてきた。大友氏包囲網が既に破綻しており、秀吉の出兵が迫っていることを理解した島津義久は、なんとか豊後進攻を回避し、長宗我部元親の二の舞を避けようとした。

義久は、なんとか豊後進攻を先延ばしにしようと画策するが、同年5月、義久が派遣し、秀吉本人とも面会した鎌《かま》田《た》政広《まさひろ》が、秀吉の提示した国分け案を持ち帰った。これは、島津氏に薩隅日3か国のほか、肥後半国と豊前半国のみを安堵するというもので、島津氏としては、とても受け入れられる条件では無かった。義久も6月の出陣を決断せざるを得なかった。

しかし、ここで義久は、粘り腰をみせる。6月になると、義久は一転して豊後では無く、筑前への出陣を命じた。同国の秋月種実の要請とみられ、これで豊後進攻を回避できると考えたのであろうか。島津義

久は、6月にみずから鹿児島を出陣し、老中伊集院《いじゅういん》忠棟《ただむね》らを筑前に派遣している。島津勢は、7月6日に筑紫広門《ちくしひろかど》の鷹鳥城（鳥栖市）を、同月27日に高橋紹運の籠もる岩屋城（太宰府市）を攻略する。しかし、討死した紹運の実子立花統虎（宗茂）は、毛利氏からの支援も受けて立花山城（福岡市）を守り切り、島津勢は筑前・筑後からの撤退を余儀なくされた。

豊後進攻とその失敗

その後も、島津家久らは、既に調略済みの豊後南郡の国衆を見殺しに出来ないこと、そして調略済みの国衆の協力があれば、豊後制圧は容易であるとの甘い見通しで、豊後出陣を主張した。義久は筑前進攻に失敗したことを挙げ、豊後進攻も難しいとの認識を示し、天正14（1586）年9月にも、豊臣秀長や石田三成に書状を送って和睦を模索したが、もはや豊後進攻を止めることは出来なかった。

既に黒田孝高《くろだよしたか》ら豊臣勢の先遣隊は、7月末に九州入りし、9月には仙石《せんごく》秀久・長宗我部元親ら四国勢が豊後に上陸するなか、島津勢は10月に、島津家久らが日向口から、島津義弘・歳久らが肥後口から豊後に進攻した。

家久率いる日向勢は破竹の勢いで北上し、12月12日、仙石・長宗我部ら四国勢を撃破し（戸《へ》次川《つぎがわ》の戦い）、大友氏代々の守護所であった府内（大分市）を制圧している。しかし、肥後口から進攻した島津義弘勢は、山間部の諸城攻略に手間取り、豊後制圧は遅遅として進まなかった。

　この間、天正15年正月以降、続々と豊臣勢が大坂を出陣しており、豊後に迫りつつあった。ここに至っても義久は、和睦の道を探っており、同年正月19日、義久は羽柴秀長と石田三成に、四国勢を撃破したことを詫び、秀吉への取りなしを求めている。島津義弘・家久らは、豊後で豊臣勢を迎え撃つ不利を悟り、3月15日以降、豊後から本国薩隅日3か国に向けて撤退を開始した。

根白坂の戦いと島津氏の降服

　島津勢は、多大な被害を出しながら豊後から撤退していった。天正15（1587）年3月末に九州上陸を果たした豊臣秀吉は、総勢18万の軍勢を2つに分け、豊後・日向方面を羽柴秀長が、肥後・薩摩方面を秀吉自身が進攻していった。島津義弘・家久らは、かつて大友勢を迎え撃った新納院高城（宮崎県木城町）を防衛ラインとしたが、秀長勢10万余は、その南側の根白坂《ねしろざか》に大規模な陣城を築いて鉄壁の包囲網を構築する。4月17日、島津勢は根白坂の陣城攻略を図るが、宮部《みやべ》継潤《けいじゅん》・黒田孝高らに反撃され、多大な被害を出して敗退。これにより、島津方の組織的抵抗は終結したのである。

　4月22日、義久の意向をうけた老中伊集院忠棟は、秀長の陣所に入って降服の意を示し、義久の赦《しゃ》免《めん》を願い出た。そして、島津義久は、剃髪《ていはつ》して「龍《りゅう》伯《はく》」と名のり、5月8日、川内泰平寺《たいへいじ》（薩摩川内市）に布陣していた豊臣秀吉に見参し、正式に降服した。翌日、秀吉は義久を赦免し、薩摩一国を宛行っている。徹底抗戦の姿勢を示していた義弘も、結局、秀長家臣らの説得を受け、5月19日、野尻（小林市野尻町）で秀長に、同月22日には薩摩国鶴田（鹿児島県さつま町）で秀吉にも見参して、降服した。同月25日、秀吉は義弘に対し大隅国を、義弘の長男久保には「日向国真幸院付一郡」を宛行っている。

戦国島津氏の特徴と島津義久の苦悩

　島津氏当主としての義久の使命は、室町期以来の分国である薩摩・大隅・日向3か国の統一であった。しかし、大友氏への警戒、そして龍造寺隆信の敵対により肥後国へと進攻していった。義久は、それ以上の北上を望まず、大友氏との和睦を実現したが、周辺

島津義久 略歴

天文2年	1533	島津貴久の嫡男として、伊作亀丸城で誕生。
天文19年	1550	父の島津貴久が内城を築城し居城にする。
永禄9年	1566	父の島津貴久から家督と守護職を譲られ、内城主になる。
元亀3年	1572	弟の島津義弘が、木崎原の戦で日向国の伊東家に勝利。
天正5年	1577	伊東家を追放する。
天正6年	1578	豊後大友家に勝利する。（高城・耳川の戦）
天正12年	1584	末弟の島津家久を総大将にし、肥前国の龍造寺隆信を、沖田畷の戦で討ちとる。
天正13年	1585	弟島津義弘を「名代」とする。肥後国阿蘇家を配下にする。
天正15年	1587	戸次川の戦で勝利し、筑前国と豊前国を除く九州一円をおさめる。豊臣秀吉の九州攻めで降伏したが、大隅国と薩摩国を安堵される。
文禄4年	1595	剃髪して龍伯と名乗っていた義久、大隅国富隈城に隠棲。
慶長9年	1604	大隅国に国分城を築き移り住む。
慶長16年	1611	大隅国で死没。

各国国衆らの期待と、それを取り次ぐ家中の意向により、九州統一にむけて北上を続けざるを得ない状況となった。当主義久の意向とは異なる方向へと引きずられていったのは、家中の談合によって政策方針を定め、それを当主が追認する島津家の意思決定過程の限界ともいえる。

また、新たな課題となったのが、当主義久と「名代」義弘の関係である。領国拡大にともなう前線での指揮官不足と、義久の後継者問題のため「名代」となった義弘であるが、既に豊後進攻前から、豊臣秀吉・大友氏との対決を避けたい義久との路線対立が表面化していた。この兄弟不和は、文禄4（1595）年6月、太閤検地をうけての薩隅日3か国朱印状が、当主たる義久では無く義弘に発給され、軍役賦《ふ》課《か》・履行の主体としては、義弘が島津家を代表する存在となったことで、一層深刻なものとなり、慶長4（1599）年の庄内の乱、翌年の関ヶ原の戦、そして義弘2男忠恒《ただつね》（家久）の家督継承にまで尾を引くことになる。慶長16年正月21日、義久が79歳で没し、義弘の系統による家督継承が確定したことで、この対立はようやく解消していった。

平野肩衝（尚古集成館蔵）

中国伝来の「漢作」で口径 4.1cm、肩径 7.95cm、底径 4.7cm、高さ 8.68cm。文禄の役の恩賞として義弘が豊臣秀吉から賜った茶入れ。当初、河内国平野郷の町人平野道是が所持していたのでこの名がついている。鹿児島県指定文化財。

島津歳久着用の甲冑

（平松神社蔵・鹿児島県歴史資料センター黎明館寄託）

色々威胴丸兜大袖付。歳久は、義久・義弘の弟。歳久は秀吉に抵抗し続けたため、心配した兄義久に攻められ自刃した。

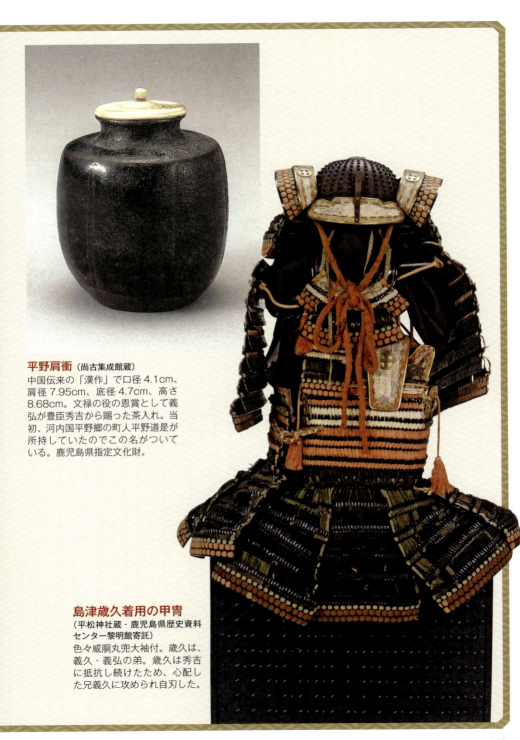

色々威胴丸兜大袖付

（鹿児島神宮蔵・鹿児島県歴史資料センター黎明館提供）

永禄元（1558）年、島津貴久が鹿児島神宮に寄進した具足。兜は三十二間総覆輪筋兜、立物は三つ鍬形。国指定重要文化財。

奮戦する島津隊

（関ヶ原町歴史民俗資料館蔵）

「関ヶ原合戦図屏風」部分。敗走する西軍の中で、唯一退却戦で武勇を全国に轟かせた。

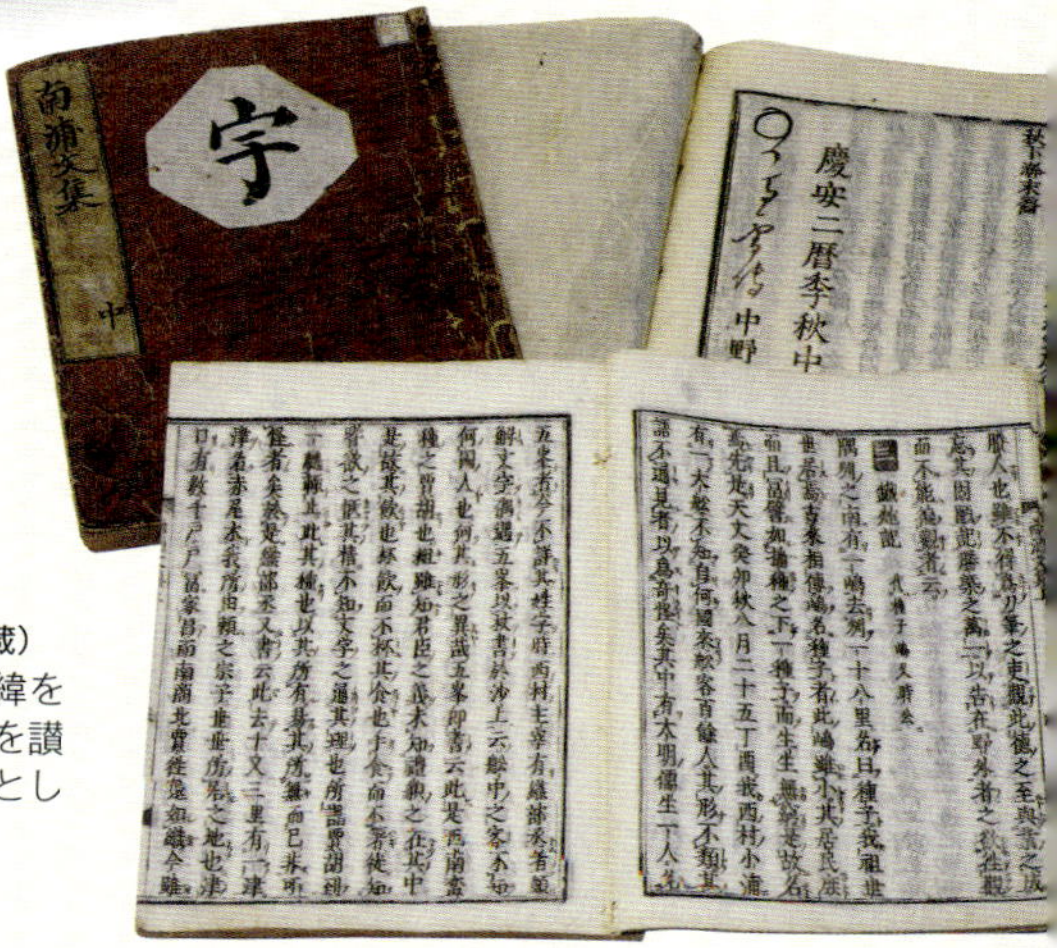

『鉄炮記』

（鹿児島県歴史資料センター黎明館蔵）

鉄砲伝来の経緯や国内伝播の経緯を記し、鉄砲での種子島氏の功績を讃えた書。信頼できる貴重な史料として評価が高い。

伊達《だて》政宗《まさむね》【奥州】

●生　永禄10（1567）年　●没　寛永13（1636）年

佐藤憲一（伊達政宗研究家）

家督相続

天正12（1584）年10月、出羽国米沢城主（山形県米沢市）であった伊達氏16代輝宗《てるむね》は長男政宗に家督を譲った。輝宗41歳、政宗18歳の時である。政宗の名は輝宗が伊達氏「中興の祖」といわれる9代政宗（大膳大夫）にあやかって与えたものである。合わせて政宗のために「日の丸の旗」と「月の前立」を定めた。

「日の丸の旗」は日輪で密教の金剛界《こんごうかい》（智徳）の象徴、「月の前立」は月輪で胎蔵界《たいぞうかい》（慈悲）の象徴である。湯殿山《ゆどのさん》に祈願した結果、政宗が誕生したためという。息子への期待の大きさがうかがえる。

輝宗は守勢《しゅせい》の人であった。父祖の稼いだ領土をしっかりと守り、政宗に引き継いだ。しかし、奥羽にあっても絶えず中央の動向に注目し、織田信長、北条氏政、徳川家康らと誼《よしみ》を通じることを忘れなかった。信長には鷹を贈っている。一方、ライバルである奥羽の諸大名たちとの地縁・血縁を重視し、天正10年6月には織田信長ら上方勢の関東乱入に備え、奥羽の結集を呼びかけている（「岩城常隆宛伊達輝宗書状」仙台市博物館蔵）。

輝宗は政宗の教育にも力を注いだ。美濃国（岐阜

伊達政宗（仙台市博物館蔵）

政宗の父・伊達輝宗
［1544～85］
（仙台市博物館蔵）

白地赤日の丸旗
（仙台市博物館蔵）
白地に朱赤の日輪が大きく描かれた旗。

伊達政宗の半月の前立付きの六十二間筋兜
（仙台市博物館蔵）

県）の出身で、京都の妙心寺で修行した虎哉宗乙《こさいそういつ》を米沢に招いて資福寺の中興開山とし、6歳の梵天丸《ぼんてんまる》（政宗の幼名）の教育を委ねた。また、米沢八幡神社の神官であった片倉景重《かたくらかげしげ》の2男小十郎景綱《かげつな》を傅役《もりやく》に抜擢し、養育に当たらせている。政宗の漢詩文に関する深い教養は五山文学を修めた虎哉和尚の薫陶《くんとう》の賜物である。2人は政宗の精神的、政治的支柱として共に「天下への夢」を育んでいく。

伊達氏の歴史

史料によって確認できる伊達氏の先祖は鎌倉時代までさかのぼる。初め常陸国伊佐庄（茨城県筑西市）及び下野国中村庄（栃木県真岡市）を領して伊佐あるいは中村を称していたが、源頼朝が奥州平泉の藤原氏を滅ぼした文治5（１１８９）年の奥州合戦に従軍、手柄をたて恩賞として伊達郡（福島県）を与えられた。これを機に一族は伊達郡に移り住み伊達を称するようになる。

藤原氏滅亡後、奥州には関東から多くの武士団が移住したが、伊達氏も初めはこのような武士団の一つに過ぎなかった。しかし、南北朝の動乱から室町時代

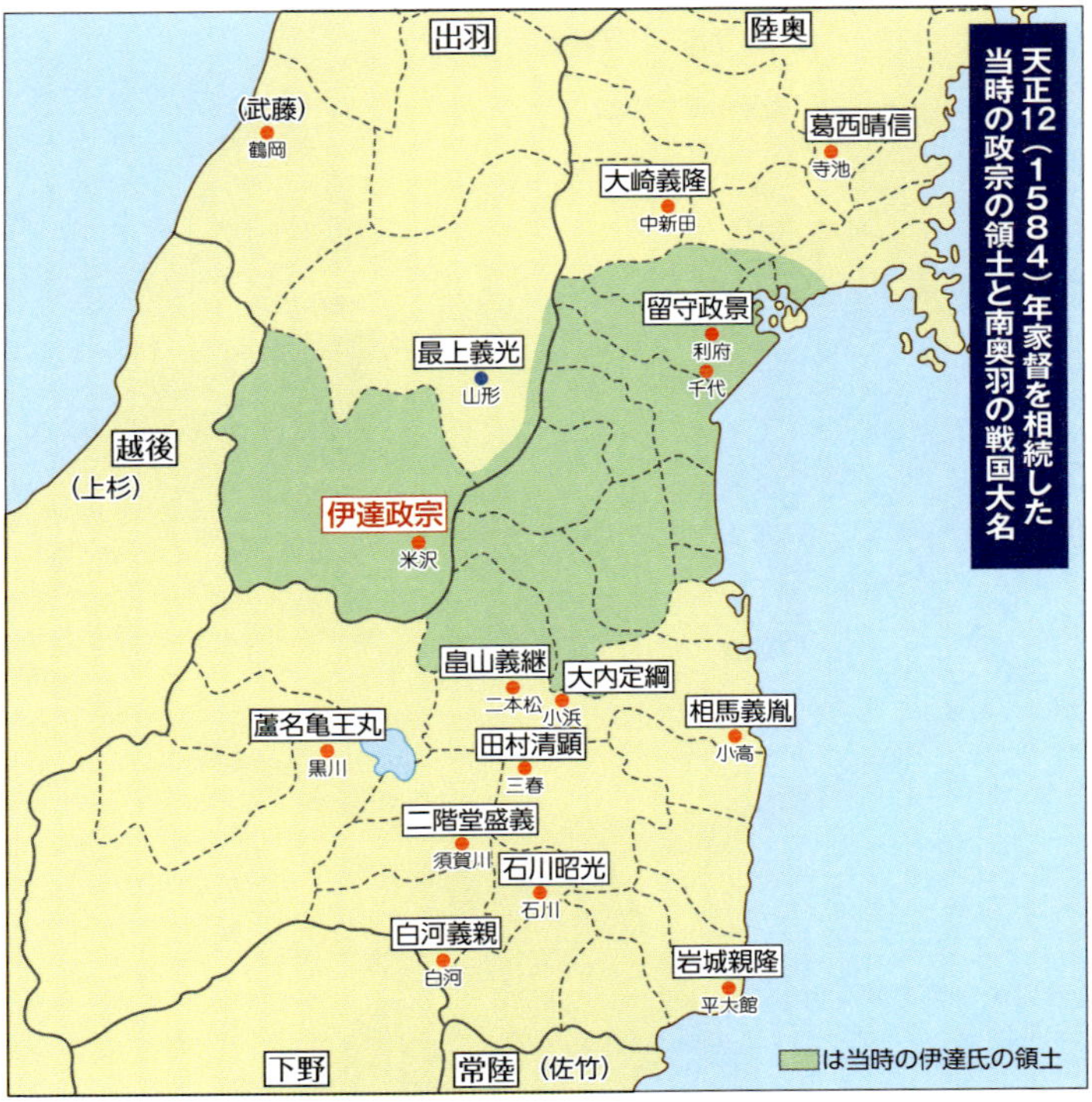

初期にかけて伊達氏は次第に勢力を拡大していく。8代宗遠《むねとお》、9代政宗の頃には、今の宮城県南部から山形県長井（置賜《おきたま》地方）を支配するまでになっていた。

さらに戦国時代を迎える16世紀初めになると、14代稙宗《たねむね》は室町幕府から大永2（1522）年陸奥国守護に補任され、15代晴宗《はるむね》も弘治年間（1555〜58）に奥州探題となった。2人はこの2つの地位を利用して更に勢力をたくわえ、伊達氏の戦国体制を確立した。伊達氏の分国法として知られる「塵芥《じんかい》集《しゅう》」が制定されたのも稙宗のときである。伊達氏の居城は初め伊達郡梁川城《やながわじょう》（福島県伊達市）にあった。しかし、領土の拡大とともに所を替え、稙宗のとき西山城（福島県桑折町）に、さらに晴宗のとき米沢城に移る。

伊達政宗がこの世に生をうけたとき、長かった戦国時代はようやく統一の方向へ向かいつつあったが、全国的な動きとは裏腹に奥羽はまだ戦国のただ中にあった。この奥羽の地を制覇し、できるだけ早く中央に進出すること、それが伊達氏17代政宗の目標となった。

父からの激励の手紙

政宗が家督を相続したとき、伊達氏を取り囲む南奥羽の戦国模様は次のようなものであった。北には山形城（山形県山形市）の最上《もがみ》氏、南には会津黒川城（後の会津若松城。福島県会津若松市）の蘆名《あしな》氏、福島県の浜通りには相馬氏（相馬市）、その南には岩城氏がいた。そして、会津と浜通りに挟まれた中通り地方（当時、仙道と呼ばれた）には畠山《はたけやま》・田村・大内《おおうち》・石川・二階堂・白河といった中小の大名がひしめきあっていた。また、宮城県の北部から岩手県の南部にかけて、葛西《かさい》氏や大崎氏がいた。そして、関東への進出を図る政宗の前に立ちふさがるように常陸国（茨城県）の佐竹《さたけ》氏が控えていたのである。

政宗が家督を相続して間もない頃、父輝宗からもらった自筆の手紙が「伊達家文書」（仙台市博物館蔵）に残っている。重臣たちの前で大胆な作戦を立てたのはよいが、上手くゆかず、父に悩みを打ち明けたときの返事である。「若い時は戦略を誤り、また暴言や失言も吐く。そのような間違いは多いものだ。しかし、世間の評価や家臣の噂は気にする必要はない。お前には俺がついている。命をかけてお前を支えるから、安心して自分の信ずるところを突き進め。覚悟を決めて突き進めば、異を唱える者はなくなるだろう」（大意）。老臣たちの反発にあい若い政宗は自信喪失に陥ったのだろう。愛情あふれる父の激励は、大きな自信となったに違いない。手紙には最後に「この書火中」（焼却するように）とある。他見を憚る親子内密の手紙だった。政宗はこの手紙を父の形見として生涯大切にし、息子忠宗《ただむね》（仙台藩2代藩主）に譲っている。

「天下」をめざして

政宗の初めての勝ち戦、デビュー戦と言える戦いは小浜城主（福島県二本松市）大内定綱《さだつな》との小《お》手森城《でもりじょう》（福島県二本松市）の合戦である。天正13（1585）年閏8月に行われたこの合戦を、政宗はそれまでの奥羽の合戦の常識を破る「撫《な》で斬《ぎ》り」という皆殺し作戦で勝利した。勝利した直後、山形城主最上義光（1546〜1614）に宛てた自筆の手紙（最上義光歴史館蔵）が残っている。

「急ぎ飛脚をもってお報せする。今日二十七日、前に申し上げた小手森の要害、昨日我が軍が城を取り

摺上原合戦で討死した蘆名家臣の三忠碑
（猪苗代町・猪苗代観光協会）

小手森城跡（二本松市観光連盟）

囲むよう陣を布いたところ、通路を遮断することはできたが、敵も十日や二十日は何とか持ちこたえそうに見えたので、こちらの鉄砲八千丁余を撃ちかける中、自ら馬で乗り寄せ城に取り付いた結果、落城させることが出来た。城主をはじめとして、大内定綱の親類どもを含め五百余人を討ち捕え、その他女、童は申すに及ばず、犬まで撫で斬りさせたので、合わせて千百余人を斬殺。（中略）小浜より前には最早敵地は一ヶ所もない。某には冥利（神仏の加護）があるのではないか、と思われるほどだ。この上は須賀川まで打って出て、関東を手に入れることも容易いことだ」

興奮する政宗の声が聞こえてくるようである。それまでの奥羽の戦いでは、一方が一方を皆殺しにするまで戦うことはなく、その前に仲介者が現れ両者程々で決着をつけるのが習いであった。合戦に誇張はつきもの、千百余人を斬殺したと述べているが、家臣宛の手紙では「二百余人を討ち取り、撫で斬り其数を知らず」とある。こちらが実情に近かっただろう。

最上義光は政宗の母義《よし》姫の兄（伯父）である。伊達氏と最上氏の政略結婚だったが、両氏の対立は続いていた。「関東を手に入れることも容易い」と豪語する政宗の手紙には、中央進出、つまり「天下」をめざして突き進む政宗の強い意志が表れている。それは義光はじめ奥羽の戦国大名への宣戦布告でもあった。

南奥羽の覇者となる

小手森合戦から間もない天正13（1585）年10月、政宗は二本松城の畠山義継《よしつぐ》攻略をめぐって父輝宗を失うことになる。それも自分の命令で。10月8日宮森城（福島県二本松市）にいた輝宗が、投降を装った畠山義継によって拉致されるという事件が起きた。

狩りに出かけていた政宗は急いで現場に駆け付ける。人質となることを恐れた輝宗は政宗に向って「我をば捨てよ」（「木村宇右衛門覚書」）と叫んだという。政宗の銃撃命令で義継もろとも死亡した。42歳。「命をかけてお前を支える」と述べたように、輝宗は文字通り命をかけて政宗の前途を守ったことになる。銃撃命令は苦渋の決断だったとはいえ、後ろ盾であった父の死は大きな痛手であった。

　このような事件が発生した背景に、政宗の強引さを指摘できるかもしれない。領地の半分を差し出す条件で投降を申し出た義継に対し、政宗はこれを許さなかった。義継は再度輝宗を通じて家臣たちの命と知行の保障を申し出る。しかし、政宗はこれも拒絶した。こうした政宗の若さから来る不寛容さが義継を追い詰め、結果として父の死を招くことになったと言えなくもない。

　天正17年6月5日政宗は会津の蘆名氏と磐梯山麓の摺上原《すりあげはら》で合戦をする。会津の蘆名氏は、相模国（神奈川県）の豪族三浦氏の一族佐原義連《さはらよしつら》を祖とする鎌倉時代からの名門である。15世紀初めには会津地方の「守護」といわれる程、実力を備えていた。16代盛《もり》氏《うじ》のとき、越後・北関東と境を接するほどの勢力を

黒漆五枚胴具足（仙台市博物館蔵）
伊達政宗所用として最も著名な具足。胴は鉄板５枚を栓差ししたもので、この形式は後の藩主や家臣にも踏襲され「仙台胴」とも呼ばれる。国重要文化財。

天正17（1589）年末の伊達政宗の領土と主な家臣配置図

誇ったが、盛氏以降血統がとだえ、20代当主義広《よしひろ》は常陸の佐竹義重《さたけよししげ》の2男で、弱冠15歳であった。しかし、奥羽にあっては伊達氏と並ぶ戦国大名の双壁であった。合戦は両軍入り乱れる激戦となったが、1日で決着した。蘆名氏の一族である猪苗代弾正盛国《もりくに》の内応を好機と見た政宗が、家臣たちの慎重意見を出し抜いて手にした会心の勝利であった。敗れた蘆名義広は黒川城を去り、白河に逃れた。

この結果、南奥羽の諸氏は相馬氏・岩城氏を除き、この年末まですべて政宗に服属した。このとき政宗が獲得した領土は、北は宮城県中部から山形県長井地方、南は福島県白河、西は会津から越後境に及ぶ広大な地域であった。これは伊達氏がそれまで獲得した最大の版図である。奥羽66郡のほぼ半分、30余郡が23歳の政宗の手中にあった。家督を相続してから6年、伊達政宗は文字通り南奥羽の覇者《はしゃ》となったのである。政宗は家族、家臣と共に米沢城から黒川城に移った。黒川城の修築を進言する家臣たちに対し、政宗は「鬱々《うつうつ》トシテ久ク居玉フヘキ所ニアラス」（「貞山公治家記録」）と答えたという。政宗にとって会津は一時の居城に過ぎず、めざすはやはり関東への進撃だったのである。

関白豊臣秀吉に屈す

中央進出を図る政宗の前に立ちはだかったのが関白豊臣秀吉である。天下統一をめざす秀吉は西国、九州、四国と平定し、残るは関東と東北であった。天正18（1590）年3月秀吉は自ら関東へ乗り込み、小田原の北条氏を攻める。前年から政宗のもとにも小田原へ参陣するよう命令が届く。従わなければ小田原の次の標的は奥州の伊達氏であった。

参陣すべきか否か。伊達氏家臣団内部でも意見が対立し結論が出なかった。当時の伊達家の日記を見ると連日のように重臣らによる軍議が行われている。伊達氏を除く奥羽の有力大名は既に秀吉のもとに使者を遣わし、臣従を誓っていた。

伊達家の重臣片倉《かたくら》家の記録『片倉代々記』に当時の興味深い話が載っている。参陣をめぐって家臣らの意見がまとまらず、自らも結論を出しかねていた政宗は、3月26日夜密かに片倉景綱《かげつな》の屋敷を訪れ、寝所まで入って景綱の真意を質した。景綱は秀吉の軍勢を夏に発生する蝿に譬《たと》え、蝿の大群を1度に2、3百叩き潰し、2度や3度は防ぐことができても、後から後から発生する蝿の群れは「其時至らざれば尽きることがなく」、結局撃退できないと答えた。そして、このまま重臣らの意見が一致せず伊達家が潰《つぶ》れるような事態になっても、彼らは機会があれば関白の旗本となるだけだろう、と述べている。

この景綱の諫言《かんげん》が政宗に小田原参陣を決意させた。南奥羽の覇者として戦国大名の絶頂期にあった24歳の政宗にとって、戦わずして秀吉に屈することは容易に決断できかねることであったろう。夏に大量発生する蝿も秋・冬になれば消滅する。関白の軍勢も同じ。今は敵対する時にあらず、時を待つほかなし。側近ナンバーワンとして政宗を支えてきた景綱の言葉は、政宗の「天下へのモチベーション」を持続させるものだった。

天正18年6月9日政宗は小田原城を見下ろす陣所普請場で秀吉に謁見する。陣所とは秀吉が小田原城を攻めるため笠懸山に築いていた有名な石垣山一夜城である。この年4月から急ピッチで進められていた工事は完成間近であった。死をも覚悟して臨んだ謁見だったが、参陣した政宗を秀吉は丁重にもてなした。

豪華な京料理を振る舞うとともに、10日には秀吉の茶頭である千利休による茶の湯に招待した。あいにく当日利休の体調がすぐれず点前は叶わなかったが、利休による茶の湯の接待は秀吉の最高のもてなしを意味した。結局、秀吉は政宗が前年に蘆名氏から奪った会津近辺5郡を没収することとし、他の所領は安堵した。そして、黒川城から米沢城へもどるよう命じる。14日に小田原を謁見を終えた政宗は帰国を許され、14日に小田原を立って黒川へ向かった。小田原城が落城するのは7月5日のことである。

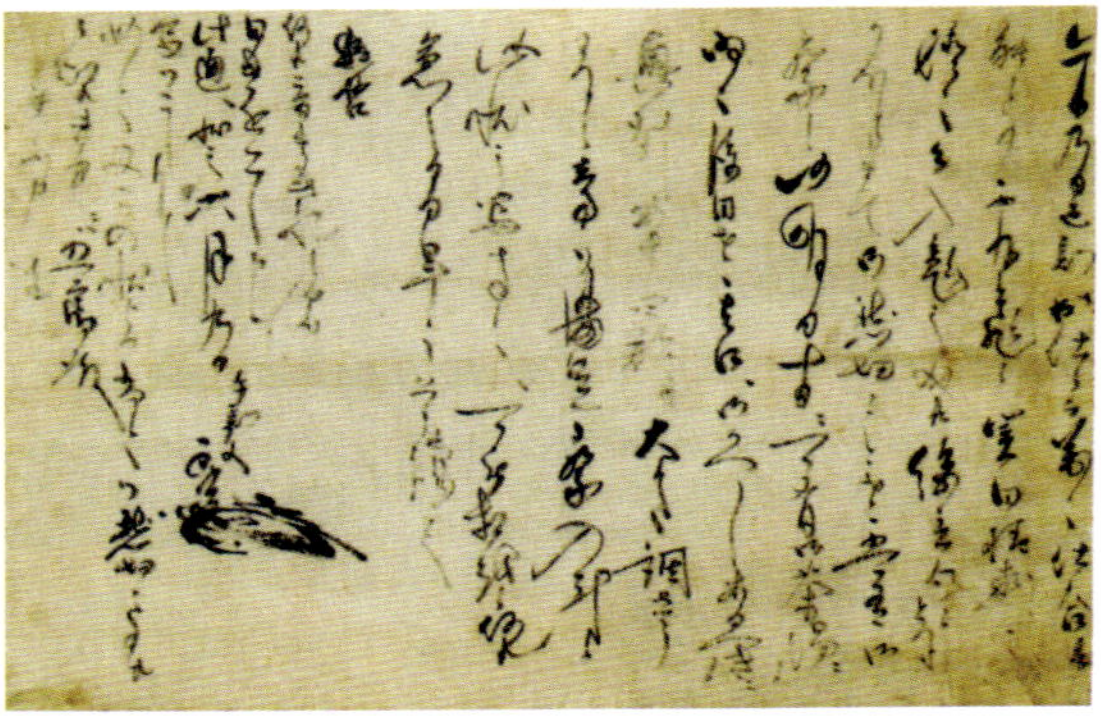

伊達政宗書状(宮城県図書館蔵・仙台市博物館提供)
天正18(1590)年6月9日、伊達五郎成実に豊臣秀吉と初めて小田原で謁見した時の様子を知らせたもの。

秀吉配下の大名として

天正18(1590)年8月から同19年8月にかけて行われた豊臣秀吉の奥羽仕置によって、政宗は米沢から岩出山(宮城県大崎市)へ国替となった。岩出山に入ったのは天正19年9月23日のことである。先祖代々の土地を離れ、葛西・大崎一揆で荒廃した北方の地への転封は実質的な減封であり、左遷であった。奥州仕置に反抗して蜂起した葛西氏、大崎氏旧臣らによる一揆を、政宗は秀吉配下の先兵として鎮圧しなければならなかった。

仙台に移るまでの約10年間の岩出山時代は、政宗が豊臣政権へ忠勤を励むことを余議なくされた時期である。この間、政宗が岩出山で過ごしたのは延べ6か月程に過ぎない。文禄2(1593)年、奥羽の大名としては唯一海を渡って朝鮮へ出兵した。文禄4年の豊臣秀次謀反事件では加担の嫌疑を受けている。秀吉からは常に警戒の目が注がれた。伏見城下には自身の屋敷のほか、重臣たちの屋敷も与えられ、

伊達政宗 略歴

永禄10年	1567	米沢城主、伊達輝宗の長男として生まれる。
元亀２年	1571	この頃疱瘡にかかり右目を失明。
天正７年	1579	陸奥国田村郡三春城主、田村清顕の娘、愛姫と結婚。
天正12年	1584	父、伊達輝宗の隠居により、家督を相続。
天正13年	1585	人取橋の戦で、佐竹、蘆名連合軍と激突。
天正17年	1589	南奥州を制圧。黒川城（後の会津若松城）に本城を移す。
天正18年	1590	小田原へ参陣。豊臣秀吉に謁見し、臣従を誓う。
天正19年	1591	豊臣秀吉の命で、米沢から岩出山へ移る。
文禄元年	1592	文禄の役に参戦。出陣の際の装束が「伊達者」の語源となる。
慶長５年	1600	関ヶ原の戦で東軍に属し、会津の上杉景勝と戦う。
慶長６年	1601	仙台城（青葉城）を築城し、岩出山城より移る。
慶長11年	1606	娘の五郎八姫が、徳川家康６男松平忠輝と結婚。
慶長18年	1613	支倉常長を慶長遣欧使節とし欧州へ派遣。
元和元年	1615	大坂夏の陣で伊予宇和島を拝領、子の秀宗初代宇和島藩主に。
寛永13年	1636	死没。

妻子ともども常時千人程で定詰めすることが義務づけられた。岩出山を留守に、いつ果てるとも分からない豊臣政権への宮仕え。伊達成実《しげざね》や茂《も》庭《にわ》綱元《つなもと》といった重臣たちとの確執があったのもこの時期である。２人は一時政宗の元を去っている。政宗自身先の見通しが立たないだけに、家臣たちの焦りと苛立ちも大きかったと想像される。

しかし、見方をかえれば、この時期は将来の進路を模索しつつ次なる計策を練ることができた時期でもあり、戦国大名から近世大名へ転身を図る政宗にとって重要な時期でもあったのである。熟慮の結果、政宗が選んだ道は徳川家康との関係強化であった。

伊達政宗甲冑像（仙台市博物館蔵）
政宗の生存中に描かれた肖像。黒い月の前立は、大坂の陣で政宗が用いたことが記録にある。

軍配団扇

(仙台市博物館蔵)

伊達家重宝の軍配。上は黒漆地日輪北斗七星文軍配団扇。黒漆地に金日の丸を表した面と北斗七星を表した面から成る。

伊達政宗甲冑倚像

(松島町・瑞巌寺蔵/井上久美子氏撮影)

政宗夫人の陽徳院が、文禄の役(1592)に朝鮮に渡った政宗の勇姿を作らせたと伝わる木像。

勝色金日の丸旗

(仙台市博物館蔵)

縦346cm、横70cm。勝色とは黒に近い濃紺の色。この旗は文禄の役(1592)で朝鮮出兵の際に30本を立てたという記録がある。

放駒の陣貝（仙台市博物館蔵）
相馬氏重代の名器であったものを天正16（1588）年に政宗が手に入れた。

黒羅紗地裾緋羅紗山形文様陣羽織
（仙台市博物館蔵）
伊達政宗所用の陣羽織。黒羅紗地に金銀糸のモールの縞としている。桃山時代に流行した南蛮趣味の色濃い陣羽織である。国重要文化財。

伊達政宗の居城・仙台城空撮（仙台市教育委員会提供）
別名青葉城とも呼ばれる仙台城の城跡には現存する建物はないが、復元された大手門脇櫓や石垣・土塁・堀が残されている。

戦国大名と城

千田嘉博（奈良大学教授）

はじめに　―城郭考古学の意義―

日本列島には3万か所を越えた多様な城があり、その大部分は11世紀から16世紀にかけた中世城郭であった（本稿では城、館、砦などの総称として城郭を用いる）。日本列島の至る所に中世城郭は残っており、戦国大名を文字史料から考えるのと等しく、城から歴史を考える学術的意義は大きい。

しかし城から歴史を考える意義は、学術への貢献だけではない。

物質資料である遺跡としての城は、適切に整備して活用すれば、現地を訪ねたすべての人が戦国の人びとを体感し、城を中心にした地域の歴史を理解できる特別な空間である。だから城を保存・活用することで、城郭考古学は具体的に、より文化的で豊かな社会づくりに貢献できる。つまり城から歴史を考える楽しさは、学問として過去の社会を究明するのに加え、研究成果を現在と未来の社会に役立てられる点にある。

現在、日本各地で城跡の調査と整備が進んでいる。城に興味をもつ市民も増えている。ただしほとんどの大学では城を専門にする研究者はおらず、総合的に研究方法を教育するのは難しい。このため縄文時代や弥生時代など、ほかの時代を専門にする学芸員が城の発掘を担当する例が多い。城郭考古学を充実させるのに、専門教育のあり方を考える必要があるだろう。

城はそもそも地域の政治的・軍事的な中心であり、政治と軍事の機能を備え、強い象徴性をもった。また特に多くの城を築いた15〜16世紀の室町・戦国期から17世紀初頭にかけた織豊《しょくほう》期は、直接今日につづく地域の枠組みが成立した時期であった。このため歴

津山城（岡山県津山市。津山弥生の里文化財センター提供）
天守曲輪を中心として、本丸・二の丸・三の丸を高石垣で守り、階層的に配置した典型的な織豊系城郭である。

史のなかで城が果たした中心性や地域統合の役割と象徴性は、21世紀に生きる私たちにも共感しやすい。

城を築いた戦国大名や、城に関わった戦いを、専門書籍や小説・ドラマによって具体的にイメージしやすいのも、城が市民に親しまれる理由である。城はただ残すだけでなく、適切な調査と研究にもとづいた整備があって、その価値が広く市民に理解される。だから城郭考古学の役割は重い。

城を活かすために石垣を積み直し、櫓・門を立体復元する整備も多い。実際の石垣や城郭建築の修理、立体復元にあたっては、文化財としての本質的価値を担保するために伝統技術にもとづく必要がある。しかし伝統技術を熟知する技術者は限られている。持続可能な文化財修理と整備の仕組みをつくるのも急務である。

城から歴史を究明することは、戦国大名や家臣、当時の社会を明らかにするだけでなく、当時の技術を理解し、伝統的な匠の技を次世代に伝えることでもある。だから考古学の方法を中心に、文献史学、歴史地理学、建築史学、土木工学などを学融合した城郭考古学が求められる。

中世城郭の成立

11世紀には鳥海柵《とのみのさく》（岩手県金ケ崎町）や大鳥井山遺跡（秋田県横手市）をはじめとして古代の城柵官衙と異なる中世的な城が出現した。発掘によって堀や土塁、柵や櫓を備えたと判明している。そうした北の城館は強固な堀と土塁を巡らせた奥州藤原氏の柳《やなぎ》之御所《のごしょ》（岩手県平泉町）に到達した。

鎌倉時代の武士は簡易な堀を巡らせた館を拠点にした。14世紀の南北朝期には軍事に特化した臨時の高山系山城を、比高４００メートルに達するような高い山に築いた。15世紀の室町時代には、館と組み合わせた常設の里山系山城が現れた。16世紀には山城に軍事・生活・政治機能を統合した、戦国期拠点城郭が出現した。

文献史学は山城を、館に対して政治史的傍流と位置づけてきた。しかし城郭考古学からは、16世紀に軍事・生活・政治の3機能を統合した戦国期拠点城郭が現れたと指摘できる。戦国期拠点城郭は館と山の砦の役割を合わせ持ち、そこから近世城郭が成立した。近世城郭は単純に館の防御力を高めて完成したのではなかった。

沖縄では14世紀から中国の影響を受けて石垣を使用し、15世紀以降に数多くの石垣のグスクを築いた。また北海道では遅くとも15世紀頃からアイヌがチャシを築いたが、和人との戦いを背景にチャシが最も発達したのは18世紀であった。

室町期の城郭

室町期の守護や将軍に直属した奉公衆の館は、京都にあった将軍の館（室町幕府）を規範とした。有力な守護の館はおよそ一辺２００メートルの規模をもち、守護代および地方の奉公衆の館はおよそ一辺１００メートルの規模をもった。守護城下町では守護の大型館の周囲におよそ一辺50メートルの規模を主にした武士の館群が建ち並んだ。つまり室町期の地方の守護大名権力の拠点であった守護城下町では、ゆるやかな序列をもった大小の館群が守護所の周囲に凝集して、都市の中心部を構成した。大内氏の山口（山口市）、斯波《しば》氏の清須（愛知県清須市）はその典型であった。

館には、住まいとしての常御殿のほかに、公式対面の建物であった主殿と、宴会・文芸活動など人的交流を深めた会所を備えた。主殿には空地（広場）が、会所には庭園が付随した。これらの空間は、唐物（中国製陶磁器）と掛け軸、漆製品などによる威信材《いしんざい》で飾って室礼を整えた。守護城下町に集った武士たちは、政治としての室町期の武家儀礼と文化意識を共有した。

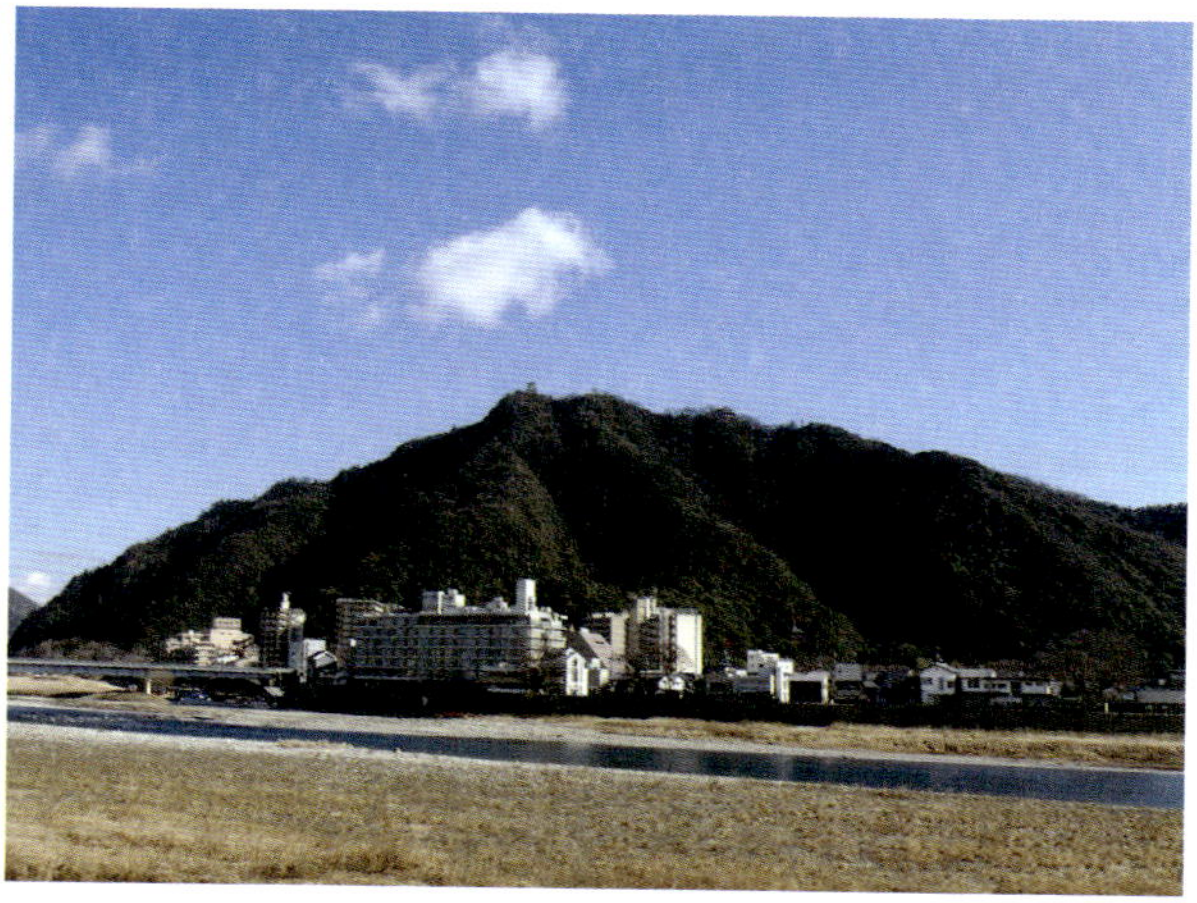

岐阜城（岐阜市・千田嘉博撮影）
比高 310m の金華山上に築かれた山城。信長は家族とともに山城の御殿に暮らした。

応仁・文明の乱（1467〜1477）を受けて、在京していた守護がそれぞれの領国に在国するようになると、まず守護所の整備が進んだ。そして守護所や周囲の館は本格的な堀や土塁で防御した館城へと変化した。防御をより意識した戦国時代にふさわしい城館形態への変化であった。守護城下町のプランは、四角く堀と土塁を巡らした館城が、個別に完結・独立しつつ、並立的に集まった形態であり、守護権力が守護大名と有力武士たちとの連合による、分立的な権力であったことを示している。

戦国期拠点城郭への転換

16世紀に入ると、守護大名の本拠は戦国期拠点城郭へと移転していった。たとえば能登畠山氏の七尾は、16世紀初頭に平地の守護館から山城の七尾城（石川県七尾市）に移転したのを文字史料で確認できる。七尾城のように多くは山城であったが、ふさわしい山がない地域では台地端部や河岸段丘などを用いた。いずれも大名の居所が山城内に移転しただけでなく、家臣たちの屋敷をも山城内とその周囲に内包した点が、従来の防御に特化し、館と組み合わせて用いた常

図1　中世城郭の並立的曲輪配置モデル

設の砦（詰城）とは大きく異なった点であった。

これは戦国期拠点城郭の直接的な起源が守護城下町にあり、守護城下町がもった分立的構造を受け継いだからである。だから戦国期拠点城郭も大名の居所（主郭）と、家臣たちの屋敷が建つ曲輪は分立的・並立的な関係をもった。戦国期になっても大名は一度に求心的な権力を手にしたのではなかったことが、城郭構造からよみとれる（図1）。

一乗谷朝倉氏遺跡（福井市）は、館と城下という室町的な枠組みで理解されてきたが、一乗山城が軍事だけでなく、一定の政治機能と生活機能も可能にした構成になっていたと考えられる。だから一乗谷も室町的な城郭運用のイメージでとらえるのではなく、戦国期拠点城郭のひとつとして見直すべきである。六角氏の観音寺城（滋賀県近江八幡市）は南北朝期から使った山城だったが、１５３０年代の天文期以降に石垣を導入し、山城内に六角氏の屋敷や家臣屋敷が建ち並ぶ典型的な戦国期拠点城郭が成立した。

六角氏の山城の屋敷には2階建ての御殿があり、大名である六角氏の日常の住まいや会所があったことが文字史料から確認できる。また滋賀県教育委員会の発掘によって礎石建ちの御殿群が各曲輪に建ち、主要な屋敷には蔵や庭園を備えたと判明した。天文13（１５４４）年に連歌師宗牧《そうぼく》は観音寺城を訪問した（『東国紀行』）。このとき城主の六角定頼は山城の御殿で病気に伏せっていたとあり、大名の日常の御殿が山麓御殿ではなく、山城の御殿であったことを明確に示す。

16世紀には村落にも大きな変化が起きていた。三重県の「伊賀惣国一揆」などでは、領主連合によるヨコの社会編成が活発化した。その結果、村の政治のあり方を反映して、多様な城と村との結合形態が認められた。村落領主が擬似的な血縁関係を結んで村落上層を取り込むと、村落内に数多くの館が並立的に群在した。村落領主が武士化を進めると、村落領主の館を中心とした城下町的な集落形態をとった。また村落領主が村落共同体との一体化を深めると、村人を堀で等しく守った環壕集落に行き着いた。「村の城」は、館と村落との関係を考える重要な指標であった。

村落領主の館の発掘では、守護系の大型城館と違い、明確な主殿や会所といった建物の機能分化は認められず、庭園を欠いたものも多い。堀や土塁を巡らしたのは同じでも、政治的な立場の違いを、館内部の空間構成から識別できる。

戦国期城郭と大名権力

戦国大名の拠点であった戦国期拠点城郭は、大名のいた場所と、家臣のいた場所は基本的に横並びの関係にあり、家臣のいた場所も本丸同様に独立したひとつの空間として完結した防御力を備えた。こうした中世的な城の構造は、大名と家臣たちとの権力が拮抗していて、大名が必ずしも絶対的な力をもっていなかったことに起因した。尾張を事例にとれば、先に解説した清須城、那古野城（名古屋市）、上四郡の織田家の主城であった岩倉城も、そうした城であった。いずれも城といっても館を基本に堀をめぐらした館城で、主体となる那古野城や清須城のまわりには、家臣が暮らした大小の館城が群在した。

つまり戦国期拠点城郭の普遍的なプランは、巨視的に見れば並立的な城郭構造を共通してもった。並立的な城郭の曲輪連結パターンは、城主であった戦国大名の築城技能の善し悪しではなく権力構造に由来したと分析できる。

文献史学の研究から、戦国大名の公権力形成や「戦国領主」の分析が古くから行われており、矢田俊文は戦国領主を、①独自の「家中」および「領」をもち、②判物を発給して一円的・排他的支配を行った戦国期の基本的領主と定義した。

発給文書から石見国西部を中心とした戦国領主の領の形成を分析した村井良介によると、15世紀末から16世紀中頃にかけて所領表記は、職や権益ごとの記載が消え、地名で一括されるようになった。これは庶家や他氏の被官化・排除などにより、個別所領単位での支配の一元化が強まった表れとした。このように戦国期における領域的支配の展開に合わせて戦国期拠点城郭は大名分国と、その分国内の戦国領主の領の成立を基礎にして成立したと位置づけられる。

村井氏が文書から分析された石見西部地域の戦国領主の代表として益田氏と吉見氏をあげることができる。益田氏は14世紀から16世紀中頃まで現在の島根県益田市にあった平地居館・三宅御土居を拠点にした。しかし16世紀後半には山城の石見七尾城に拠点を移し、山上の城に居住し戦国領主として領域を支配した。

石見七尾城は全長700メートルにおよんだ大規模な山城で、地表面観察と発掘成果から山城内に礎石建ちの御殿をもち、要所に瓦葺きの櫓や櫓門を備え、帯曲輪には大規模な多聞櫓が建った。さらに戦国期の山城において防御機能の強化に用いられた畝状空《うねじょうから》堀群《ぼりぐん》を要所に配した。

畝状空堀群は竪堀と土塁を曲輪外縁の斜面に築き並べた防御施設で、東北から南九州まで分布を確認できる。石見西部地域でも畝状空堀群は戦国期に盛行した。つまり戦国領主・益田氏の戦国後期の拠点であった七尾城は、城郭構造から軍事的機能に城主や家臣の生活・政治機能を統合した典型的な戦国期拠点城郭であったと評価できる。

益田氏と領域を争った吉見氏は津和野城（島根県津和野町）を本拠にした。津和野城は近世初頭に坂崎氏が入って倭城プランを取り入れた織豊系城郭に中心部を改修した。しかし石垣づくりとなった本丸などを除き、周辺部には吉見氏時代の土づくりの戦国期城郭が良好に残る。吉見氏時代の津和野城は尾根上に散在的に展開し、総長千メートルにもおよんだ城域をもった。要所に堀切り・土塁を備え、畝状空堀群を配置して守りを固めた。

益田氏の七尾城と同様に、吉見氏の津和野城は山城内に御殿が建ち、軍事機能と生活・政治機能を統合した戦国期拠点城郭であった。このように最終的には戦国大名の毛利氏に服属しつつ毛利氏の分国内に一円的・排他的な領域支配を行っていた益田氏と吉見氏は、たがいに拮抗した戦国期拠点城郭を本拠とした。

考古学的な城郭研究と文字史料からの研究を合わせていくことで、戦国大名の大規模な城を、戦国大

津和野城（島根県鹿足郡津和野町・津和野町役場提供）
比高300mの山上にある津和野城は、関ヶ原の戦いの戦功で入城した坂崎成正によって石垣が築かれた。近世津和野城の石垣の周辺に土づくりの壮大な戦国期拠点城郭の遺構が広がっている。

名の一円的・排他的な領域的支配の拠点として出現したと位置づけられる。戦国期の大名分国が、直轄地としての大名領と、戦国領主の領との分立的な構造で構成された。こうした政治構造に対応して、分国内には大名による戦国期拠点城郭だけでなく、戦国領主による多数の戦国期城郭が存在した。戦国期の大名の拠点城郭を頂点としたさまざまな城郭の群在は、まさに戦国大名と戦国領主による地域社会の領域支配の表れであった。

戦国期拠点城郭から織豊系城郭へ

戦国後期の16世紀第3四半期頃より、大名の居所であった主郭を核として、階層的な構造をもつ城が出現した。そうした動きを主導していったのが織田信長の城であった。信長が順に築いた小牧山城（愛知県小牧市）、岐阜城（岐阜市）、安土城（滋賀県近江八幡市）の変化は、並立的であった戦国期拠点城郭が、階層的・求心的な近世城郭へと変化していく過程を鮮やかに示した。

近世城郭の成立におけるもっとも大きな変化は、大名の居所であった本丸を頂点として、階層的に配置

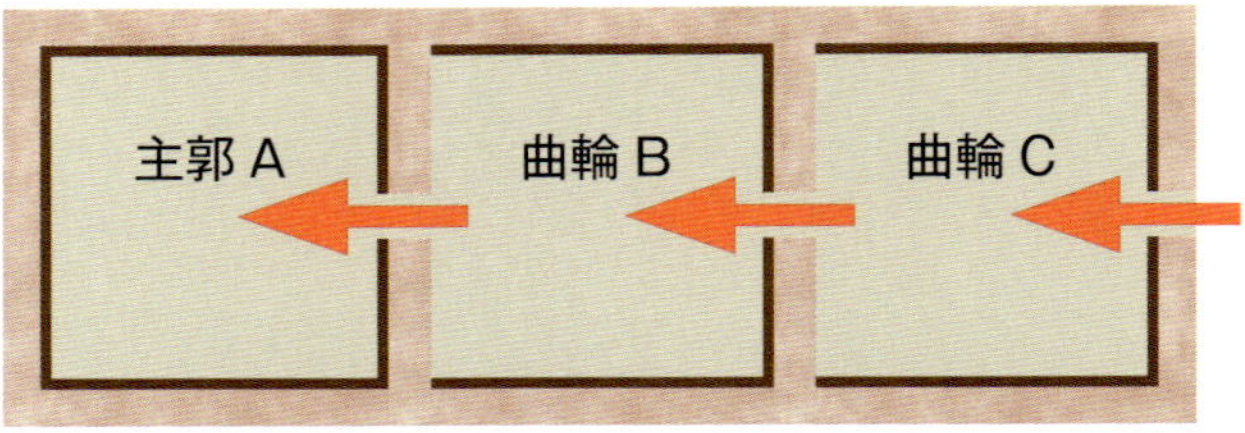

図２　近世城郭（織豊系城郭）の階層的曲輪配置モデル

した城内の曲輪群に、家臣の序列に従った屋敷配置を実現したことであった。それは本丸を頂点にして、すべての曲輪に軍事的・政治的階層性が貫いた城郭構造の完成といえる（いわゆる本丸・二の丸・三の丸のようにイメージする空間階層性）。そしてこのような大名の居所であった本丸を頂点とした城郭空間の階層性をもち、城下まで敷衍《ふえん》していった城の代表が、信長・秀吉・家康の城「織豊系城郭《しょくほうけいじょうかく》」であった。

　そして織豊系城郭は、近世城郭の原形になって日本列島の各地に広まっていき、戦国期拠点城郭と近世城郭とをつないだ城であった。織豊系城郭における軍事的な求心構造の完成は、まずは防御を目的にした城の軍事的進化と捉えられる。しかし本丸に大名の居所を置き、階層的な曲輪群に身分に応じた家臣屋敷を配置したことで、城郭構造としての軍事的達成は大名と家臣との関係性を、大名を頂点とした求心的な社会編成に転換・規定し、それを固定した政治装置として機能した（図2）。

　さらに織豊系城郭が豊臣政権期に豊臣大名の居城として日本列島へ一斉に展開していくと、列島規模で城の軍事的階層性は城下にまで拡張していった。この結果、大名の城を都市における唯一の都市核とし、武士の序列化だけでなく商職人や戦国期に熾烈な戦いをくり広げた宗教勢力をも、大名を頂点とした都市プランの中に配置した近世城下町を生み出した。

近世城郭の指標

　一説に、天守や石垣、礎石建物・瓦の使用などをもって近世城郭の画期とする考え方があると聞く。しかしこうした歴史観では、近世城郭でも石垣を用いなかった関東地方の城郭や、寒冷な気候に合わせて瓦を用いなかった東北地方の城郭を、不完全な近世城郭

大坂城跡空撮（大阪市・中田眞澄撮影）
天下人秀吉が築いた大坂城の地を土砂で埋め、その上に秀吉大坂城を凌駕する大城郭・徳川大坂城が築かれた。その規模と石垣群は圧倒的である。

と評価することになる。

また江戸時代の城で天守を建てなかった仙台城（宮城県仙台市）や上田城（長野県上田市）も、不完全な近世城郭としなくてはならない。さらに多くの近世城郭は建設後しばらくして落雷などで天守を失い再建しなかった。そうすると、これらの城も当初は完全な近世城郭であっても、江戸時代のほとんどの期間は不完全城郭だったことになってしまう。つまり天守、石垣、礎石・瓦の使用を近世城郭の指標として考えたのでは、城の本質を捉えた評価とはいえない。

それでは近世城郭成立の本質的な指標とは何か。それは本稿で検討してきた城郭の階層構造の成立であった。織豊系城郭が近世城郭の原形になったのは、そうした特性を備えていたからでもあった。天正４（１５７６）年から築城を開始した安土城に、近世城郭の志向を象徴的に読み取れる。

信長は高石垣と地形によって最も守った山の頂点に、さらに人為的な高みとしての天主を築いた。信長は天主を奥御殿の一部として用い、自身を象徴するシンボルとして位置づけた。天主によって象徴化された信長を頂点に、一族衆や家臣たちはそれぞれの屋敷

と、天主・本丸との空間的な位置関係によって可視的に序列化された。つまり安土城で信長が目指したのは、信長を頂点とした政治的な序列をもつ世界であった。
　安土城を受け継いでいった近世城郭が、大名を頂点とした階層的構造を共通して備えたのは偶然ではなく必然だった。織豊系城郭を紐帯《ちゅうたい》に戦国期拠点城郭から近世城郭を通覧すると、天守や石垣や瓦がなくとも、近世城郭が近世城郭たり得た本質的な要件は明らかである。
　このように城は、築城主体の権力を読み解く貴重な資料である。勝ち残り近世へとつづいていった大名ばかりでなく、戦いのなかで滅んで文字史料に恵まれない数多くの戦国大名をさらに深く捉えて考えるために、城郭考古学が必要である。文化財として戦国の城を未来に活かしていくためにも、城を愛する多くの人たちとともに研究を深めていきたい。

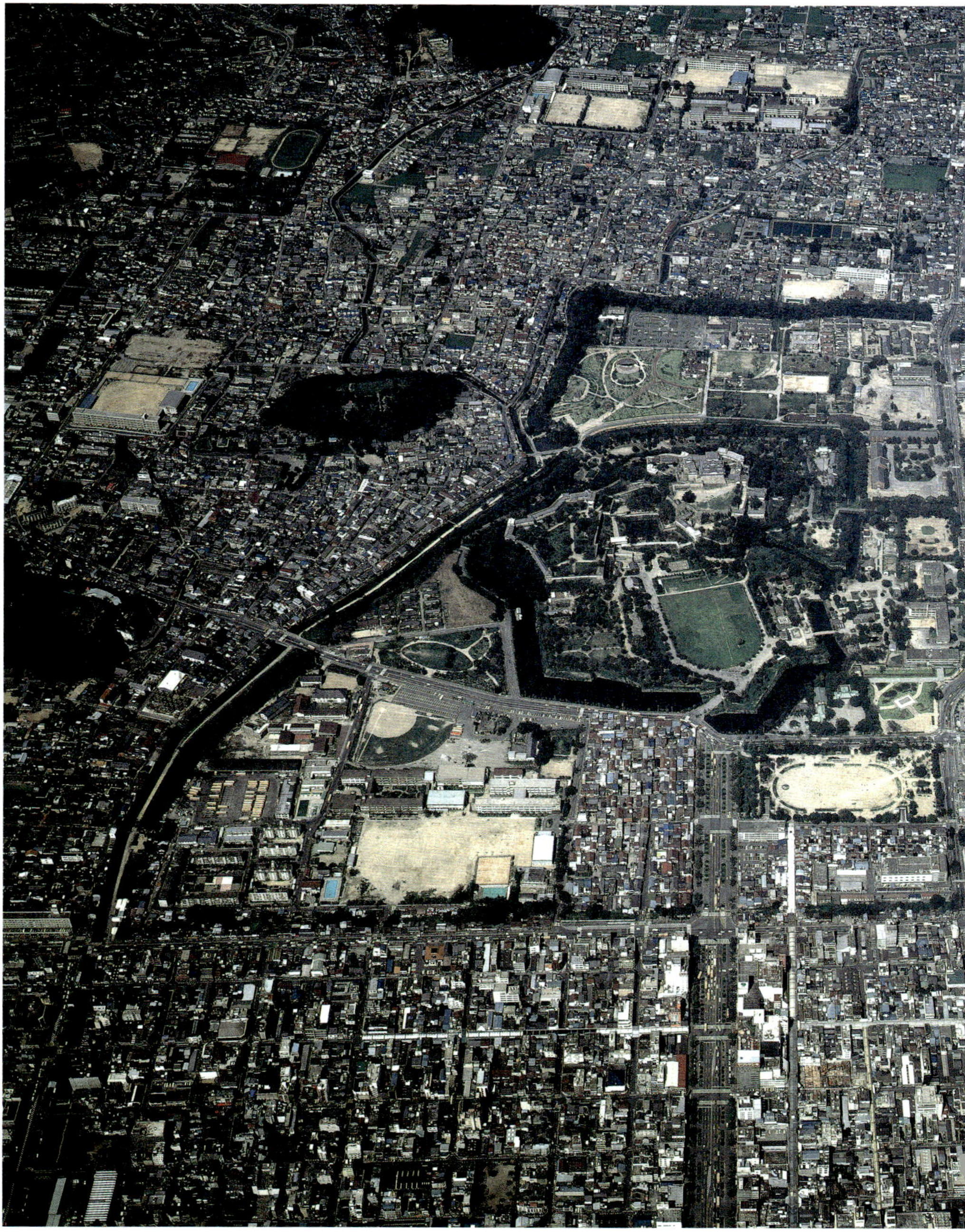

姫路城空撮（兵庫県姫路市・中田眞澄撮影）
慶長5（1600）年の関ヶ原の戦いの戦功により池田輝政が播磨52万石を得て、姫路に入封。秀吉築造の姫路城に入城した。この時、城の大改築を行い、現存する天守はじめ本丸、二の丸が9年後に完成、元和3（1617）年には三の丸、西の丸が完成し、現在見られる姫路城が完成した。

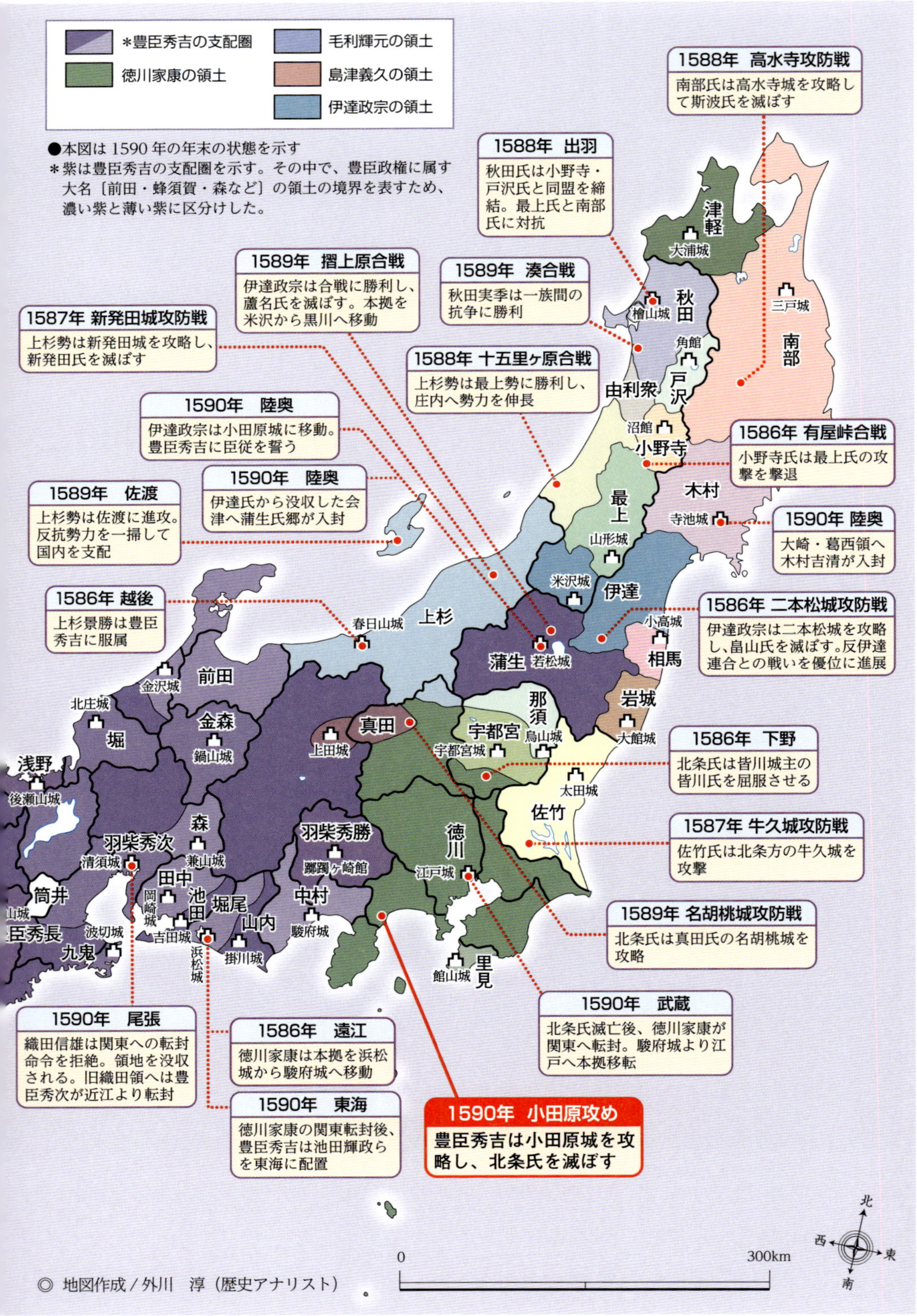

◎ 地図作成／外川　淳（歴史アナリスト）

戦国大名勢力変遷地図［3］

1586〜90年

天下統一——中央政権の誕生と戦乱の終息

1587年、島津義久は、豊臣秀吉による停戦命令を無視し、九州全土を統一する勢いにあった。だが、秀吉は九州征討を実行し、20万という大軍によって島津氏を屈服させた。北条氏も関東全土を制覇する勢いにあり、秀吉による停戦命令を無視。1590年、秀吉は関東征討を実行し、北条氏を滅亡へと導いた。奥羽統一を目指す伊達政宗もまた、この小田原参陣で秀吉への臣従を誓ったことから、秀吉は天下統一という偉業を達成したのである。

（外川　淳）

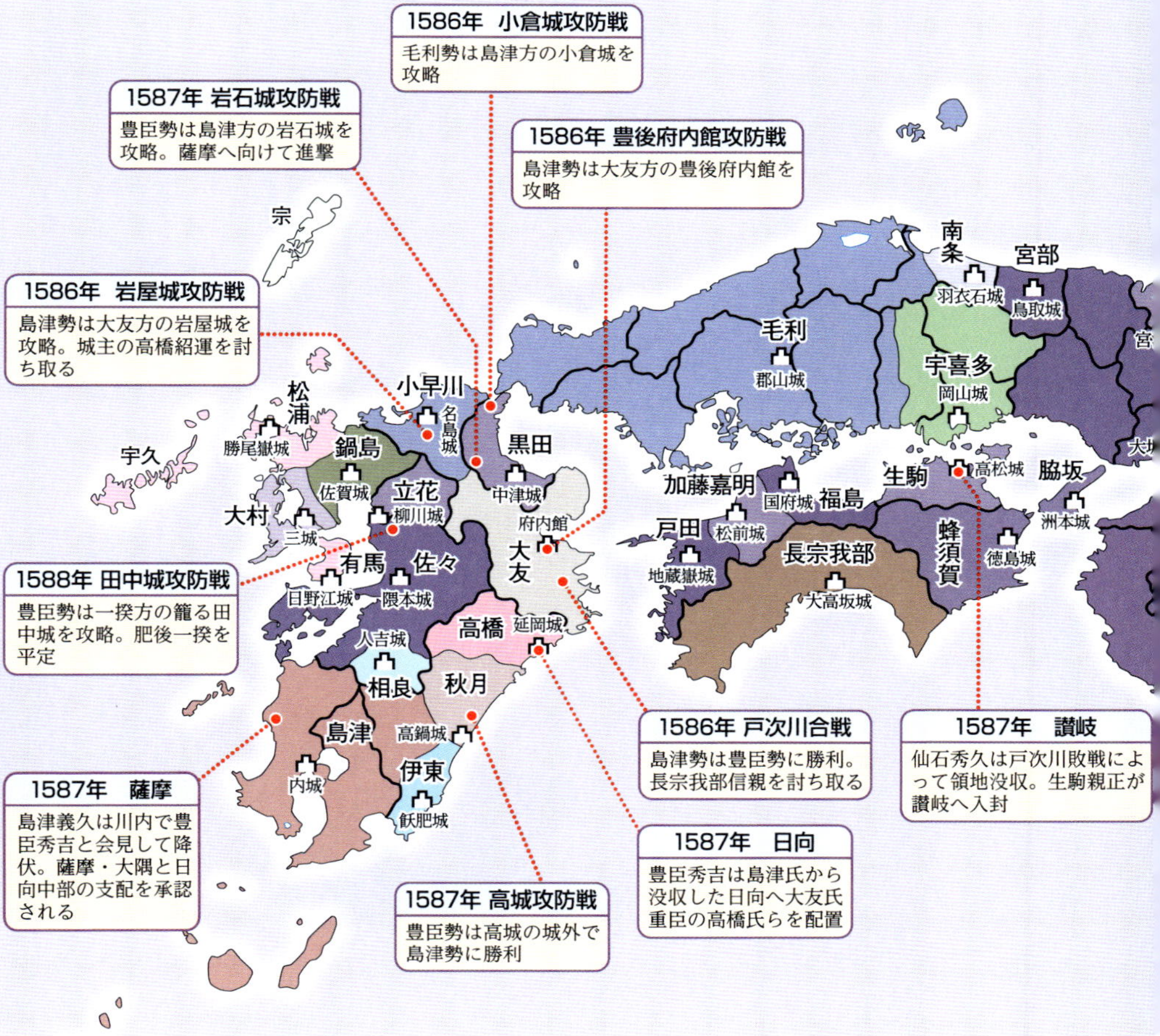

徳川家康【江戸】

とくがわ　いえやす

◉生　天文11（1543）年　◉没　元和2（1616）年

矢部健太郎（國學院大學教授）

信長と共に天下をめざした家康

徳川家康といえば、信長・秀吉・家康という「戦国三英傑」の中でも比較的地味な印象は否めない。「時代の風雲児」信長、「史上初の武家関白」秀吉が歴史上の人物人気ランキングなどで上位を占めるのに対して、家康には「たぬき爺」「けち」などというイメージがつきまとう。日本では、何かを成し遂げた人物よりも、志半ばで命を落としたような者が好まれる「判官贔屓《ほうがんびいき》」なところがあるから致し方ないのかもしれないが、家康が成し遂げた業績は、もっと高く評価されてよいはずである。そしてそのためには、彼の人生全体に対する、正当な歴史的事実の確定が不可欠なことはいうまでもない。

とはいえ、江戸幕府の創始者として「神君」と崇《あが》められた家康であるから、その伝承には少なからず脚色された部分も認められる。改めてその事績の再検討が必要な段階ではあるが、本稿ではとりあえず彼の立身出世の過程について、私見を交えつつ振り返っていくことにしよう。

家康は幼名を竹千代といい、三河国の土豪・松平《まつだいら》広忠《ひろただ》、於大《おだい》の方夫婦の子として生を受けた。当時の松平家は駿河の戦国大名・今川義元に従っていたが、於大の方の兄・水野信元が今川家を離れて尾張の織

徳川家康（東京大学史料編纂所蔵）

寺部城跡（愛知県豊田市寺部町）
永禄元（1558）年、家康初陣となった寺部城。

寺部城図（広島市立中央図書館浅野文庫蔵）
「諸国古城之図」所収。絵図の左は海。
本図には家康の名も記されている。

田家につくと、広忠は於大の方と離縁せざるを得なくなった。その後も松平家から織田家に寝返る者は後を絶たず、広忠は幼い竹千代を人質として今川家へ送ることを決めたが、寝返った家臣の画策により竹千代は織田家へと送られてしまう。駿河・尾張にはさまれた三河という立地が家康の人生に大きな影響を与えたことは、彼の幼少期からすでに確認されるのである。

織田家の人質時代はそう長くはなかったが、その期間に竹千代は織田信長と運命的な出会いをする。そしてそのことは、義元死後の家康の行動を大きく左右することになる。

今川家に居を移した竹千代は、太原雪斎《たいげんせっさい》のもとで知識や武芸の教育を受けた。『吾妻鏡《あづまかがみ》』や薬学の研究、鷹狩や弓馬の鍛錬などを終生怠らなかった家康の個性は、雪斎の厳格な教育によっているのだろう。そして元服した竹千代は祖父清康《きよやす》と今川義元《よしもと》から一字を受けて「元康《もとやす》」と名乗ることになり、妻として義元の姪・築山殿《つきやまどの》を迎える。長男信康《のぶやす》が生まれたのは、永禄2（1559）年のことであった。家康はその生涯において15人の子どもに恵まれるが、そのことは、

浜松城（石田多加幸撮影）
元亀元（1570）年、家康が入城して以来17年間本拠とした城。

岡崎城（岡崎市役所提供）
松平（徳川）氏の居城で家康の生地。桶狭間の戦い後、岡崎に入り、西三河を制圧する。

終生のライバルとなった羽柴秀吉との極めて大きな相違といえるだろう。秀吉が後継者問題で常に頭を悩ませていたのとは対照的に、家康の血統は、後の江戸幕府における「御三家」などの重要な家柄として存続し、将軍家を補佐していくのである。

生涯にわたって数々の戦いに身を投じた家康であったが、その初陣はやはり今川家の人質時代のことであった。信長の台頭により今川家から織田家へと離反した寺部《てらべ》城主の鈴木重辰《すずきしげたつ》を討つため、永禄元年に義元が家康に出陣を命じたのである。その際、義元は家康に松平家家臣の動員を要請した。家康は岡崎城に戻って軍備を整え、主君の帰りに沸き立つ家臣らとともに寺部城を奇襲した。さらに、周辺で織田家に味方する広瀬城・挙母《ころも》城なども攻め落とし、家康の出陣は大成功を収めたのであった。そのわずか2年後、信長が義元の命を奪うことになる。桶狭間の戦いである。

これにより家康は今川家人質の立場を離れ、本拠地岡崎へと移る。問題となるのは、対立してきた織田家との関わり方であった。そんな中、信長は早々に家康へ使者を送り、同盟を結ぶように呼びかけてきたの

築山殿［不詳～1579］（西来院蔵）
今川義元の姪。家康の今川氏の人質時代に駿府で家康の正室となる。長男信康切腹の際に、築山殿は暗殺される。

松平信康［1559～1579］（勝蓮寺蔵）
家康の長男。母は正室の築山殿。勇将の誉れ高かったが、武田氏への内通が疑われ、信長に切腹を命じられた。家康は終生、信康の死を惜しんだという。

である。多くの家臣たちは反対の意見を述べたが、家康は周辺の状勢や松平家の状況、また幼き日に交わった信長の印象も影響したのであろうか、彼らの反対を押し切って信長と同盟を結ぶことを決断し、清須城へと赴いた。桶狭間の戦いから2年後の永禄5年のことである。

信長・家康の関係は、当初は対等な同盟として開始され、これを背景に家康は三河国の統一を進めようとした。しかし、同盟締結の翌年には大規模な一向一揆が起こり、家臣の本多正信《ほんだまさのぶ》もこれに参加するなどしたため、戦いは長期化して松平家は大混乱に陥った。家康は徹底的な戦いを避けて和睦を提案し、ようやく永禄7年に一揆を収めることに成功した。その際には、敵として戦った家臣の再雇用を認めるなどの寛容さをみせ、ついに松平家は三河国統一を達成するのである。

その3年後の永禄10年には、信長の娘・五徳《おごとく》姫と家康嫡男・松平信康との婚姻も結ばれた。家康はその勢力を拡大していたから、この婚姻もある意味では対等な同盟関係を表すものといえる。しかしながら、信長と家康の実力差は徐々に拡大していく。転機と

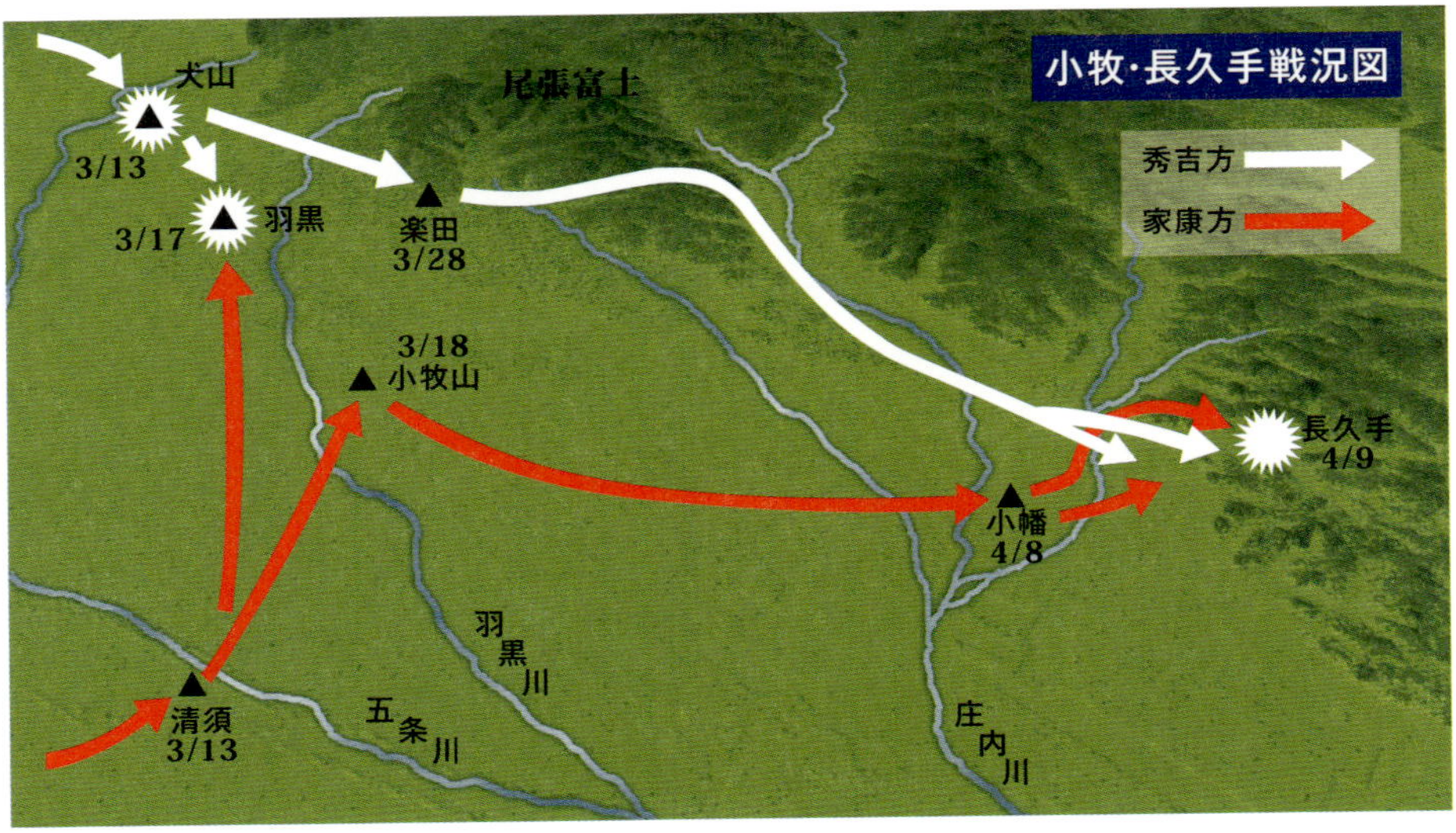

小牧・長久手戦況図
天正12（1584）年3月13日、秀吉軍は徳川方の犬山城を陥落させ拠点とする。すると家康軍は清須で織田信雄と合流後、小牧山に本陣を置く。17日、羽黒で両軍の激突があり徳川の勝利に終わる。28日、大坂から到着した秀吉が小牧山から2.2kmほどの楽田に布陣、対峙する（小牧の戦い）。4月7日、秀吉別動隊が家康の本拠攻撃のために三河に向けて出発。その動きを察知した家康軍は追撃を指示し、長久手で大勝利を収める。

なったのは、足利将軍家嫡流の義昭《よしあき》を奉じた上洛実現と、天皇・朝廷との接触である。京とのパイプを手に入れた信長は、尾張・美濃の一大名という立場の脱却を試み、三好三人衆や斎藤氏などの畿内勢力との戦いを進めつつ、経済的な要地である堺などの支配にも着手したのである。

一方の家康も、掛川城の戦いで今川氏を滅ぼし、姉川の戦いでは信長の危機を救うなど、その存在感を高めていった。また、永禄9年には、朝廷より「藤原家康」として従五位下三河守に叙任され、新たに「徳川氏」を名乗る許可を得ている。しかしながら、遠江国を支配したことで武田氏との対立が深まり、元亀3（1572）年の三方ヶ原《みかたがはら》の戦いで信玄に大敗して、織田・徳川家は多くの有能な家臣を失ってしまう。翌年に信玄が病死していなければ、その後の状勢は大きく変わっていたことであろう。

この後の数年間は、織田・徳川両家にとって武田家との対立が重要な課題となった。天正3（1575）年には、家康の手に落ちた長篠城奪還のため出兵してきた武田勝頼《かつより》と織田・徳川軍が激突し、有名な足軽鉄砲隊を大量に動員した信長の戦略により、武田軍

本多忠勝［1548 ～ 1610］（良玄寺蔵）
家康に従って生涯に戦場を往来する。酒井忠次、井伊直政、榊原康政と並び称される徳川四天王の１人。

は壊滅的な打撃を受けた。この長篠の戦いはあまりにも有名であるが、そこで勝頼が命をたったわけではない。かつての天敵・上杉家との同盟などにより、勝頼は織田・徳川家との対決姿勢を崩さなかったのである。彼が自害するのは、長篠の戦いから7年が経った時のことである。

そして、家康の人生にとって最大の悲劇というべきものが、この間に起こった正室・築山殿と長男・信康の死であった。武田方への内通を疑われた２人に対する信長の怒りはすさまじく、家康は彼らの死をもって

朱漆塗仏二枚胴具足（彦根城博物館蔵）
朱漆塗の井伊直政所用の甲冑。総重量 30kg を超える重厚な造りで、関ヶ原の合戦で着用したとされる。

「小牧長久手合戦図屏風」（犬山城白帝文庫蔵）
天正 12（1584）年 4 月 8 日の徳川家康・織田信雄連合軍が豊臣秀吉軍の別働隊を尾張長久手で破った合戦を描いている。この屏風の中央の山上左手に葵紋の旗と「公御備」との貼札があり、家康の本陣を示しており、右手上部に木瓜紋の旗と「信雄卿」との貼札がある。

朝日姫［1543 ～ 1590］（南明院蔵）
豊臣秀吉の異父妹。家康との関係を密にしようと図る秀吉が、前夫と離別させ、家康室として嫁がせた。44 歳で3度目の結婚だったといわれる。

信長への恭順を誓うよりほかなかったのである。対等な同盟として始まった織田・徳川両家の関係は、いつしか主家・織田家に従う徳川家という構図に変化していたのであった。

　しかし、家康の人生を大きく左右する事態が発生する。天正10（1582）年6月2日未明、京・本能寺において、信長が家臣の明智光秀《あけちみつひで》に討たれたのである。当時家康はその信長に会うため堺にいたが、急報を聞いて危機感を覚え、表通りを避けていわゆる「伊賀越え」を敢行して三河の岡崎城に帰ったという。6月4日のことであった。

　山崎の戦いで光秀を討った秀吉は、清洲会議や賤ヶ岳の戦いなどを経て、織田家重臣内部における存在感を日に日に高め、信長の3男・信孝を自害に追い込んだことなどからも明らかなように、織田家重臣という立場からの脱却を試みていた。信長が目指していた全国統一の夢を継ぎ、主家織田家に代わってそれを成し遂げようとしたのである。

律儀者に徹した秀吉の右腕

　こうして、秀吉と信長の次男・信雄《のぶかつ》との直接対決の日は、間近《まぢか》に迫ってきた。織田家の弱体化は明らかであり、家康も信長時代とは異なる処世術が必要であったが、信雄の求めに応じて秀吉と戦う決意を固める。織田家から独立した形となった秀吉は、小牧《こまき》・長久手《ながくて》にて織田・徳川連合軍と激突する。軍勢の数は秀吉方が優勢であったが、羽柴秀次《はしばひでつぐ》ら若き部将たちの経験不足もあって織田・徳川軍の反撃にあい、秀吉はいったん停戦することにした。

　力攻めに困難さを感じた秀吉は、新たな道を模索

名護屋城（唐津市・佐賀県立名護屋城博物館蔵）
名護屋城下町復元模型。文禄・慶長の役（1592～97）の名護屋城と城下町の築城当時を復元したもの。

し始める。その方法の一つが、天皇・朝廷への接触である。秀吉と朝廷との関係は信長家臣時代から確認され、山崎の戦いや賤ケ岳《しずがだけ》の戦いの際には勅使などが派遣された。しかし、小牧・長久手の戦いでは、勅使の派遣が確認できない。それはなぜなのだろうか。私見では、秀吉がいまだ無位無官の「平人」であったことが一つの要因ではないかと考えている。すなわち、信雄は信長在世時に「北畠中将」を名乗っており、家康も「三位中将藤原家康」という署名を残している。両者ともに、近衛中将に任官されていたのである。いかに秀吉が畿内で勢力を拡大していたとはいえ、朝廷としては、いずれの陣営に肩入れすべきかの判断が難しかったものと思われる。そして、その戦いの結末も、いずれが勝者と明確に言い切れない痛み分けであった。

　秀吉は、手練れの家康よりも、若き信雄をまずは懐柔することにした。信雄は停戦の呼びかけに応じ、家康に無断で単独講和を結んでしまう。天正12（1584）年11月のことであった。秀吉はこの前月に朝廷より初めて官位叙任の勅使派遣を受け、天正10年10月3日付の口宣案を作成させるなどしながら

前田利家 [1538 ~ 1599]
(東京大学史料編纂所蔵)
天下人をめざした信長・秀吉の身近で共に戦乱を生き、秀吉政権では五大老の1人として、家康、三成間の調整に力を注いだ。

上杉景勝 [1555 ~ 1623]
(上杉神社蔵)
秀吉に臣従し会津120万石で移封、若松城主、五大老の1人として活動した。関ヶ原の戦い後、家康に降伏し削封された。

毛利輝元 [1553 ~ 1625]
(東京大学史料編纂所蔵)
豊臣政権の五大老の1人。関ヶ原の戦いでは西軍の総大将であった。

官位の上昇を図り、「平人」からの脱却を成し遂げる。また、信雄に対する官職を用意し、その口宣案を事前に確認していることは、自らの下位に織田家を位置づけようとの意図を示している。そして、天正13年7月、秀吉は近衛前久《このえさきひさ》の養子「藤原秀吉」として史上初めての「武家関白」となり、羽柴家が主家・織田家を超越したことを世上に広く示したのであった。

信雄は同年8月の富山出兵に従軍し、その後、織《お》田《だ》長益《ながます》・滝川雄利《たきがわかつとし》らを家康のもとに送って上洛するよう説得したが、家康はなかなか首を縦に振らない。そこで秀吉は、翌天正14年、まずは妹・朝日《あさひ》姫を家康の元に送り、さらに半年後には母・大政所《おおまんどころ》を朝日姫の見舞いと称して岡崎に送っている。こうした秀吉のなりふり構わぬ振る舞いをみて、家康は意を決したのであろう。大政所が岡崎に到着して6日後、家康は浜松を発って上洛の途に着いたのである。大坂城で秀吉に謁見した家康は、ついに秀吉の軍門に降ることとなった。

翌天正15年8月、家康は羽柴秀長《ひでなが》とともに従二位権大納言に昇進する。秀吉の弟と同日に同位同官に補任されたということは、秀吉が家康を弟同様に見て

徳川家康 略歴

天文11年	1542	岡崎城主松平広忠と於大の方（伝通院）の間に岡崎城で誕生。
弘治3年	1557	今川義元の姪・築山殿と結婚。
永禄3年	1560	桶狭間の戦い後で今川義元討死。岡崎城主となる。
永禄5年	1562	清須城を訪問し織田信長と同盟を結ぶ。
元亀元年	1570	姉川の戦いで浅井長政・朝倉義景を破る。
元亀3年	1572	二俣城の戦い。三方ヶ原の戦いで武田信玄に大敗。
天正3年	1575	長篠の戦いで織田・徳川連合軍が武田勝頼を破る。
天正10年	1582	本能寺の変で織田信長死去し、伊賀越えで帰国する。
天正12年	1584	小牧・長久手の戦いで織田信雄に与し、秀吉と対立する。
天正14年	1586	秀吉の妹朝日を娶る。大坂城にて豊臣秀吉に謁見する。
天正18年	1590	関東移封。8月朔日、江戸城に入る。
慶長5年	1600	小山評定。関ヶ原の戦い。
慶長19年	1614	大坂冬の陣。
慶長20年(元和元年)	1615	大坂夏の陣。禁中並公家諸法度制定。
元和2年	1616	鷹狩で発病し死去する。

いたことを示すと同時に、明らかに自分の下位に位置づけようという意思表示であっただろう。それがさらにはっきりと示されたのが、翌年4月の聚楽第《じゅらくてい》行幸であった。その3日目の和歌御会の席上、後陽成天皇は「勅裁《ちょくさい》」によって織田信雄・徳川家康・羽柴秀長・羽柴秀次・宇喜多秀家《うきたひでいえ》の「清華成《せいがなり》」と、酒宴への陪《ばい》席《せき》を認めたのである。

「清華成」とは、公家社会で「摂関家《せっかんけ》」に次ぐ高位の家格「清華家」となることを認める、という意味である。しかし、いかに高位とはいえ、「清華家《せいがけ》」の者は決して摂政・関白に昇進することはできない。秀吉は、旧敵の織田・徳川両家を秀長・秀次・秀家ら一族と同格に扱うと同時に、唯一の「武家摂関家」たる豊臣宗家との格差を表現しようとしたのであろう。

同年には、家康の同盟相手である後北条氏より氏《うじ》規《のり》が上洛し、聚楽第にて秀吉と対面する。その場には、先の5名に毛利輝元・上杉景勝を加えた「清華成」大名も束帯を着して参列した。氏規は、豊臣政権が西日本から畿内近国に及ぶ広大な領域を従えていることを実感したと同時に、そこに取り込まれた家康の姿に愕然《がくぜん》とした想いであっただろう。それゆえ、帰国すると氏政・氏直父子に豊臣政権の強大さを訴えただろうが、沼田問題をきっかけに豊臣軍の襲来を受けるのである。その先陣を任されたのは、家康であった。

5代に渡って関東に覇を唱えた後北条氏であったが、「清華成」大名を中心とする大軍に抗しきることは叶わず、ついに終焉の時を迎える。秀吉は、秀次・家康らにさらなる北上を命じて関東・奥羽仕置を完了し、全国統一を成し遂げた。信長の死から、わずかに9年後の天正19年のことであった。

しかし、この年には豊臣政権を揺るがす事柄が相次いだ。秀吉の弟・秀長、実子・鶴松、そして千利休の相次ぐ死である。この危機を乗り越え、政権の安定的な継承を目指すために、秀吉は甥の秀次に関白職を委譲《いじょう》した。そして、全国平定後の新たな目的であった中国侵略のため、朝鮮出兵を開始するのである。家康は、新たに「清華成」大名となった前田利家とともに肥前名護屋に在陣し、秀吉の政策を支えることとなった。

この後に発生した秀次事件は、豊臣政権にとって大きな衝撃であった。私見では、秀吉に秀次を切腹させる意思はなく、無実を証明しようとした秀次が自らの意志で切腹したものと考えているが、いずれにせよ、文禄2（1593）年に生まれた秀頼《ひでより》は数え3歳の幼子だったから、政権は後継者問題に直面したのである。老いた秀吉は、幼い秀頼を大名の連合体制で支えて欲しいと願い、「御掟《おんおきて》」「御掟追加」を作成して「清華成」大名に署判させ、最晩年には石田三成ら「五奉行」と「清華成」大名による起請文を何度も作成させたのである。

天下取りへの道

慶長3（1598）年8月、秀吉がついにこの世を去った。これ以後の豊臣政権を牽引したのは「五大老筆頭」となった徳川家康であるという認識は根強いが、それは江戸時代以降の史料にもとづく印象操作の結果と考えられる。実際の政治情勢については、今後さらに検討を深める必要があるが、基本的には「清華成」大名、一般にいわれる「五大老」は秀頼を補佐する政治顧問のような存在であり、実務については石《いし》田三成《だみつなり》・増田長盛《ましたながもり》らの「五奉行」が担当していた。ただし、秀吉の死から時を経ずに前田利家《まえだとしいえ》が死去したことにより、政権内での家康の存在感は増大していった。家康は、上杉景勝《うえすぎかげかつ》の上洛拒否を契機に上杉攻めを決定し、伏見から東国へ向けて出陣する。実に5年ぶりの関東への帰還であった。

これに対して、石田三成らは「内府ちがいの条々」を発して家康の非行を弾劾し、秀頼を担いで家康を倒すことを決意する。重要なのは、この弾劾状は三成単独での作成ではなく、毛利輝元《もうりてるもと》・宇喜多秀家・前田玄以《まえだげんい》・増田長盛・長束正家《なつかまさいえ》も連署していたことである。秀吉晩年に起請文を取り交わし、政権中枢を担うよう秀吉に指示された10名のうち、在国していた前田利長・上杉景勝、蟄居《ちっきょ》していた浅野長吉を除くすべての者が家康を弾劾したことになるのである。秀吉死後の政権運営は家康中心に進められたという一般的な理解は、この点からも再検討が必要といえよう。

一方の家康も、福島正則《ふくしままさのり》・黒田長政《くろだながまさ》ら秀吉子飼いの大名たちとともに上杉攻めの軍を編成していた。家康は、上方の動向を「石田三成・大谷吉継《おおたによしつぐ》が反旗を翻した」と諸将に説明し、秀頼を、そして豊臣家を守る戦いに臨むべしと説いたのである。かつて家康牽制《けんせい》のために秀吉から東海道筋に領地を与えられた諸大名は家康になびき、上杉攻めを中止して一気に西上した。家康軍と反家康軍が関ヶ原で激突するのは、慶長5年9月15日のことであった。

関ヶ原の戦いとは、「秀頼を守る」という大義名分を掲げた両軍同士の戦いであり、決して豊臣家対徳川家の戦いではなかった。そのため、家康は戦い後に大坂城の秀頼を訪ねて戦勝を報告し、戦後処理についても秀頼を担ぎつつ行わざるを得なかったのである。すなわち、「豊臣宗家」の当主秀頼が健在である以上、家康が「清華成」大名としてその下に位置づけられる状況は続いていた。これを変化させるには、何か大きな変革をなす必要があった。慶長8年の家康の征夷大将軍任官、そして秀忠《ひでただ》への将軍職委譲は、そうした文脈の中で理解する必要があり、変革を完遂するためには、豊臣宗家を滅ぼす必要があったのである。

家康がその波乱に満ちた生涯を終えたのは、元和2（1616）年4月17日のこと。大坂夏の陣において豊臣秀頼を、そして豊臣宗家を滅ぼした翌年のことであった。

南蛮胴具足

（日光東照宮宝物館蔵）

付属する外箱の墨書に「関原御陣御着用御具足」とあり、徳川家康が関ヶ原の戦いに着用した甲冑の１つ。

伊予札黒糸素懸威胴丸

（久能山東照宮蔵）

徳川家康所用の甲冑。家康が関ヶ原の戦いの前に大黒天が武装する夢を見たことから甲冑師に作らせたと伝わる。関ヶ原・大坂の陣に着用し勝利を収める開運の具足といわれる。国重要文化財。

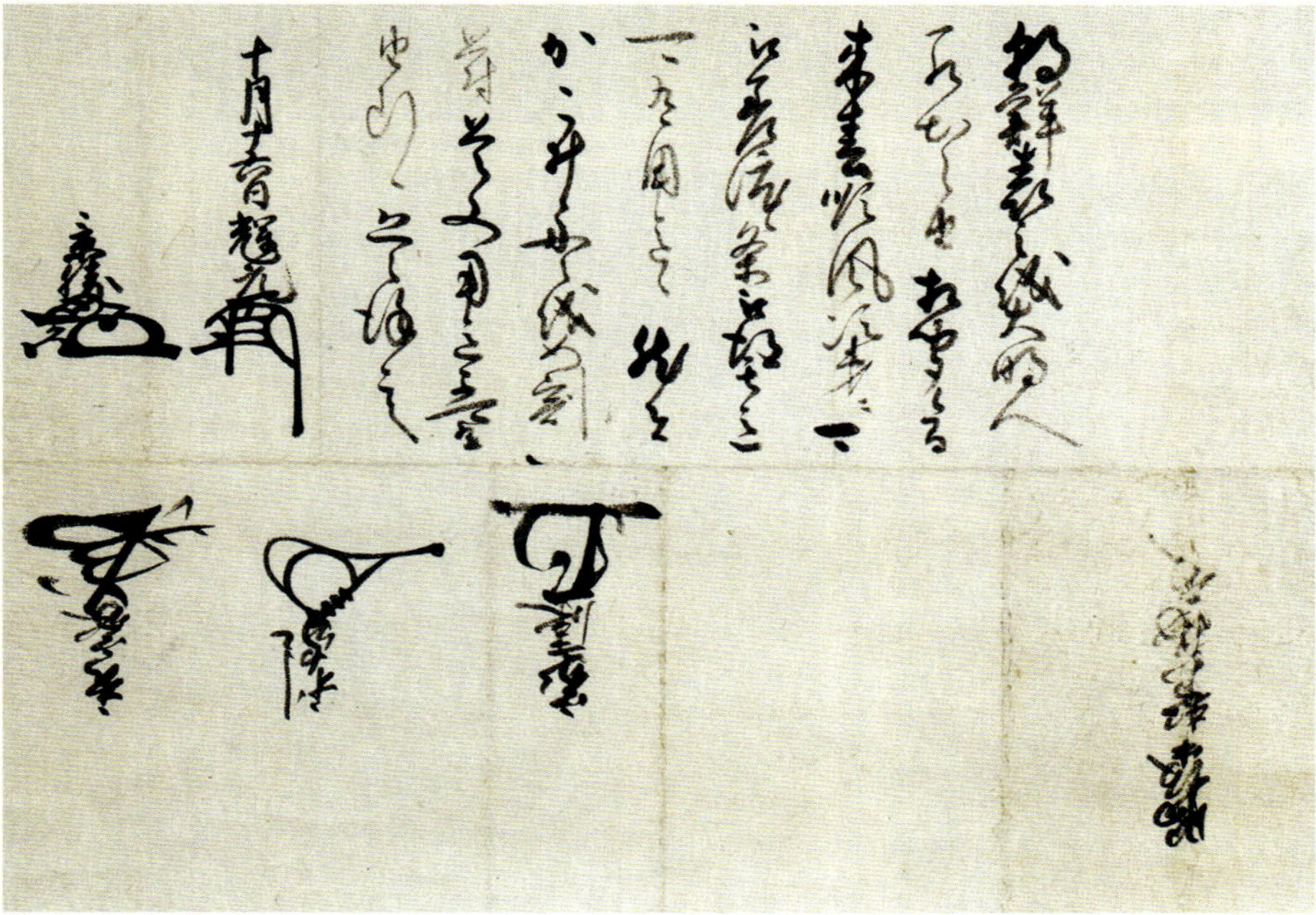

豊臣氏五大老連署状（大阪城天守閣蔵）
慶長３（1598）年、秀吉の死により五大老が朝鮮半島からの撤退する船の準備を脇坂安治に命じた署状である。五大老の花押は上段左が上杉景勝と毛利輝元、下段左より宇喜多秀家・前田利家・徳川家康が署名している。

徳川家康の太刀

（個人蔵・ふくやま美術館寄託）

銘は筑州住左（江雪左文字）。家康の 10 男で御三家紀州徳川家初代頼宣に与えたもの。「左」 の銘の作者は、鎌倉時代末から南北朝に活躍した刀工で、銘に「左」の一字をきることから左文字と呼ばれている。「江雪左文字」は傑作とされている。

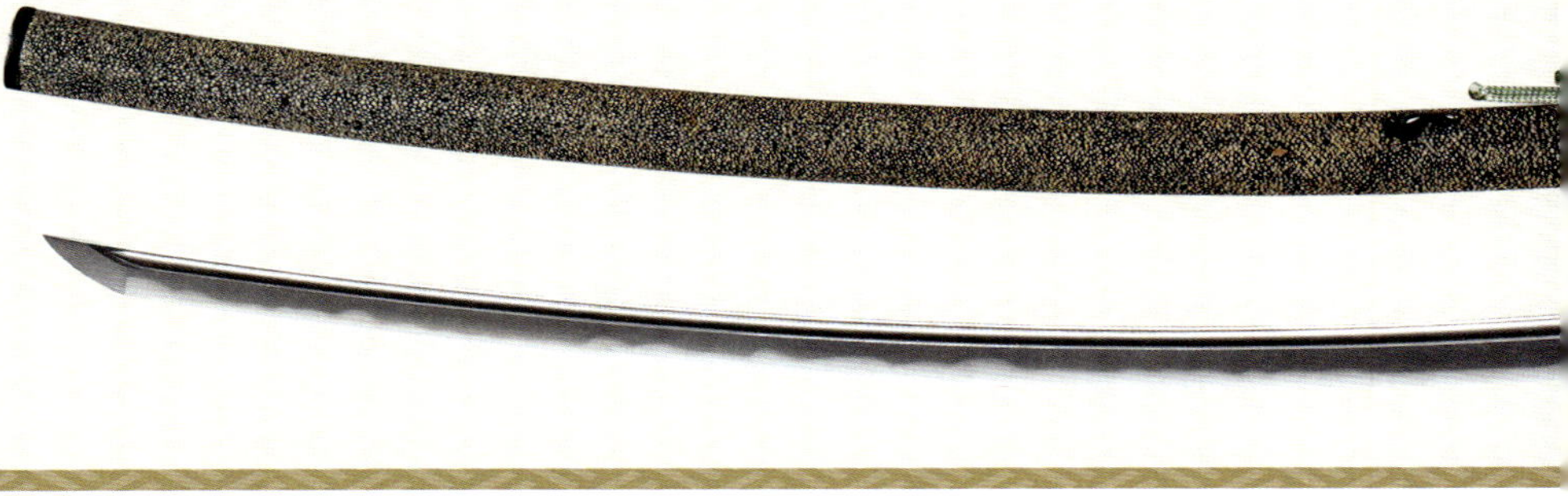

関ヶ原の戦い

矢部健太郎（國學院大學教授）

秀吉の死から間もない慶長4（1600）年に勃発した関ヶ原合戦は、その後の約400年に渡って、「徳川家康が豊臣家を倒して天下の実権を掌握した天下分け目の戦い」と認識されてきた。しかし、近年になってそうした見方は再検討が必要とされ、関ヶ原合戦研究は大きな転換点を迎えている。

近年の研究としてまず押さえておくべきなのは、笠谷和比古氏による一連の論考だろう。笠谷氏は、関ヶ原合戦後の国制について、関白制度を基軸とする豊臣の「公儀」と将軍制度を基軸とする徳川の「公儀」が併存していたという興味深い指摘を行った（『関ヶ原合戦と近世の国制』思文閣）。この笠谷氏の「二重公儀」体制論は、関ヶ原合戦後にも豊臣宗家の嫡子である秀頼にはそれなりの存在感があり、それまでまみられた「摂河泉《せっかせん》を領する一大名へと転落した」という秀頼に対する評価の見直しを迫るものであった。

のちに笠谷氏は『関ヶ原合戦と大坂の陣』（吉川弘文館）で改めて豊臣「公儀」をめぐる自説の論点を8項目に整理した。それは、①秀頼に対する諸大名の伺候《しこう》の礼、②勅使・公家衆の大坂参向、③慶長期の伊勢国絵図の記載、④大坂方給人知行地の西国広域分布、⑤秀頼への普請役賦課の回避、⑥慶長11年の江戸城普請における豊臣奉行人の介在、⑦二条城の会見における礼遇、⑧慶長16年の三ヶ条誓詞、の8つである。こうした笠谷氏の立論の背景には、初期の家康権力が西国への支配面で脆弱性《ぜいじゃくせい》を抱えていたこと、全国支配が確立されていなかったことなどへの意識があると思われるが（曽根勇二『大坂の陣と豊臣秀頼』吉川弘文館）、「二重公儀」体制という認識自体には、秀頼は家康に拮抗する政治勢力たりえたのかという根本的な疑問もあり、引き続き検討が求められている。

関ヶ原合戦図屏風（岐阜市歴史博物館蔵）
西軍の石田三成軍の島左近隊と交戦する東軍を描いている。

この指摘は秀頼の再評価という点で重要だが、やはり笠谷氏自身が日本近世史、とりわけ江戸幕府成立史という視点から関ヶ原合戦とその後の展開を検討している点に留意せねばなるまい。さらに言えば、笠谷氏を含めた従来の論考には、豊臣政権の崩壊過程に関する考察、ひいては豊臣政権の権力構造の理解に根本的な問題があったのである。

この点に留意しつつ、改めて関ヶ原合戦の研究史を見直してみると、多くの論考が秀吉の死を執筆の起点としていることに気づく。加えて、秀吉の遺言にもとづいて「五大老・五奉行」という合議体制が定められ、徳川家康は「五大老筆頭」として秀吉死後の政権運営の中心にあったという評価も通説化していたといえるだろう。また、関ヶ原合戦に関する論考の多くは、戦国大名や江戸幕府研究の専門家や、いわゆる歴史作家の手になるものであり、豊臣政権の研究者によるものはほとんどみることができなかった。

そうした研究状況に対して、豊臣政権を専門的に研究してきた筆者は長く違和感を持ってきた。すなわち、低い身分から立身出世し、史上初めての「武家関白」となって中央権力を掌握した秀吉が、晩年に

五奉行と五大老の合議（国立国会図書館蔵）
「関ヶ原合戦絵巻」所収。右には家康を除く五大老の４人、中央には石田三成ら五奉行、左の廊下には三中老が描かれている。

生まれた秀頼の行く末を家康に託すということは、果たして自然なのか。秀吉にとって家康は、小牧・長久手の激戦においてその実力を痛いほど思い知らされた最大のライバルであり、臣従させるために母や妹を利用せざるをえない程の強敵であった。縁戚関係を結んでいるとはいえ、直接的な血のつながりはない「赤の他人」であり、独立した旧戦国大名でもある。その家康をいかにして自らの下位に位置づけるか。秀吉にとってこの問題は、終生ついて回った課題に違いない。そのことを考えれば、秀吉が死後の政権運営を、そして幼い秀頼の後見を家康ら「五大老」に委託したとすることに少なからず違和感が生じよう。果たして、「五大老」とはどのような存在なのか。そして、家康は確かに「五大老筆頭」として、秀吉死後の政権運営を任されたのだろうか。

この問題を考えるにあたり、まずは一般的な認識について確認しておこう。『角川第二版日本史辞典』の「五大老」の項目には、次のようにある。

> 豊臣時代の職名。五奉行の上に位し、政務を総覧した。豊臣秀吉の晩年一五九七（慶長二）年頃設けられ、徳川家康・前田利家・毛利輝元・宇喜多秀家・小早川隆景（死後、上杉景勝）が任ぜられた。任務は五奉行の顧問であったが、秀吉の死後は、家康が伏見城で政務をとり、利家が大坂城で豊臣秀頼を補佐し、実質的には五奉行の職権を奪い、関ヶ原の戦後は崩壊。なお五大老と五奉行を合わせて十人衆と呼んだこともある。

言い換えれば、秀吉は晩年に「五大老」を創出し、政権の構造は秀吉の独裁体制から大名連合的性格に移行したということである。それは「秀次事件」などの混乱を経て政権が大きく動揺していた時期であり、その動揺を抑え、秀頼の代における政権の安定的運営のために「五大老」の力が必要だったということになろう。しかし、例えば小早川隆景の死後に上杉景勝が加えられたというような認識は、天正年間の豊臣政権の実態からすれば極めて不正確である。もともと「六大老」であったものが「五大老」と呼ばれるようになった、ということなのだろうか。

そこで豊臣政権の「大老」文言の初見についてみていくと、『豊臣秀吉譜』という史料に行き当たる。しかし、それは寛永年間に江戸幕府の御用学者・林羅山によって、秀吉の死後約50年に著されたものである。その記述が正確で、正当なものと信ずるには心許ない。秀吉は「大老」という言葉を知らずに死んだ可能性すらあるだろう。家康・利家・輝元・秀家・隆景、そして景勝を「五大老」以外の言葉で、しかも秀吉が存命中に使っていた言葉で位置づけることはできないのだろうか。

豊臣秀頼 [1593～1615]（東京藝術大学芸術資料館蔵）
豊臣秀吉の第２子。秀吉、傅役の前田利家の没後、徳川家康が台頭し、大坂夏の陣で自刃する。

これについて、筆者は2001年に「豊臣『武家清華家』の創出」を『歴史学研究』に発表した。その骨子は、秀吉が天正16（1588）年の聚楽第行幸を契機に諸大名に「清華成《せいがなり》」という身分を与え、「豊臣摂関家」との格差を明示したというものである。そして、そのメンバーには天正16年に織田信雄《のぶかつ》・徳川家康・羽柴秀長・羽柴秀次・宇喜多秀家・毛利輝元・上杉景勝、天正19年に前田利家、文禄5（1596）年に小早川隆景が加えられた。「五大老」と比較して重要なのは、そのメンバー構成と創出時期、そして残存史料である。

メンバーについては、天正18、19年の小田原出兵の

関ヶ原 主要参戦武将 人脈関係図

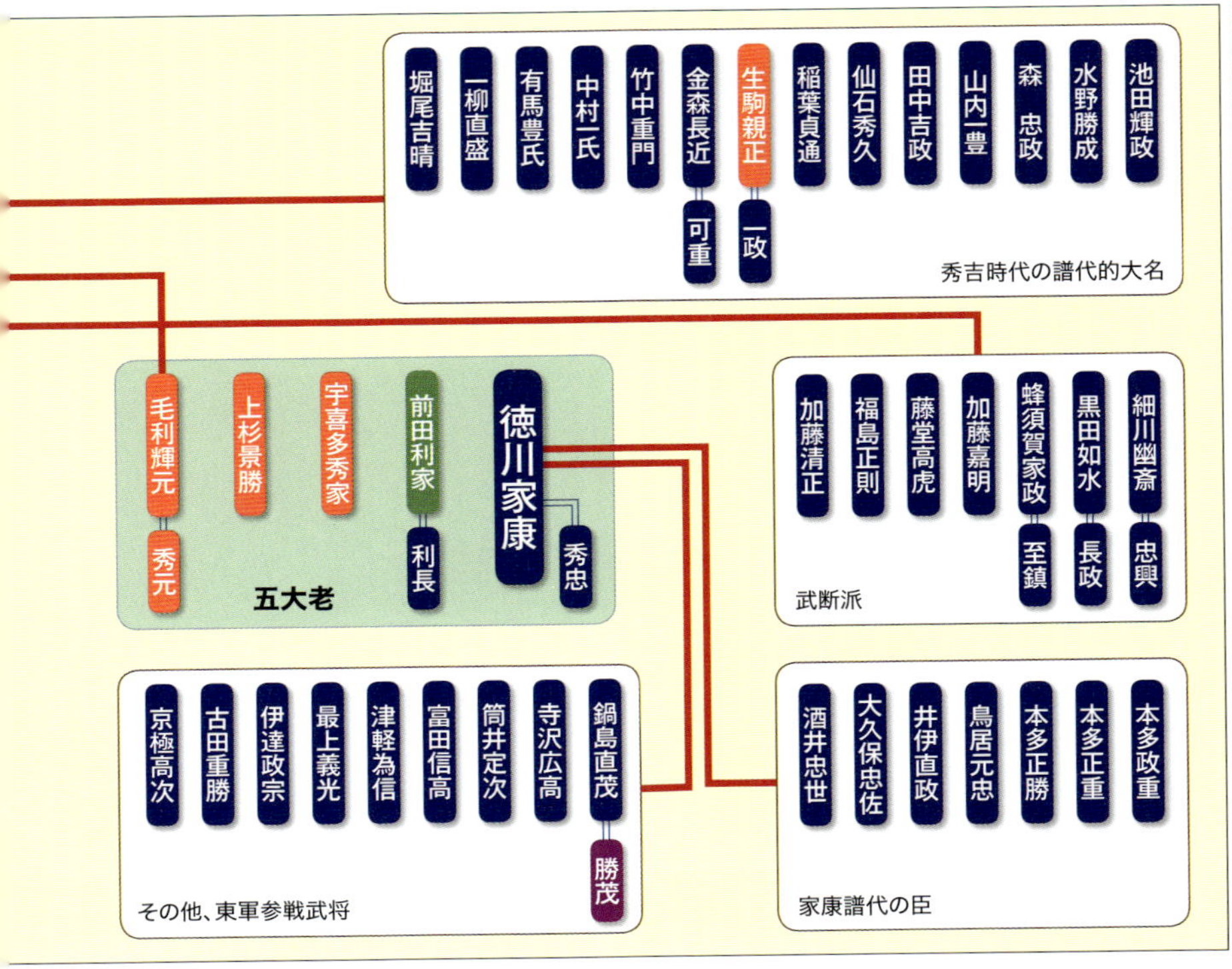

頃に信雄が失脚し、秀長が病死しており、利家はその欠を補ったといえる。また、隆景の加入は文禄４年の秀次事件後というタイミングである。そして、秀吉晩年の「清華成」大名構成員は家康・利家・秀家・輝元・景勝・隆景で、いわゆる「五大老」メンバーと一致する。ただし、「五大老」が秀吉晩年に創出されたと認識されてきたのに対して、「清華成」大名の創出は天下一統過程の天正16年頃のこと。いわば豊臣政権が最もエネルギーに満ちていた頃である。朝鮮出兵、秀次事件などの混乱を抑えるためという消極的な理由ではなく、信雄・家康ら強大な旧戦国大名と豊臣宗家との格差を示さんという積極的な理由により創出されたのだとすれば、その歴史的意義はまったく異なってくるだろう。また、先述のように「五大老」の存在を示す同時代史料は皆無なのに対し、「清華成」という言葉は秀吉存命中の日記・文書から確認できる。すなわち、秀吉は「清華成」という言葉を確実に知っていたのである。

　こうしてみると、秀吉存命中の意思は、いかにして豊臣宗家を守り、徳川家ら旧戦国大名との格差を明示して自らの下位に位置づけるか、ということだった

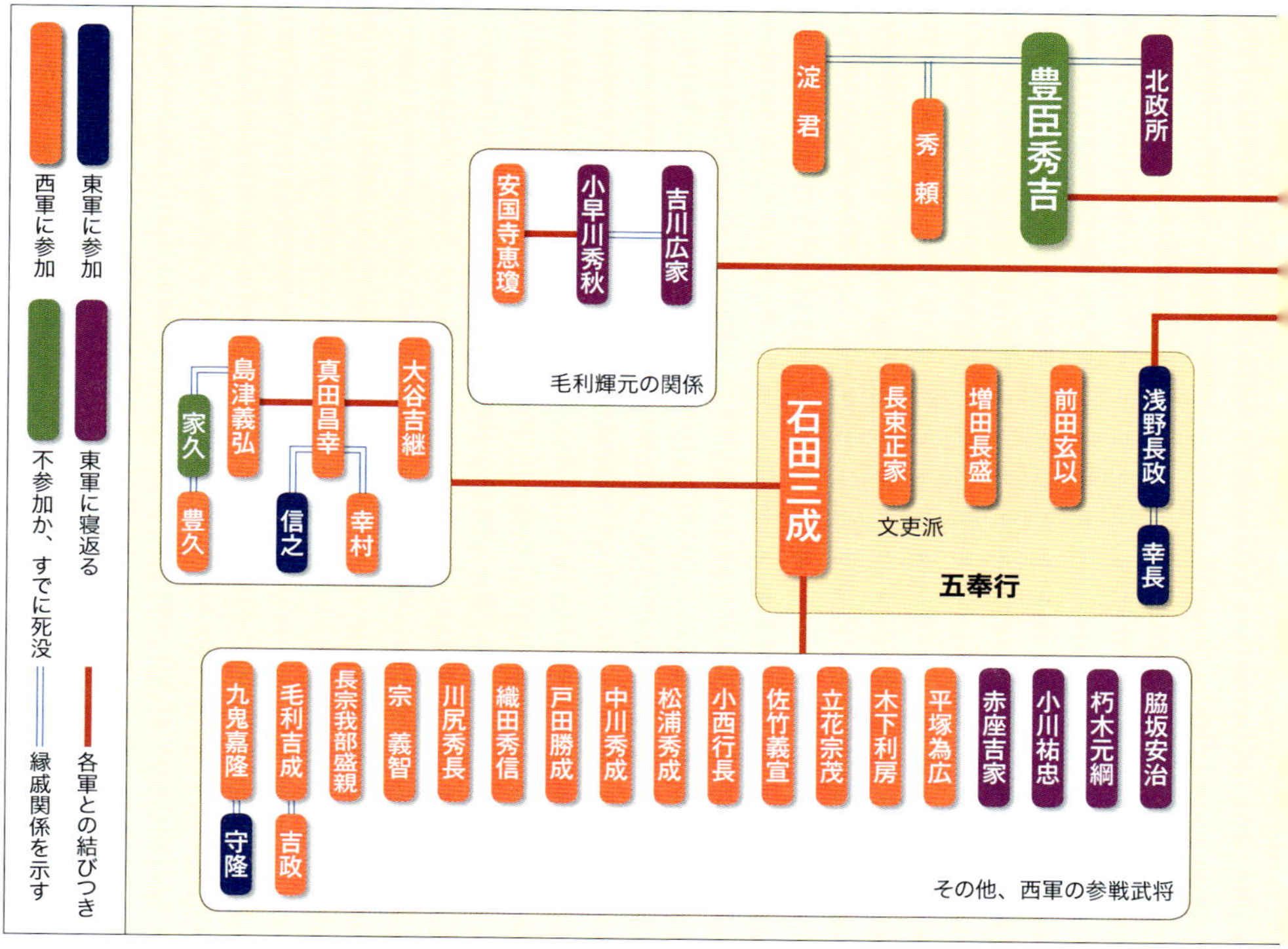

と考えられる。加えて秀吉は、「清華成」の下に「公家成」大名（国持大名クラス）、「諸大夫成」大名（秀吉直臣・陪臣クラス）を置いて、豊臣宗家を頂点とする武家家格を形成した。石田三成は、秀吉直臣の「諸大夫成」大名だったのである。本来、対立するレベルにない家康と三成がなぜ関ヶ原合戦の2つの核とされているのかについても、考える必要があるだろう。

さて、秀吉死後の政局の指針は、「秀次事件」から秀吉の死の前後にかけて作成された起請文類や、「御掟」をはじめとするさまざまな法令、また秀吉の遺言であった。これまでもそうした残存史料の読み込みが進められ、活発な議論と重要な実証が積み重ねられている。

「御掟」とは、家康らいわゆる「大老」が連署して作成されたものである。従来は、これをもって「五大老」成立の画期としたり、大名連合的な体制の確立と見る向きもあった。しかし、大阪城天守閣に所蔵される原本を確認したところ、そこに記された家康・利家・秀家の「家」の文字は、同じ筆によるものであった。すなわち、「御掟」の作成主体は豊臣政権で、諸大名は記された名前の部分に花押を据えただけという

石田三成［1560～1600］（東京大学史料編纂所蔵）
文禄４（1595）年には近江佐和山城主、五奉行の１人。慶長５（1600）年の関ヶ原の戦いで敗れ、捕らえられ斬首となった。

ことになる。さらに、「御掟」の文中には多くの敬語表現がみられ、それが「大老」衆への敬意ではなく、秀吉・秀頼父子に向けたものであること、文禄4年8月3日という日付が秀頼の誕生日であることを考えれば、「御掟」は家康らに政権運営を委託した文書ではなく、秀頼政権の後見を依頼した文書と評価すべきと考える。

次に、秀吉の遺言を取り上げたい。これまで、その最大の特徴は「秀頼・利家を大坂に、家康を伏見に」という秀吉死後の政権構想が示された点とされてきた。そして、秀吉死後の政権運営は伏見の家康が中心であり、それに反発した三成らが蜂起して関ヶ原合戦を招いた、というのである。しかし、関ヶ原合戦前の家康は、伏見城に登城して政務運営を差配していたわけではない。大坂と伏見の政務は石田三成・増田《ました》長盛《ながもり》・前田《まえだ》玄以《げんい》ら「五奉行」が担当していたのである。

一方、秀吉の死前後に政権中枢にあった者たちは、この難局を乗り切るために複数の起請文を取り交わしている。そのメンバーは、家康ら5名の「清華成」大名（いわゆる「五大老」）と三成ら5名の「諸大夫成」大名（いわゆる「五奉行」）で、主たる内容は秀頼への奉公、讒言《ざんげん》や喧嘩口論・勝手な起請文の取り交わし禁止などであった。当時最重要の案件は朝鮮在陣中の諸将を無事に帰還させることで、三成・長政らは撤兵作業のため畿内を離れることとなった。相次いで作成された起請文群には、彼らが不在の間の畿内情勢を安定化させる効果が期待されたのだろう。

三成らの畿内不在期における家康の活動として注目すべきは、徳川家と諸大名家との姻戚関係締結である。大名間の勝手な婚姻は、すでに「秀次事件」時の起請文で禁止されていたが、九州から帰洛した三成らが家康の動きをとらえてその違法行為を弾劾するのは、慶長4年正月まで待たれる。それは、秀頼・利家が大坂城に入るのとほぼ同時期であった。

仮にこの時、家康を隠退させることができていれば、慶長期の歴史的展開は大きく変わっていたに違いない。しかし、秀頼の「傅役《もりやく》」として政権の安定化を第一義としたい利家の意向もあってか、家康は改めて起請文を取り交わすだけで難局を乗り切った。すると、わずか3か月後の閏3月3日、利家の訃報がもたらされ、その晩には加藤清正・福島正則ら「七将」による三成襲撃事件が発生する。これにより、

北政所［1549～1624］（東京大学史料編纂所蔵）
豊臣秀吉の正室。秀吉没後、落飾して高台院と号した。関ヶ原の戦いでは家康を支持して戦後も厚遇を受け、家康から贈られた京都高台寺で余生を過ごした。

三成は隠退を余儀なくされたのであった。利家の死と三成の失脚がほぼ同時に発生したことは、家康にとって幸運だった。秀吉が遺した秀頼保護の体制が、「傅役」と「五奉行」という根幹部分から崩れ始めたからである。

利家の死を受けて、「五大老」には利家の息利長が加えられた。官位では利長より上の小早川秀秋や徳川秀忠が選任されなかったことは、いわゆる「五大老」が官位ではなく家格によって選定されたこと、すなわち「清華成」大名当主が選ばれたことを示していよう。利長ら新「五大老」は、利家の死から間もない慶長4年閏4月19日に連署状を、同年8月には複数の知行宛行状を発している。そしてその直後、利長と上杉景勝はそれぞれの領国に下向して行ったのである。

家康は、早くも翌月、利長らに謀反の嫌疑をかける。この一件は利長の母芳春院《ほうしゅんいん》の江戸下向によって落着するも、徳川家と前田家の対等な関係は崩壊した。同月、家康は大坂城に赴き、北政所おねの居所西ノ丸に入ったのである。秀吉の遺命の中で最も重要だった「家康を伏見へ」という条項は破られ、ついに家康は秀頼との一体化を果たしたのである。

翌慶長5年早々、家康は上杉家に対して圧力をかけはじめる。前年9月に下国したばかりの景勝に上洛を求めたのである。雪国の会津は10月から3月にかけて深い雪に閉ざされるから、景勝本人が領国で執務できた期間はほとんどなかった。直江兼続《なおえかねつぐ》が憤慨の意を示した「直江状」による景勝らの上洛拒否を受け、家康は上杉討伐を決定するが、家康が当時必要としていたのは景勝の上洛ではなく、畿内を離れる口実、自らが出兵するための大義名分であった。

利長・景勝の下国が示すように、諸大名にとって領国経営は重要な課題だった。大名たちは秀吉政権下の諸行事や朝鮮出兵、大坂・伏見城の普請などの断続的な役負担を課せられ、領国経営に十分な時間を割くことはできず、国力増強は妨げられた。しかし、秀吉の死とその後の混乱期を経て、諸大名にもようやくある程度の自由ができた。家康にも、可能ならば領国に戻りたいという思いがあった。

家康離京後の怒濤《どとう》のような政局の展開は、よく知られるところである。早速7月17日には反家康勢力が家康を弾劾する「内府ちがいの条々」を発した。この檄文の主体は「五奉行」のうち前田玄以・増田長盛・長束正家《なつかまさいえ》、「五大老」のうち宇喜多秀家・毛利輝元の5名に過ぎないが、条文に浅野長政・石田三成を追い籠め、前田利長・上杉景勝を攻撃対象にしたことへの非難があるから、「五大老・五奉行」の構成員のうち、家康のみを孤立させたものと評価できる。これを機に、両者の争いは激化したのである。

一般に、家康の離京は三成らの挙兵を読み切っての

関ヶ原合戦図屏風（岐阜市歴史博物館蔵）
躍動感のある図屏風であるが、関ヶ原合戦を配陣図にこだわらず、自由な位置に登場人物を置いて描いている。この屏風では下段中央に石田三成陣、左上部に徳川家康陣が描かれている。

策略だったと説かれることもあるが、「内府ちがいの条々」の発給を知った家康に、そこまでの余裕があったとは思われない。家康に同行した大名には、福島正則や黒田長政など、豊臣恩顧の大名が数多く含まれていたからである。そこで家康は、動揺を隠しつつ上方の情報を操作し、従軍した大名に伝えている。すなわち、「石田三成と大谷吉継が挙兵したようだが、大坂城の奉行衆はこちらの味方だからうろたえるな」と。これにより、上杉方を目指していた家康麾下の部将たちは、東海道筋を経て急遽西上の途に着いたのである。

関ヶ原合戦は、徳川家対豊臣家だとか、家康対三成といった構図によって発生したものではない。そのような理解では、家康についた福島正則・加藤清正ら秀吉子飼いの大名たちの行動も、武断派対文治派、反三成という不可解な説明にならざるをえない。家康と三成が本来対立するような立場にないことを考えれば、やはり家康派対反家康派という理解が最も妥当性が高いだろう。関ヶ原合戦とは、双方とも「秀頼様のために」という大義名分をもって戦った「悲劇」だったのである。

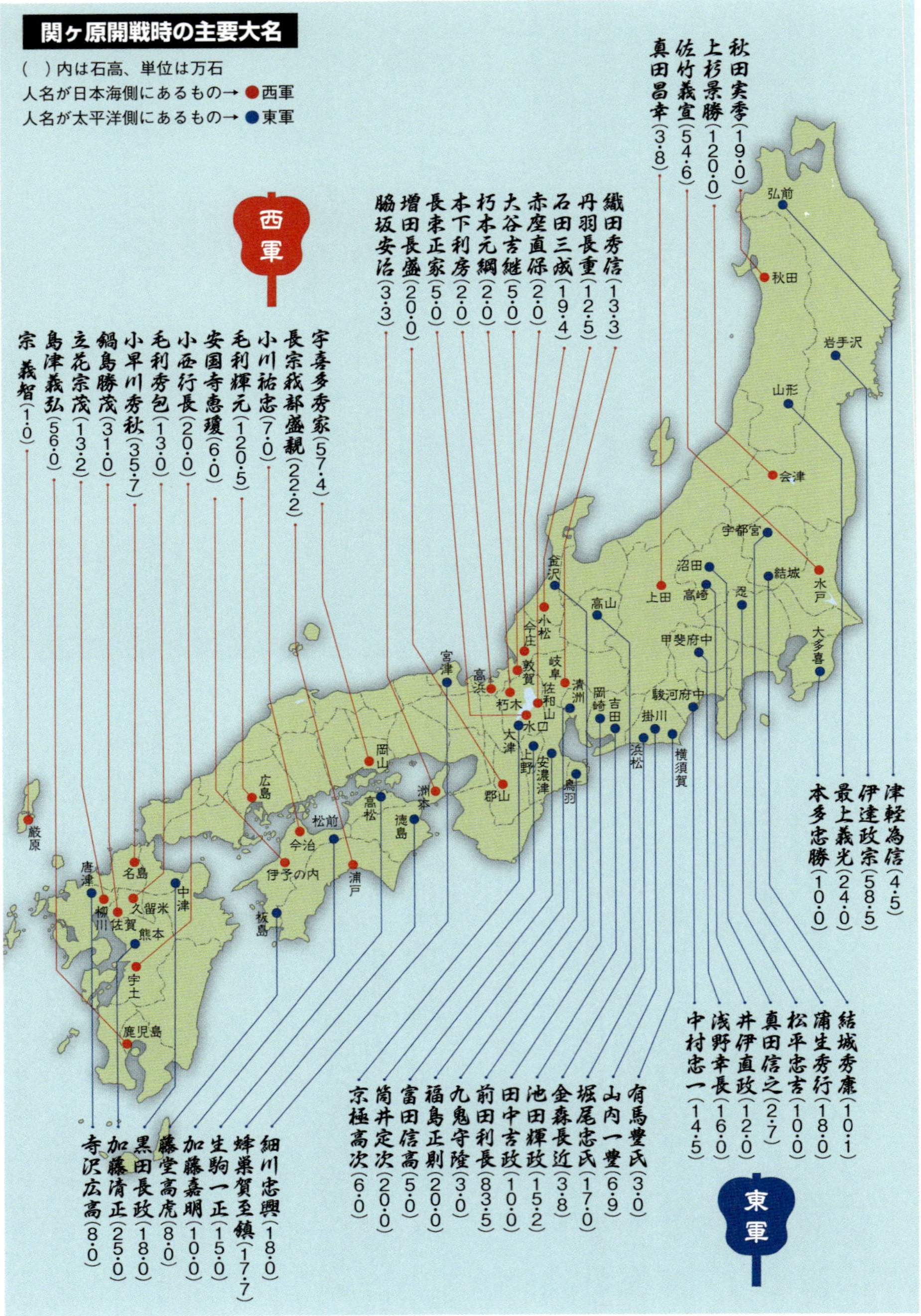
関ヶ原開戦時の主要大名
( )内は石高、単位は万石
人名が日本海側にあるもの→●西軍
人名が太平洋側にあるもの→●東軍
西軍
秋田実季(19・0)
上杉景勝(120・0)
佐竹義宣(54・6)
真田昌幸(3・8)
織田秀信(13・3)
丹羽長重(12・5)
石田三成(19・4)
赤座直保(2・0)
大谷吉継(5・0)
朽木元綱(2・0)
木下利房(2・0)
長束正家(5・0)
増田長盛(20・0)
脇坂安治(3・3)
宇喜多秀家(57・4)
長宗我部盛親(22・2)
小川祐忠(7・0)
毛利輝元(120・5)
安国寺恵瓊(6・0)
小西行長(20・0)
毛利秀包(13・0)
小早川秀秋(35・7)
鍋島勝茂(31・0)
立花宗茂(13・2)
島津義弘(56・0)
宗義智(1・0)
津軽為信(4・5)
伊達政宗(58・5)
最上義光(24・0)
本多忠勝(10・0)
結城秀康(10・1)
蒲生秀行(18・0)
松平忠吉(10・0)
真田信之(2・7)
井伊直政(12・0)
浅野幸長(16・0)
中村忠一(14・5)
有馬豊氏(3・0)
山内一豊(6・9)
堀尾忠氏(17・0)
金森長近(3・8)
池田輝政(15・2)
田中吉政(10・0)
前田利長(83・5)
九鬼守隆(3・0)
福島正則(20・0)
富田信高(5・0)
筒井定次(20・0)
京極高次(6・0)
細川忠興(18・0)
蜂須賀至鎮(17・7)
生駒一正(15・0)
加藤嘉明(10・0)
藤堂高虎(8・0)
黒田長政(18・0)
加藤清正(25・0)
寺沢広高(8・0)
東軍
弘前
秋田
岩手沢
山形
会津
宇都宮
沼田
結城
水戸
上田
高崎
忍
大多喜
高山
金沢
小松
今庄
敦賀
岐阜
清洲
甲斐府中
駿河府中
岡崎
吉田
掛川
浜松
横須賀
高浜
朽木
佐和山
水口
大津
上野
安濃津
鳥羽
宮津
郡山
洲本
岡山
広島
高松
徳島
松前
今治
伊予の内
浦戸
板島
厳原
唐津
名島
中津
柳川
佐賀
久留米
熊本
宇土
鹿児島

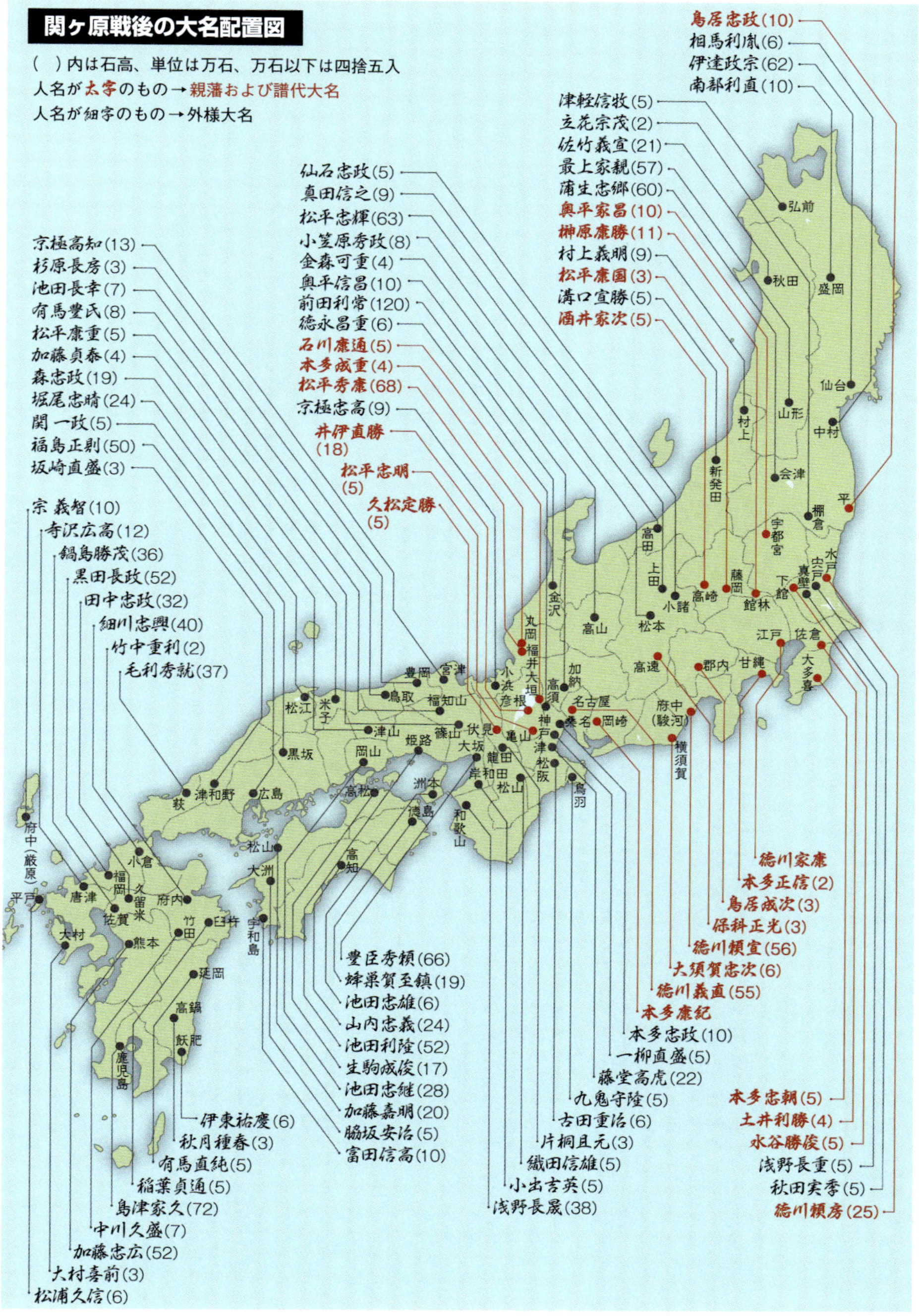

関ヶ原戦後の大名配置図
(　)内は石高、単位は万石、万石以下は四捨五入
人名が太字のもの→親藩および譜代大名
人名が細字のもの→外様大名
鳥居忠政(10)
相馬利胤(6)
伊達政宗(62)
南部利直(10)
津軽信枚(5)
立花宗茂(2)
佐竹義宣(21)
最上家親(57)
蒲生忠郷(60)
奥平家昌(10)
榊原康勝(11)
村上義明(9)
松平康国(3)
溝口宣勝(5)
酒井家次(5)
仙石忠政(5)
真田信之(9)
松平忠輝(63)
小笠原秀政(8)
金森可重(4)
奥平信昌(10)
前田利常(120)
徳永昌重(6)
石川康通(5)
本多成重(4)
松平秀康(68)
京極忠高(9)
井伊直勝(18)
松平忠明(5)
久松定勝(5)
京極高知(13)
杉原長房(3)
池田長幸(7)
有馬豊氏(8)
松平康重(5)
加藤貞泰(4)
森忠政(19)
堀尾忠晴(24)
関一政(5)
福島正則(50)
坂崎直盛(3)
宗義智(10)
寺沢広高(12)
鍋島勝茂(36)
黒田長政(52)
田中忠政(32)
細川忠興(40)
竹中重利(2)
毛利秀就(37)
弘前
秋田
盛岡
仙台
山形
中村
村上
新発田
会津
平
棚倉
宇都宮
水戸
宍戸
真壁
下館
高田
上田
小諸
高崎
藤岡
館林
金沢
丸岡
福井
高山
松本
江戸
佐倉
大多喜
高遠
郡内
甘縄
府中(駿河)
横須賀
名古屋
岡崎
加納
高須
大垣
小浜
彦根
桑名
神戸
津
松阪
鳥羽
亀山
伏見
豊岡
宮津
鳥取
福知山
松江
米子
津山
篠山
姫路
大坂
龍田
岸和田
松山
和歌山
岡山
黒坂
高松
洲本
徳島
萩
津和野
広島
松山
大洲
宇和島
高知
小倉
福岡
久留米
府内
唐津
佐賀
竹田
臼杵
熊本
大村
延岡
高鍋
飫肥
鹿児島
府中(厳原)
平戸
徳川家康
本多正信(2)
鳥居成次(3)
保科正光(3)
徳川頼宣(56)
大須賀忠次(6)
徳川義直(55)
本多康紀
本多忠政(10)
一柳直盛(5)
藤堂高虎(22)
九鬼守隆(5)
古田重治(6)
片桐且元(3)
織田信雄(5)
小出吉英(5)
浅野長晟(38)
本多忠朝(5)
土井利勝(4)
水谷勝俊(5)
浅野長重(5)
秋田実季(5)
徳川頼房(25)
豊臣秀頼(66)
蜂須賀至鎮(19)
池田忠雄(6)
山内忠義(24)
池田利隆(52)
生駒正俊(17)
池田忠継(28)
加藤嘉明(20)
脇坂安治(5)
富田信高(10)
伊東祐慶(6)
秋月種春(3)
有馬直純(5)
稲葉典通(5)
島津家久(72)
中川久盛(7)
加藤忠広(52)
大村喜前(3)
松浦久信(6)

平井上総(ひらい・かずさ)
1980年生まれ。日本学術振興会特別研究員(PD)、北海道大学文学部助教を経て、現在は花園大学文学部准教授。博士(文学)。主な著書に『長宗我部氏の検地と権力構造』(校倉書房)、『長宗我部元親・盛親』(ミネルヴァ書房)、『兵農分離はあったのか』(平凡社)、編著書に『シリーズ・織豊大名の研究1　長宗我部元親』(戎光祥出版)など。

秋山伸隆(あきやま・のぶたか)
1953年生まれ。広島女子大学国際文化学部教授・県立広島大学人間文化学部教授などを経て、現在は県立広島大学名誉教授・宮島学センター特任教授。主な著書は『戦国大名毛利氏の研究』(吉川弘文館)、論文は「戦国大名毛利氏の石見銀山支配」(岸田裕之編『中国地域と対外関係』所収、山川出版社)、「厳島合戦再考」(県立広島大学宮島学センター編『宮島学』所収、渓水社)など。

新名一仁(にいな・かずひと)
1971年生まれ。博士(文学・東北大学)。鹿児島大学非常勤講師。『室町期島津氏領国の政治構造』(戎光祥出版)で、南日本出版文化賞受賞。主な著書に『日向国山東河南の攻防—室町時代の伊東氏と島津氏—』(鉱脈社)、『島津貴久—戦国大名島津氏の誕生』『島津四兄弟の九州統一戦』(以上星海社)。編著に『シリーズ中世西国武士の研究1　薩摩島津氏』(戎光祥出版)など。

佐藤憲一(さとう・のりかず)
1949年、宮城県生まれ。東北大学文学部史学科卒業。仙台市博物館学芸員、仙台市教育委員会文化財課長、仙台市博物館館長。現在は大崎市文化財保護委員、仙台藩志会顧問。主な著書に『伊達政宗の手紙』『素顔の伊達政宗』(以上洋泉社)、『図説 伊達政宗』(河出書房新社)など。

千田嘉博(せんだ・よしひろ)
1963年、愛知県生まれ。奈良大学文学部文化財学科卒業。大阪大学博士(文学)。専門は城郭考古学。国立歴史民俗博物館助教授、ドイツ考古学研究所、イギリス・ヨーク大学に留学などを経て、奈良大学教授、前学長。主な著書に『戦国の城を歩く』(ちくま学芸文庫)、『信長の城』(岩波書店)、『お城へ行こう!』(NHK出版)など。

矢部健太郎(やべ・けんたろう)
1972年生まれ。國學院大學大学院文学研究科日本史学専攻博士課程修了、博士(歴史学)。防衛大学校人文社会科学群専任講師を経て、現在は國學院大學文学部教授。主な著書に『豊臣政権の支配秩序と朝廷』『関ヶ原合戦と石田三成』(以上吉川弘文館)、『関白秀次の切腹』(KADOKAWA)。監修に『超ビジュアル！戦国武将大事典』『超ビジュアル！歴史人物伝 豊臣秀吉』(以上西東社)など。

服部　崇(はっとり・たかし)
1948年神奈川県生まれ。歴史作家、歴史研究者。主な著書に『江戸東京切絵図散歩』(山川出版社)、共著に『別冊歴史読本 平成江戸名所百景』『別冊歴史読本 日本武将列伝』『別冊歴史読本 戦国名将列伝』(以上新人物往来社)など。

監修・著者紹介

■監修

五味文彦(ごみ・ふみひこ)
1946年生まれ。東京大学文学部教授を経て、現在は放送大学教授。東京大学名誉教授。『中世のことばと絵』(中公新書)でサントリー学芸賞受賞、『書物の中世史』(みすず書房)で角川源義賞受賞。共著『現代語訳 吾妻鑑』(吉川弘文館)で毎日出版文化賞受賞。著書に『後白河院－王の歌』『鴨長明伝』『文学で読む日本の歴史』古典文学篇・中世社会篇・戦国社会篇(以上山川出版社)、『枕草子』の歴史学』(朝日新聞出版)など。

■著者

池上裕子(いけがみ・ひろこ)
1947年生まれ。一橋大学大学院経済学研究科博士後期課程単位取得退学。日本中近世移行期史専攻。成蹊大学名誉教授。主な著書に『戦国時代社会構造の研究』(校倉書房)、『日本の歴史15 織豊政権と江戸幕府』(講談社)、『織田信長』(人物叢書　吉川弘文館)、『北条早雲』(山川出版社)など。

山口　博(やまぐち・ひろし)
1959年生まれ。中央大学大学院文学研究科国史学専攻前期課程修了。専攻は日本中世史。1987～2007年に小田原市史編纂事業に従事。現在、小田原市都市部管理監。主な著書に『北条氏康と東国の戦国世界』(夢工房)、『戦国大名北条氏文書の研究』(岩田書院)など。

福原圭一(ふくはら・けいいち)
1968年生まれ。信州大学人文学部、神奈川大学大学院歴史民俗資料学研究科修士課程卒業。上越市史編さん室を経て、現在は上越市公文書センター上席学芸員。編著書に『上杉謙信』『上杉氏分限帳』(以上高志書院)。論文「戦国時代の戦争と「国境」」(『信越国境の歴史像―「間」と「境」の歴史像』(雄山閣))など。

平山　優(ひらやま・ゆう)
1964年生まれ。立教大学大学院文学研究科博士前期課程修了。現在は山梨県立中央高等学校教諭。主な編著書に『戦国大名領国の基礎構造』(校倉書房)。『武田信玄』『検証 長篠合戦』(以上吉川弘文館)。『天正壬午の乱』(学研パブリッシング)。『武田遺領をめぐる動乱と秀吉と秀吉の野望』(戎光祥出版)など。

谷口克広(たにぐち・かつひろ)
1943年生まれ。東京都内の中学校教諭を経て、現在は戦国史研究家。主な著書は、『織田信長家臣人名辞典』『信長の天下布武への道(戦争の日本史13)』(吉川弘文館)、『信長の親衛隊』『織田信長合戦全録』『信長軍の司令官』『信長と消えた家臣たち』(以上中央公論新社)、『尾張・織田一族』(新人物往来社)、『信長の政略』(学研パブリッシング)など。

表紙カバー写真

「竜虎図」（箱根町湯本・早雲寺蔵）

早雲寺に伝存する『三十八面襖絵』（県重要文化財）の「竜虎図」。いずれも桃山時代の気風を伝える水墨画で、中でも「竜虎図」は圧巻である。寛永４（1627）年頃の作品とみられ、狩野派の制作と推定されている。

伊勢盛時（北条早雲）（岡山県井原市・法泉寺蔵）

伊勢氏の菩提寺・法泉寺に伝わる絹本著色の肖像画（市重要文化財）。江戸時代前期に制作されたもので、現存する早雲の画像のなかで唯一の武将姿の画像である。

歴史《れきし》文化《ぶんか》遺産《いさん》　戦国《せんごく》大名《だいみょう》

二〇一八年六月　十五日　第一版第一刷印刷
二〇一八年六月二十五日　第一版第一刷発行

監　修　五味文彦
発行者　野澤伸平
発行所　株式会社　山川出版社
東京都千代田区内神田一—一三—一三
〒一〇一—〇〇四七
振替　〇〇一二〇—九—四三九九三
電　話　〇三（三二九三）八一三一（営業）
〇三（三二九三）一八〇二（編集）
https://www.yamakawa.co.jp/
企画・編集　山川図書出版株式会社
印刷所　半七写真印刷工業株式会社
製本所　株式会社　ブロケード

造本には十分注意しておりますが、万一、落丁・乱丁などがございましたら、小社営業部宛にお送りください。送料小社負担にてお取り替えいたします。
定価はカバーに表示してあります。

©山川出版社 2018 Printed in Japan

ISBN978-4-634-15134-5

シリーズ 歴史文化遺産

歴史文化遺産

戦国大名の遺宝

五味文彦 監修

A5判 224頁 本体1,800円（税別） ISBN978-4-634-15092-8

甲冑・装束・旗印・城郭など、権威を象徴する戦国大名の宝物を掲載。また、茶道・囲碁・絵画などから戦国大名の素顔に迫る一冊。

歴史文化遺産

日本の町並み

苅谷勇雅・西村幸夫 編著

上巻 武家の町／社寺・信仰の町
生業・産業の町／港・洋館の町 ほか

A5判 368頁 本体1,800円（税別）
ISBN978-4-634-15081-2

下巻 商業の町／温泉・茶屋の町
近代建築の町／文化的景観の町 ほか

A5判 340頁 本体1,800円（税別）
ISBN978-4-634-15082-9

懐かしい思い出と風景を探す旅に出かけよう。安野光雅の風景画、町並み用語解説、全国の町並み掲載地図も収録。画期的な町並みガイド。

歴史文化遺産

戦国大名

五味文彦 監修

A5判 240頁 本体1,800円（税別） ISBN978-4-634-15134-5

近代の先がけとなった戦国時代。各地の大名は独自の領国経営を行った。本書は、国史跡・合戦図屏風・鎧などの、各大名家に伝わる多くの文化遺産を掲載。